iPad 2
POUR
LES NULS

Edward C. Baig et Bob LeVitus

FIRST
Interactive

iPad 2 Pour les Nuls

Titre de l'édition originale : **iPad 2ⁿᵈ Edition for Dummies** © Wiley 2011
Pour les Nuls est une marque déposée de Wiley Publishing, Inc
For Dummies est une marque déposée de Wiley Publishing, Inc

Collection dirigée par Jean-Pierre Cano
Édition : Pierre Chauvot
Traduction : Bernard Jolivalt
Maquette : Marie Housseau

Edition française publiée en accord avec Wiley Publishing, Inc.
© 2011 par Éditions First
Éditions First
60 rue Mazarine
75006 Paris
Tél. : 01 45 49 60 00
Fax : 01 45 49 60 01
e-mail : firstinfo@efirst.com
ISBN : 978-2-7540-3059-5
Dépôt légal : 2ᵉ trimestre 2011
Imprimé en France

Sommaire

Introduction.. 1
  À propos de ce livre.. 1
  Les conventions utilisées dans ce livre 2
  Comment ce livre est organisé... 2
    Première partie : Faire connaissance avec l'iPad 3
    Deuxième partie : L'iPad Internet.. 3
    Troisième partie : L'iPad travail et l'iPad loisirs............................... 3
    Quatrième partie : L'iPad personnalisé.. 4
    Cinquième partie : Les dix commandements...................................... 4
  Les pictogrammes.. 4
  Et maintenant?.. 5

Première partie : Faire connaissance avec l'iPad................................ 7

Chapitre 1 : À la découverte de l'iPad 9
  Vue d'ensemble de l'iPad... 10
    L'iPad est un iPod.. 12
    L'iPad pour la communication par Internet...................................... 13
    L'iPad lecteur de livres 14
    L'iPad est multimédia 14
    L'iPad comme plateforme pour des apps tierces 14
    Que me faut-il pour utiliser un iPad?... 15
  L'iPad vu de l'extérieur.. 15
    Sur le dessus 16
    Sur le dessous 18
    Sur le côté droit... 19
    En façade et au dos de l'iPad.. 20
    La barre d'état 21
    Les fabuleuses 14 ou superbes 17 icônes de l'écran d'accueil............ 24

Chapitre 2 : Prise en main de l'iPad.. 29
  Pour commencer…... 30
  Allumer et éteindre l'iPad 31
  Verrouiller l'iPad.. 32
  Maîtriser l'interface Multi-Touch 33
    L'entraînement dactylographique... 33
    La navigation au-delà de l'écran d'accueil.. 34
    Le clavier virtuel incroyablement intelligent de l'iPad.................... 35

Les touches spéciales...38
La dactylographie virtuelle...39
   Corriger les erreurs..44
   Sélectionner, couper, copier et coller...44
   Le multitâche...47
   Placer les icônes dans des dossiers..49
   Imprimer..49
   Rechercher un contenu dans l'iPad..50

Chapitre 3 : Synchronisation : Introduire dans et extraire de l'iPad 53
Démarrer la synchronisation..54
Déconnecter l'iPad..59
Synchroniser les données...59
   Synchroniser les contacts...60
   Synchroniser les calendriers 62
   Le compte Mail..62
   Autres...63
   Avancé 64
Synchroniser les fichiers audiovisuels..64
   Synchroniser les applications 66
   Synchroniser la musique, la vidéo et
      les mémos vocaux...67
Synchroniser les films 68
Synchroniser les séries TV 69
Synchroniser les podcasts..70
Synchroniser iTunes U 71
Synchroniser les livres 71
Synchroniser les photos 72

Deuxième partie : L'iPad Internet... 75

Chapitre 4 : Le Safari mobile 77
Surfer sur le Web...77
   Exploration du navigateur 78
   Plongée dans le cyberespace 79
Le Web, c'est beau, c'est grand..82
   Ouvrir plusieurs pages Web en même temps 84
   Les liens (affectifs)..85
   Les signets...87
   La gestion des signets 88
   Imprimer une page Web 89
   Les clips de page Web 89
   L'option Historique..90
   Démarrer une recherche sur le Web..91
   Copier des images du Web..92
Les paramètres intelligents de Safari...93

Chapitre 5 : Le courrier électronique **97**

La préparation : Tous comptes faits 98
   Configurer facilement un compte 98
   Configurer (moins) facilement un compte 99
T'as du courrier ! 105
   Envoyer un message textuel 106
   Placer une photo dans le texte d'un message 109
   Différer l'envoi du message 110
   Répondre à un message ou le transférer 110
   Les paramètres d'envoi de courrier 112
Trouver, lire, classer, supprimer : la gestion des messages 113
   Lire des messages 114
   Gérer les messages 115
   Rechercher des messages 117
   Les pièces jointes 117
   D'autres fonctions de messagerie 118
Régler les paramètres de messagerie et de compte 119
   Vérifier les paramètres de courrier 119
   Modifier les paramètres de compte 122

Chapitre 6 : Le Web sans Safari **125**

Les plans d'enfer pour aller au paradis 126
   La géolocalisation grâce à Plans 126
   Trouver un lieu, une adresse ou un service 126
   Affichage, zoom, panoramique 129
   Plans et contacts 130
   Gagner du temps avec les signets, l'historique et les contacts 132
   Les fonctions cartographiques 134
   Transports publics et marche à pied 138
Les vidéos de YouTube 140
   Dénicher le meilleur de YouTube 141
   Regarder des vidéos sur YouTube 144
   Restreindre l'usage de YouTube 146
Les réseaux sociaux 147
Game Center 148

Chapitre 7 : Où trouver des apps pour l'iPad **151**

Les différentes apps 152
Trouver des apps depuis votre ordinateur 154
Parcourir l'App Store depuis votre ordinateur 154
   Le champ Rechercher 156
   S'informer sur une application 157
   Télécharger une application 161
   La mise à jour des apps 162

Trouver des Apps à partir de l'iPad 163
Parcourir l'App Store avec l'iPad 163
Le champ Recherche 165
Se renseigner sur une application 165
Télécharger une application..166
La mise à jour des apps...167
Utiliser des applications 168
Supprimer une application 168
Donner son avis sur une application..170
Signaler un problème...172

Troisième partie : L'iPad travail et l'iPad loisirs 173

Chapitre 8 : Le son sur l'iPad...175
L'iPod qui sommeille dans l'iPad 176
La bibliothèque 177
Rechercher un morceau 177
Parcourir les onglets..178
Les commandes de lecture...181
Les commandes audio...181
Podcasts et livres audio 186
Le génial Genius 187
Créer des listes de lecture 189
Personnaliser le volume et l'égaliseur 191
Tout écouter au même niveau sonore...191
Régler l'égaliseur 192
Limiter le volume sonore des morceaux (et des vidéos)..............193
Le shopping avec l'application iTunes...194

Chapitre 9 : La vidéo sur iPad : il faut l'avoir pour le croire................. 195
Trouver des vidéos 196
Regarder de la vidéo...200
Les commandes de la vidéo 202
Restreindre l'usage de la vidéo 204
Supprimer des vidéos de l'iPad 205
Monter une séquence 207
Partager la vidéo 208
Se voir avec FaceTime...208
Démarrer avec FaceTime 209
Effectuer un appel FaceTime 210
Recevoir un appel FaceTime 211

Chapitre 10 : Les photos dans l'iPad 213
Prendre des photos 214
Importer des photos...215

Synchroniser les photos..216
Enregistrer des images depuis les courriers
électroniques et le Web..................................218
Enregistrer des photos depuis un courrier électronique
ou depuis une page Web..................................218
Où sont passées toutes mes photos?.................................219
Admirer les photos...222
Démarrer un diaporama...224
Les effets spéciaux de diaporama 225
Regarder les photos sur un téléviseur..........................226
Transformer l'iPad en cadre pour photos numériques.................227
Quelques conseils pas (si) bêtes..............................228
Supprimer des photos...231
Le Photomaton de l'iPad..232

Chapitre 11 : Vautré avec un bon livre électronique................. 235
Pourquoi des livres électroniques?...........................236
Accéder aux livres électroniques.............................237
Lire un livre électronique...................................241
Tourner les pages...242
Aller à une certaine page....................................243
Aller à la table des matières................................243
Placer un signet...244
Surligner et ajouter des notes..............................246
Modifier la police et sa taille.............................247
Rechercher dans et hors d'un livre..........................247
Acheter des livres électroniques.............................248
Parcourir les rayons de livres électroniques 248
Rechercher dans l'iBookstore................................251
Évaluer un livre électronique................................251
Acheter un livre électronique dans l'iBookstore.............253
Acheter des livres ailleurs que chez Apple..................253
Trouver des livres électroniques gratuits hors de l'iBookstore ...254
Lire des journaux et des magazines...........................255

Chapitre 12 : Travailler avec l'iPad 257
Prendre des notes..258
Le calendrier de l'iPad......................................259
Choisir l'affichage du calendrier...........................260
Retrouver un rendez-vous....................................263
Prendre un rendez-vous ou noter un événement 264
La fonction Push du calendrier..............................268
Répondre à une invitation, à une réunion 270
S'abonner à des calendriers 271
Les contacts...271

Ajouter et afficher des contacts..272
Écrire à vos contacts et les partager.............................274
Supprimer un contact...274
Travailler avec iWork...275
Présentation de Keynote...275
Pages de texte..278
Les chiffres avec Numbers..280

Quatrième partie : L'iPad personnalisé *283*

Chapitre 13 : Réglages et préférences... **285**
Le panneau Réglages 286
Les réglages de haut vol 286
Contrôler la connexion Wi-Fi..288
Les options de données cellulaires 290
Les notifications 291
Les services de localisation..292
Les réglages audiovisuels 294
La luminosité de l'écran 294
Changer le fond d'écran..294
Les sons...296
Du Général en particulier..296
Informations...296
Les paramètres d'utilisation 298
Bluetooth...299
Verrouillage automatique..301
La mise en veille avec Smart Cover...............................302
Restrictions..302
Le bouton latéral..303
Date et heure..303
Clavier...304
International..304
Accessibilité...305
Le zoom 307
Réinitialiser 309
Retrouver un iPad égaré 309
Localiser l'iPad 310

Chapitre 14 : Quand l'iPad fait des siennes **315**
Réanimer un iPad cataleptique......................................316
Recharger l'iPad...317
Redémarrer l'iPad...318
Réinitialiser l'iPad..318
Supprimer le contenu 319
Réinitialiser les réglages et le contenu.........................320

La restauration de l'iPad 321
  Le mode Récupération 321
Les problèmes de réseau..323
Problèmes de synchronisation, d'ordinateur ou avec iTunes............324
De l'aide sur les sites Web...325
Si rien ne va plus...326

Chapitre 15 : Des accessoires pour l'iPad 329
Les accessoires signés Apple 330
  Glisser l'iPad dans un étui 330
  Les alternatives au clavier virtuel 332
  Connecter un appareil photo 334
  Connecter l'iPad à un téléviseur ou à un vidéoprojecteur.............336
Le chargeur supplémentaire..337
Écouteurs, oreillettes, casques et microphones...............................337
  Le fil à l'oreille 337
  L'écoute sans fil 338
Les enceintes 338
  Les enceintes Bluetooth..339
D'autres accessoires...339
  Protéger l'écran avec un film...339
Un support pour iPad...340
Écouter l'iPad en amoureux...341

Cinquième partie : Les dix commandements 343

Chapitre 16 : « Apps » olument génial !.. 345
Calculatrice..346
Météo..347
Presse 347
Radio...348
Dailymotion..349
Mappy...349
Google Earth...350
Horloge..350
Wireless Disk..351
Jeux 354

Chapitre 17 : Dix trucs, astuces et raccourcis 355
Glisser pour mieux saisir 356
La correction automatique 357
  Oubliez les apostrophes..357
  Rejetez avec désinvolture..357
Trois moyens de connaître la capacité de l'iPad...............................358
Accélérer le défileur...358

Liens adresses de courrier électronique 361
Faire connaître une page Web 362
Choisir une page de démarrage pour Safari 362
Optimiser la mémoire 363
Téléphoner depuis l'iPad 363
Effectuer une capture d'écran 364

Index 367

Introduction

omme pour tous ses produits, Apple transforme la
commercialisation en grande foire de la consommation soutenue par une campagne de presse bénévole
de tous les médias, et un buzz – un bourdonnement, un
bruit médiatique, si vous préférez – qui met toute la
planète high-tech en transe. L'iPad 2 n'a pas fait excep-
tion à cette règle. Néanmoins, nous présumons que vous
n'avez pas acheté ce livre pour savoir comment les deux
versions de l'iPad ont été lancées, mais pour exploiter au
mieux ce remarquable objet. Nous nous sommes fixés
pour but de fournir une information facile et agréable à
assimiler, qui concerne à la fois l'iPad de première génération mais aussi et surtout le somptueux iPad 2. Nous
espérons que vous prendrez plaisir à utiliser votre iPad
et aussi à lire ces pages.

À propos de ce livre

À l'instar de la plupart des produits fabriqués par Apple,
l'iPad est très design – surtout l'iPad 2, élégamment
profilé – et son utilisation est plutôt intuitive. Bien
que notre éditeur n'apprécie pas tellement que l'on
révèle ce petit secret, surtout dès la première page, il
se trouve que vous pouvez explorer par vous-même les
nombreuses fonctions de l'iPad sans l'aide de ce livre (ou
d'un autre).

Vous voulez savoir pourquoi vous avez bien fait d'acheter
ce livre ? C'est parce qu'il est tout simplement truffé de
conseils et autres astuces qui devraient rendre l'utilisation de votre iPad encore plus plaisante. Nous irons
même jusqu'à affirmer que vous découvrirez dans ces
pages des petits trucs sympas que vous ne trouverez

nulle part ailleurs. C'est pourquoi nous vous conseillons de le garder sous la main afin de le consulter à loisir.

Les conventions utilisées dans ce livre

iPad 2 Pour les Nuls propose des démonstrations étape par étape, des listes à puces et des illustrations. Les adresses Web sont présentées dans une typographie spéciale, comme www.pourlesnuls.fr par exemple.

Vous rencontrerez aussi quelques encadrés contenant des informations techniques. Vous n'êtes pas obligés de les lire, mais si vous y consentez, votre culture iPadienne n'en sera que meilleure. Nous nous sommes efforcés de réduire le jargon au minimum, en partant du principe que, hormis quelques rares exceptions, nous n'aurons pas à approfondir telle ou telle notion.

Comment ce livre est organisé

La plupart des livres commencent par une introduction, se poursuivent par un développement et se terminent par une conclusion, généralement tragique. Vous adhérez à cette structure linéaire, à moins que vous ne fassiez partie de ceux qui lisent les dernières pages d'un polar pour savoir qui est l'assassin !

Heureusement, ou malheureusement, il n'y a pas de chute surprenante dans un ouvrage de la collection *Pour les Nuls*. Nous ne vous en voudrons donc pas si vous parcourez ce livre dans le désordre, en sautant des chapitres, en terminant par le début ou en débutant par la fin. Cela dit, nous avons quand même organisé cet *iPad 2 Pour les Nuls* d'une manière sensée, du moins selon nous. Voici donc comment il se présente.

Première partie : Faire connaissance avec l'iPad

Ces chapitres de présentation font le tour de l'iPad en l'examinant sous tous les angles, en essayant de savoir à quoi servent tous ses boutons et autres bidules. Vous saurez sur le bout des doigts comment utiliser son remarquable affichage virtuel Multi-Touch. Et bien sûr, vous découvrirez combien il est facile de synchroniser quantité de données afin de les déplacer du Mac ou du PC vers l'iPad et inversement.

Deuxième partie : L'iPad Internet

Cette deuxième partie se rapporte à tout ce qui concerne l'iPad lorsqu'il est connecté à Internet. Vous découvrirez comment surfer sur le Web avec le navigateur Safari, comment configurer un compte de messagerie, envoyer et recevoir du courrier électronique, utiliser les plans et les cartes, se connecter à YouTube et utiliser des applications de réseaux sociaux. Et bien sûr, vous apprendrez comment acheter des « apps » (applications) sur l'App Store et les utiliser.

Troisième partie : L'iPad travail et l'iPad loisirs

C'est dans cette partie que nous passerons aux choses sérieuses, c'est-à-dire comment utiliser l'iPad pour le travail. Mais vous découvrirez aussi ses aspects plus divertissants, comme la musique, la vidéo, les films, les photos, et aussi comment acheter des iBooks dans la boutique iBookstore. Vous apprendrez à utiliser les applications Calendrier et Contacts et vous aurez aussi un aperçu des applications de productivité facultatives iWork que sont Pages, Numbers et Keynote.

Quatrième partie : L'iPad personnalisé

Cette quatrième partie explique comment configurer les réglages et dépanner un iPad maussade quand il fait des incartades et vous laisse dans la panade à pousser des jérémiades de plantigrade. Elle présente aussi quelques accessoires incontournables, et donc dignes d'intérêt.

Cinquième partie : Les dix commandements

C'est une institution dans la collection *Pour les Nuls*. Vous découvrirez quelques-unes des applications les plus pratiques ou les plus surprenantes, voire les deux à la fois, ainsi que quelques astuces et raccourcis fort commodes.

Les pictogrammes

Vous rencontrerez bon nombre de petits pictogrammes ronds en marge des paragraphes, lors de votre lecture. Ils signalent un point particulier ou intéressant, ou encore une mise en garde. Voici leur signification :

Attire votre attention sur un conseil, un raccourci ou une recommandation qui facilitent l'utilisation de l'iPad.

Signale un point que vous devriez mémoriser. Vous devriez même le consigner sous la forme d'un pense-bête, dans l'iPad lui-même.

Le paragraphe contient des notions un peu techniques, que vous n'êtes pas obligé d'assimiler. Mais ça fait toujours du bien de se coucher plus intelligent que l'on ne s'était levé… Avec en prime le doux plaisir de briller, que dis-je, de frimer en société.

Vous ne brûleriez quand même pas un stop ? Eh bien, c'est pareil pour ce pictogramme. Il signale en effet un risque pour votre iPad, et par conséquent pour votre portefeuille. À bon entendeur…

Ce pictogramme attire votre attention sur tout ce qui est tout nouveau tout beau – l'objet lui-même, ses logiciels, ses accessoires… – dans et autour de l'iPad 2.

Et maintenant ?

Eh bien, on passe directement au Chapitre 1.

Un dernier petit mot : au moment où ce livre est écrit, toutes les informations sont exactes pour les iPad et iPad 2 Wi-Fi et Wi-Fi+ 3G, équipé de la version 4.3.2 de son système d'exploitation (iOS) et de la version 10.2.2 d'iTunes. Apple est susceptible d'introduire de nouvelles versions du système d'exploitation de l'iPad et de l'iTunes. Si vous relevez quelques différences entre le contenu de ce livre et l'iPad que vous venez d'acheter, visitez la page www.apple.com/fr/ipad/, sur le site Web d'Apple ; vous y trouverez sans aucun doute des informations et des mises à jour utiles.

Première partie
Faire connaissance avec l'iPad

« À part ce petit défaut de l'affichage en largeur, j'aime beaucoup mon iPad. »

*N*ous commencerons en beauté au Chapitre 1 avec une magnifique vue d'ensemble. Vous découvrirez même tout ce qu'il y a dans l'emballage, à supposer que vous l'ayez déjà défait. Puis vous verrez tout ce que l'iPad sait faire. Nous finirons par un petit tour des aspects matériels et logiciels afin que vous sachiez où se trouve quoi, quand vous en avez besoin ici et maintenant.

Ensuite, après vous être familiarisé avec les différentes fonctionnalités, vous passerez à la pratique. Vous commencerez par apprendre à allumer et éteindre l'iPad – eh oui... – et aussi à le verrouiller et le déverrouiller, ce qui n'est pas rien non plus. Le Chapitre 2 présente une foultitude de trucs et astuces ; vous y apprendrez à maîtriser l'interface Multi-Touch, unique en son genre, et à l'utiliser efficacement, vous apprendrez ce qu'est le multitâche, et même à imprimer avec l'iPad si votre imprimante le permet.

Puis, au Chapitre 3, vous découvrirez la synchronisation afin d'échanger vos contacts, rendez-vous, vidéos, morceaux de musique, podcasts, livres numériques et autres éléments avec votre ordinateur, rapidement et sans peine.

À la découverte de l'iPad

Dans ce chapitre :

- Vue d'ensemble.
- Le tour du propriétaire.
- Les applications de l'iPad.

Félicitations ! Vous avez choisi l'un des appareils portables les plus remarquables du moment. L'iPad est un hybride de lecteur audiovisuel iPod, de lecteur de livres numériques, de puissant périphérique de communication par Internet, de superbe périphérique de jeux portable. Il est aussi une plateforme pour laquelle plus de 300 000 applications, ou apps, sont disponibles au moment où ce livre est écrit, et il y en aura sans doute beaucoup plus au moment où vous lirez ce livre.

Ce chapitre présente tous les éléments qui constituent votre iPad, notamment ses révolutionnaires fonctionnalités matérielles et logicielles.

Vue d'ensemble de l'iPad

L'iPad est doté d'un grand nombre de fonctionnalités hors du commun, mais la plus insolite est sans doute l'absence de clavier et de stylet. Il possède à la place un écran tactile de 24,6 cm de diagonale (dont la résolution est de 132 pixels par pouce) qui fonctionne avec le dispositif de pointage que vous connaissez le mieux : votre doigt.

Et pour un écran, c'est un écran ! Nous pouvons nous aventurer à oser à nous risquer à affirmer que, hormis l'iPhone 4, vous n'en avez jamais vu de pareil de toute votre vie (et même un peu plus que cela).

Une autre fonctionnalité renversante est représentée par les capteurs d'attitude. Un accéléromètre détecte instantanément la rotation de l'iPad de l'affichage en hauteur (mode Portrait) à l'affichage en largeur (mode Paysage) et adapte le contenu de l'écran en conséquence.

Le contenu de l'écran pivote, sauf si le verrouillage de la rotation de l'écran est enclenché. Nous y reviendrons d'ici peu.

Dans les sections qui suivent, vous ne vous contentez pas d'admirer béatement le magnifique écran. Vous ferez le tour de chacune des fonctionnalités de l'iPad.

L'écran pivote, sauf si la fonction Verrou de basculement d'écran est active. On reviendra d'ici peu sur cette renversante fonctionnalité.

Un capteur de lumière règle la luminosité de l'écran en fonction de l'éclairage ambiant.

En plus des capteurs déjà cités, l'iPad 2 est équipé d'un gyroscope à trois axes fonctionnant conjointement avec l'accéléromètre et la boussole. Tous les iPad sont capables de connaître leur orientation et d'indiquer une direction, mais l'iPad 2 le fait mieux encore.

Qu'y a-t-il dans la boîte ?

Nous avons présumé jusqu'ici que vous aviez déjà ouvert l'élégante boîte noire qui sert d'écrin à l'iPad. Mais si ce n'est pas encore le cas, voici ce que vous trouverez dedans :

- **Le câble Connecteur Dock vers USB :** ce câble très commode sert à charger l'iPad et à procéder aux synchronisations. Il peut être connecté à un Mac ou à un PC tournant sous Windows, ou encore à un adaptateur secteur USB, comme décrit un peu plus loin.

- *Remarque :* en connectant le câble au port USB d'un répartiteur USB, d'un clavier, d'un écran, ou même au port USB d'un Mac ou d'un PC ancien, vous parviendrez probablement à synchroniser les données, mais pas à recharger la batterie. En règle générale, seul un port USB intégré à l'ordinateur – un modèle récent – est suffisamment bien alimenté à cette fin. Si ce n'est pas le cas, le message *Aucune recharge en cours* est affiché en haut de l'écran, près de l'indicateur de la batterie. NdT : selon le *Guide de l'utilisateur,* «la meilleure manière de charger la batterie de l'iPad est de le connecter à une prise de courant». De plus, «l'iPad peut se charger lentement lors de la synchronisation», mais c'est loin d'être sûr. Conclusion : n'oubliez jamais d'emporter le câble USB et l'adaptateur secteur lors de vos déplacements.

- **L'adaptateur secteur USB :** il sert à recharger l'iPad en le branchant directement à une prise de courant.

- **Quelques décalcomanies du logo Apple :** c'est une manie un peu décalée, chez Apple.

- **Un feuillet d'instructions :** cette petite plaquette *recto verso* offre malheureusement – ou plutôt «heureusement» pour autres plumitifs high-tech – assez peu d'informations sur l'obscur, oups… le lumineux objet de votre désir.

- Le ***Guide d'informations importantes :*** vous y trouverez les mises en garde élémentaires, une interminable littérature mégalo-légalo-procédurière, des informations sur la garantie et comment se débarrasser de l'iPad quand il sera mort (Hein ? Quoi ?). D'autres conseils en vrac : évitez-lui les chocs, ne le mouillez pas et, comme pour tout appareil portable, ne l'utilisez pas en conduisant, et regardez où vous mettez les pieds si vous l'utilisez en marchant.

Qu'y a-t-il dans la boîte ? (suite)

- **L'outil d'éjection de la carte SIM** (iPad 2 avec la 3G uniquement) : c'est une variante hypersophistiquée, joliment chromée, du trombone que l'on déplie (utilisable si vous perdu le précieux outil).

- **L'iPad** : ah ben on allait l'oublier, celui-là. Eh oui, il y en a même un dans la boîte. Elle est pas belle la vie ?

Ce que vous ne trouverez pas dans la boîte, ce sont les écouteurs. Si vous désirez écouter de la musique, les bruitages d'un jeu vidéo ou n'importe quoi d'autre dans de bonnes conditions, vous devrez en trouver par vous-même (NdT : l'iPad est cependant équipé d'un haut-parleur). Faut-il opter pour un casque comportant un microphone ? Bien que l'iPad ne soit pas livré avec l'application Dictaphone de l'iPhone, il peut recevoir des applications vocales comme iTalk Recorder, une application gratuite proposée par Griffin Technology, ou le Voice Memo pour iPad de KendiTech, tous deux téléchargeables depuis l'App Store.

L'iPad est un iPod

Nous sommes entièrement d'accord avec Steve Jobs sur ce point : l'iPad est magique et c'est sans aucun doute le meilleur iPod jamais produit par Apple. Vous pouvez profiter de tous les contenus des classiques iPod, notamment la musique, les livres audio, les podcasts audio et vidéo, les films, les émissions de télévision, tout cela sur le somptueux écran en couleur à haute résolution, avec une image plus riche, plus lumineuse et plus détaillée que n'importe quel iPod ou iPhone ayant précédé l'iPad.

Une règle fondamentale : tout ce qu'iTunes accepte, que ce soit la version Mac ou PC, peut être vu et/ou écouté avec l'iPad.

Le Chapitre 3 est entièrement consacré à la synchronisation. Mais pour le moment, contentez-vous de savoir qu'une vidéo doit être convertie dans un format compatible avec l'iPad (résolution d'écran, taux d'image, débit binaire et format de fichier). Si vous tentez de synchroniser un fichier vidéo incompatible, iTunes vous signalera le problème.

Si un message vous informe d'une incompatibilité de fichier vidéo, sélectionnez le fichier dans iTunes puis choisissez Avancé > Créer une version iPad ou Apple TV. La conversion terminée, synchronisez de nouveau. La vidéo et sa compatibilité sont couvertes en détail au Chapitre 9.

L'iPad pour la communication par Internet

Mais ce n'est pas tout! L'iPad est non seulement un superiPod, mais il est aussi un périphérique de communication par Internet complet et – si vous nous pardonnez ce soupçon de jargon –, un client de messagerie HTML compatible avec la plupart des services de courrier électronique POP et IMAP, qui prend en charge de surcroît Microsoft Exchange ActiveSync (c'est le genre de prose qui me rend euphorique, surtout en société). Nous reviendrons au Chapitre 5 sur les fonctionnalités Internet de l'iPad.

L'une de ces sympathiques fonctionnalités Internet porte le doux nom de Plans. Cette application de géolocalisation est basée sur Google Maps. Grâce à un GPS (modèles Wi-Fi + 3G) ou par triangulation (modèles Wi-Fi), l'iPad peut déterminer votre localisation, afficher une carte ou une imagerie satellitaire, et vous indiquer un itinéraire ou vous fournir des informations concernant la circulation routière, quel que soit l'endroit où vous vous trouvez. Tout ceci est expliqué par le menu au Chapitre 6. Vous pouvez aussi localiser des stations-service, des restaurants ou des hôpitaux, ou encore des boutiques Apple, en quelques tapotements.

Oserons-nous affirmer que l'iPad offre un service Internet de loin supérieur à tous ceux que proposent les autres appareils portables? Oui, nous l'osons.

L'iPad lecteur de livres

À vrai dire, le livre, c'est vous qui le lisez. L'iPad ne fait qu'afficher ses pages, ce qui est déjà pas mal. Cela dit, téléchargez l'application iBooks et vous découvrirez une manière toute nouvelle de trouver et de lire des livres. L'iBookstore, abordé au Chapitre 11, est une bibliothèque remplie de volumes qui coûtent moins cher que les mêmes livres en version papier. Mieux, en choisissant des livres virtuels, vous préservez l'environnement et les arbres.

L'iPad est multimédia

Le spectaculaire écran de tous les modèles d'iPad est tout indiqué pour visionner de la vidéo. Branchez un câble comme expliqué au Chapitre 15 et il devient un superbe lecteur pour regarder de la vidéo sur un téléviseur HDTV (ou même non-HDTV). L'iPad 2 gère même la résolution *Full HD* de 1080p.

 Avec ses deux objectifs et l'application de conversation FaceTime, l'iPad est un outil multimédia absolument fabuleux. Vous apprendrez au chapitre 9 comment utiliser la vidéophonie avec FaceTime.

L'iPad comme plateforme pour des apps tierces

Le titre aurait été plus clair, mais plus long, en optant pour *L'iPad comme outil permettant de lire des applications tierces, c'est-à-dire développées par d'autres programmeurs que ceux de chez Apple ou par vous-même*. Au moment où ces lignes sont écrites, plus de 300 000 applications sont disponibles sur l'App Store, sur des sujets aussi divers que les affaires, le bien-être, le divertissement, l'éducation, les jeux, la musique, la photographie, la productivité, la santé, le sport, les voyages et bien d'autres domaines. Ce qui est génial, c'est que la plupart des applications pour iPhone fonctionnent parfaitement sur l'iPad. Parmi toutes les applications de l'App Store, un bon millier sont conçues spécifiquement pour l'iPad, et bien d'autres ne manqueront pas de s'y ajouter. Le Chapitre 7 vous incite honteusement à truffer votre iPad de toutes les apps possibles et (in)imaginables. Une sélection d'applications utiles se trouve au Chapitre 17 (et dans le Chapitre 16, vous découvrirez quelques accessoires sympas).

Que me faut-il pour utiliser un iPad ?

Pour utiliser véritablement votre iPad, vous n'avez besoin que des quelques éléments et services que voici :

- un iPad (forcément…) ;

- un compte sur l'iTunes Store (si bien sûr vous désirez acheter des apps, de la vidéo, des morceaux de musique, des livres virtuels, des podcasts, *etc.*) ;

- un accès Internet. Une connexion à haut débit est vivement recommandée.

Il vous faudra aussi *l'un* des ordinateurs suivants :

- un Mac équipé d'au moins un port USB 2.0 (NdT : c'est le cas de tous les Mac de moins de cinq ou six ans), de Mac OS X version 10.5.8 ou ultérieure, et du logiciel iTunes 10.2.1 ou ultérieur ;

- un PC équipé d'au moins un port USB 2.0, de Windows 7, ou Windows Vista, ou Windows XP Édition familiale ou Édition professionnelle, avec le Service Pack 3 ou ultérieur, et iTunes 10.2.1 ou ultérieur.

L'iPad vu de l'extérieur

L'iPad est une harmonieuse combinaison matérielle et logicielle. Dans les sections qui suivent, nous jetterons un rapide coup d'œil sur la partie matérielle, autrement dit sur sa partie extérieure.

Sur le dessus

Vous trouverez sur le dessus de l'iPad la prise pour les écouteurs ainsi que le bouton Marche/Veille, comme le montre la Figure 1.1. Voici quelques informations utiles :

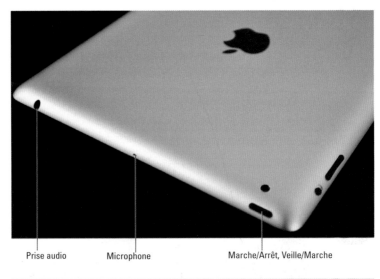

Prise audio   Microphone   Marche/Arrêt, Veille/Marche

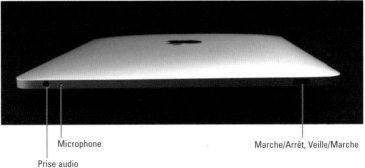

Microphone   Marche/Arrêt, Veille/Marche

Prise audio

Figure 1.1 : Le dessus de l'iPad 2 (en haut) et de l'iPad (en bas)

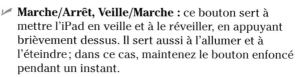

✏ **Marche/Arrêt, Veille/Marche :** ce bouton sert à mettre l'iPad en veille et à le réveiller, en appuyant brièvement dessus. Il sert aussi à l'allumer et à l'éteindre ; dans ce cas, maintenez le bouton enfoncé pendant un instant.

Comme la batterie de l'iPad se vide plus rapidement lorsqu'il est en marche, prenez l'habitude de le mettre en veille sitôt que vous ne l'utilisez plus.

Lorsque l'iPad est en veille, il ne se passe rien lorsque vous touchez son écran. Pour le réveiller, il suffit d'appuyer sur le bouton ou d'appuyer sur le bouton principal (décrit d'ici peu) qui se trouve à l'avant de l'appareil.

Les possesseurs d'un iPad 2 doté de la fonction Smart Cover peuvent réveiller leur iPad en ouvrant le couvercle et le mettre en veille en fermant le couvercle.

Vous apprendrez au Chapitre 13 comment régler le délai avant la mise en veille automatique, lorsque l'iPad n'est pas utilisé.

✏ **Prise audio :** elle permet d'utiliser des écouteurs ou un casque. Vous pouvez utiliser les écouteurs livrés avec votre iPhone ou votre iPod, ou n'importe quels écouteurs équipés d'un jack stéréo de 3,5 mm.

Dans tout ce livre, nous utilisons indistinctement les termes *écouteurs* ou *casque*. Les écouteurs sont ces petits machins au bout d'un fil qu'on se fourre dans l'oreille, tandis que le casque est formé d'un arceau sur lequel sont fixés les petits haut-parleurs.

✏ **Microphone :** sous le minuscule orifice près de la prise audio se trouve un microphone d'assez bonne qualité.

Bien que l'iPad ne soit pas livré avec l'application Mémo vocal, comme l'iPhone, vous pouvez télécharger plusieurs applications vocales gratuites pour l'iPad et/ou l'iPhone.

Sur le dessous

Sous l'iPad se trouvent le haut-parleur et le connecteur du Dock, comme le montre la Figure 1.2.

Haut-parleurs   Connecteur à 30 broches   iPad   iPad 2

Figure 1.2 : Le dessous de l'iPad et celui de l'iPad 2.

📌 **Haut-parleur :** il diffuse la musique ou la bande-son des clips vidéo, lorsque les écouteurs ne sont pas utilisés.

📌 **Connecteur à 30 broches :** il sert à deux choses : d'une part au rechargement de la batterie, en connectant l'iPad à l'adaptateur secteur USB ; d'autre part au rechargement de la batterie tout en synchronisant les données : connectez une extrémité du même câble au port USB d'un Mac ou d'un PC.

Reportez-vous à l'encadré « Qu'y a-t-il dans la boîte ? », précédemment dans ce chapitre, pour connaître les limitations des ports USB externes (répartiteur USB, port USB d'un clavier, d'un écran, *etc.*).

Sur le côté droit

Sur le côté droit se trouvent le bouton de réglage du volume et le commutateur Silence, visibles sur la Figure 1.3 :

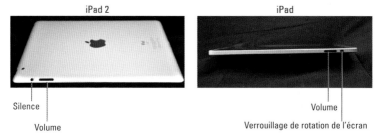

iPad 2   iPad

Silence

Volume

Volume

Verrouillage de rotation de l'écran

Figure 1.3 : Deux boutons se trouvent sur le côté droit de l'iPad.

↳ **Le commutateur Silence :** lorsque le mode Silence est enclenché, un point orange est visible sur le commutateur. L'iPad n'émet aucun son lorsqu'il reçoit du courrier ou lorsqu'une alerte est affichée. Notez que les sons émis par les applications ne sont pas supprimés. Le commutateur n'a aucune action sur la bande audio des films, sur iTunes ou sur les sons des jeux vidéo. Les seuls sons qu'il supprime sont ceux qui sont «inattendus», comme les notifications ou les sons produits par le système d'exploitation.

Si le commutateur ne réduit pas les notifications au silence bien qu'il soit enclenché, comme le signale son point orange, voyez si la petite icône représentée dans la marge ne se trouve pas à gauche de celle de la batterie, en haut de l'écran.

Si cette icône est visible alors que le commutateur est actif, cela peut signifier que l'iPad fonctionne avec une ancienne version d'iOS (sans doute iOS 3). Mais si iOS 4 ou ultérieur est installé dans l'iPad, elle signifie que vous avez verrouillé le basculement de l'écran dans le panneau Général de l'application Réglages.

Dans le premier cas, la version 3 de iOS considère à tort que le commutateur Silence est le bouton de verrouillage de basculement de l'écran. Si c'est cela qui vous arrive, nous vous conseillons de procéder à la mise à jour de votre iPad en le connectant à l'ordinateur, en démarrant iTunes et en cliquant sur le bouton Mettre à jour, comme décrit au Chapitre 3.

Pour l'actuelle version de iOS 4, le commutateur Silence est reconnu comme tel. Mais vous pouvez en faire un bouton de verrouillage du basculement de l'écran à partir du panneau Général de l'application Réglages.

 Réglage du volume sonore : il s'effectue par un bouton long situé sous le verrou de basculement d'écran. Appuyez sur la partie supérieure pour augmenter le volume du son, sur la partie inférieure pour le diminuer.

En façade et au dos de l'iPad

Les éléments suivants, indiqués sur la Figure 1.4, se trouvent sur la façade de l'iPad :

Figure 1.4 : La façade de l'iPad est d'une élégante simplicité.

✓ **Écran tactile :** vous apprendrez au Chapitre 2 tout ce qu'il faut savoir à propos du somptueux écran tactile à haute résolution. Tout ce que nous pouvons dire pour le moment, c'est que vous pouvez baver d'admiration devant l'écran... mais pas dessus.

✓ **Bouton principal :** quelle que soit l'activité en cours, appuyer sur ce bouton affiche systématiquement l'écran d'accueil.

✓ **Appareil photo avant** (iPad 2 seulement) : ce n'est pas le meilleur du monde, mais il rend service et produit de la vidéo de bonne qualité.

✓ **Boutons des applications :** chacune des treize icônes (visibles dans la Figure 1.3) démarre une application. Vous en apprendrez plus sur ces applications dans la suite de ce chapitre et au fil du livre.

Si vous possédez un iPad 2, un second appareil photo se trouve juste au dos, sous le bouton Veille/Marche.

La barre d'état

Placée tout en haut de l'écran, la barre d'état affiche de minuscules icônes fournissant quantité d'informations sur l'état actuel de l'iPad :

✈ ✓ **Mode avion (modèles Wi-Fi + 3G seulement) :** vous pouvez utiliser l'iPad en avion après que le commandant de bord en a donné l'autorisation. Vous n'avez cependant pas le droit d'utiliser la Wi-Fi ou la 3G, sauf lorsque l'avion est dans la zone de parking, avant son roulage vers la piste ou après l'atterrissage. Le Mode avion de l'iPad désactive toutes les fonctionnalités sans fil, c'est-à-dire les communications au travers des réseaux 3G, GPRS, EDGE, Wi-Fi et Bluetooth. Mais vous pouvez écouter de la musique, regarder des vidéos ou lire un livre électronique pendant le vol.

 ✓ **3G (modèles Wi-Fi + 3G seulement) :** cette icône vous informe que le réseau 3G, c'est-à-dire de troisième génération, de l'opérateur de télécommunications (Orange ou SFR, en France) est disponible, et que l'iPad peut s'y connecter pour accéder à Internet. Reportez-vous à l'encadré «Wi-Fi, 3G, GPRS, EDGE… » pour avoir des détails sur les réseaux numériques.

✔ **EDGE (modèles Wi-Fi + 3G seulement) :** cette icône indique que le réseau EDGE (*Enhanced Datarate for GMS Evolution*, taux de transfert de données amélioré pour l'évolution du GSM) est disponible, et que l'iPad peut s'y connecter pour accéder à Internet.

✔ **GPRS (modèles Wi-Fi + 3G seulement) :** cette icône indique que le réseau GPRS (*General Paquet Radio Service*, service général de radiocommunication par paquets) est disponible, et que l'iPad peut s'y connecter pour accéder à Internet.

✔ **Wi-Fi :** lorsque cette icône est affichée, cela indique que l'iPad est connecté à Internet au travers d'un réseau Wi-Fi. Plus le nombre d'arcs est élevé, plus le signal Wi-Fi est fort. S'il est faible (un ou deux arcs), déplacez-vous un peu pour obtenir une meilleure réception. Si l'icône Wi-Fi n'est pas affichée dans la barre d'état, cela signifie qu'aucune borne Wi-Fi ne se trouve à portée.

✔ **Activité :** cette icône indique qu'une activité de réseau ou autre (synchronisation sans fil, réception ou envoi de courrier, chargement d'une page Web…), est en cours. Certaines applications tierces se servent de cette icône pour indiquer qu'elles sont en cours.

✔ **VPN :** indique que vous êtes actuellement connecté à un réseau virtuel privé (VPN, *Virtual Private Network*).

✔ **Verrouillage :** indique de l'iPad est verrouillé. Nous y reviendrons au Chapitre 2.

✔ **Lecture :** signale qu'un morceau de musique est en cours de lecture (voir Chapitre 8).

Wi-Fi, 3G, GPRS, EDGE...

Les opérateurs de télécommunication gèrent quatre types de réseaux cellulaires. Le plus rapide, qui est actuellement le réseau 3G+ avec un débit maximal de 3,6 Mbit/s en réception et 384 Kbit/s en émission, n'est malheureusement pas pris en charge par l'iPad. Ce sera peut-être le cas un jour, mais pour le moment, le petit bijou d'Apple est incapable de se connecter au réseau le plus performant.

L'utilisateur de l'iPad doit se contenter du réseau 3G, qui offre l'avantage d'une plus vaste couverture du territoire français, mais dont le débit est seulement de 384 Kbit/s en réception et 128 Kbit/s en émission. Si l'iPad n'a pas trouvé le réseau 3G, il tente de se connecter au réseau EDGE (214 Kbit/s maximum en réception) nettement moins rapide, puis au terriblement lent réseau GPRS qui, avec ses 53,6 Kbit/s maximum en réception, et 26,8 Kbit/s en émission, atteint à peine les performances de l'antique modem téléphonique.

Si aucune icône de réseau de télécommunication n'est affichée, cela signifie qu'il n'est pas possible d'accéder à Internet. En France, les zones non couvertes par le réseau 3G sont peu nombreuses. Pour les connaître, visitez le site http://couverture-reseau.orange.fr/france/ (Orange) ou http://assistance.sfr.fr/mobile_forfait/mobile/couverture-reseau/en-48-62267 (SFR)

- **Bluetooth :** indique qu'un appareil Bluetooth, comme un casque d'écoute ou un clavier, communique actuellement avec l'iPad. Lorsque l'icône est grise, comme l'icône de droite dans la marge, cela signifie que Bluetooth est activé sur l'iPad, mais qu'aucun appareil externe n'est connecté. Si l'icône est blanche, la connexion avec un appareil Bluetooth est établie. Et si l'icône n'apparaît pas, cela signifie que la fonction Bluetooth est inactive. Le Chapitre 13 en dit plus sur ce mode de communication.

- **Verrou de basculement d'écran :** reportez-vous à la section précédente, «Sur le côté droit et en façade», pour en savoir plus sur cette fonctionnalité.

`99 %` ▭ - **Batterie :** indique le niveau de charge de la batterie. Il est maximal lorsque l'iPad n'est pas alimenté par le secteur et que la batterie est en pleine charge, puis il décroît peu à peu. L'icône montre aussi l'alimentation par le secteur et indique si la batterie est à présent complètement chargée ou en cours de charge. Un message est affiché lorsque la charge est inférieure à 20 % et un autre lorsqu'elle n'est plus que de 10 %.

Les fabuleuses 14 ou superbes 17 icônes de l'écran d'accueil

Par défaut – autrement dit, d'origine –, l'écran d'accueil de l'iPad et de l'iPad 2 arbore 14 icônes du plus bel effet. Si vous possédez un iPad 2, trois autres icônes s'y ajoutent : FaceTime, Appareil photo et Photo Booth, ce qui nous amène à 17 icônes. Le compte est bon. Chacune représente une fonction de l'iPad, étudiée précisément dans la suite de ce livre ; nous nous contenterons donc d'en fournir ici une brève description.

Pour afficher l'écran d'accueil, touchez le bouton principal. Si l'iPad est en veille, l'écran de déverrouillage apparaît en premier. Après avoir déverrouillé l'iPad, la page affichée au moment où il a piqué son roupillon apparaît. Si ce n'est pas l'écran d'accueil, appuyez de nouveau sur le bouton principal et il se montrera enfin.

Voici comment redisposer les icônes en trois étapes :

1. **Appuyez continûment sur une icône jusqu'à ce toutes commencent à vibrer.**

2. **Faites glisser les icônes jusqu'aux emplacements qui vous conviennent.**

3. **Appuyez sur le bouton principal afin de valider le nouvel arrangement (les icônes cessent de vibrer).**

Si les icônes n'ont pas été déplacées, voici comment elles se présentent de gauche à droite puis de haut en bas :

✏ **Calendrier :** si le calendrier que vous utilisez sur votre ordinateur est iCal, Outlook, ou celui de Microsoft Entourage, vous pourrez synchroniser les événements et les alertes. Créez l'un de ces éléments sur l'ordinateur ou sur l'iPad, et la prochaine fois que vous connecterez les deux appareils, ces données seront automatiquement mises à jour. C'est clair, net et précis.

✏ **Contacts :** cette appréciable petite application contient les informations à propos de vos correspondants. À l'instar de l'application Calendrier, elle se synchronise avec les contacts du Mac ou du PC, là encore à condition d'utiliser iCal, Outlook ou Entourage. Quand vous créez ou modifiez un contact sur l'un des appareils, il est automatiquement synchronisé avec son homologue dans l'autre appareil, dès leur prochaine connexion.

✏ **Notes :** ce programme sert à prendre des notes à tout moment. Vous pouvez les envoyer par courrier électronique ou les enregistrer sur l'iPad à toutes fins utiles (voir Chapitre 12).

✏ **Plans :** affichez un plan de ville ou une imagerie satellitaire où que vous soyez dans le monde, ou définissez un itinéraire, demandez les conditions de circulation, ou l'emplacement d'un bouff'room – un restau, si vous préférez – dans les environs. Un bon plan étudié en détail au Chapitre 6.

✏ **Vidéos :** c'est l'entrepôt de vos films, émissions de télévision et clips vidéo... Vous les transférez depuis le Mac ou le PC au travers d'iTunes, ou en les achetant sur iTunes Store grâce à l'application iTunes de votre iPad. Reportez-vous à l'iChapitre 9 pour en savoir iPlus.

✏ **YouTube :** cette application permet de regarder les milliers et milliers de vidéos du très célèbre site YouTube. Un moyen agréable pour occuper son temps, ou le perdre. Tout sur YouTube au Chapitre 6.

✏ **iTunes :** touchez cette icône pour acheter de la musique, des vidéos, des films, des livres audio et plus encore – voilà pourquoi iTunes se prononce « aï-thunes » – ou téléchargez gratuitement des podcasts ou des cours depuis iTunes U (avec U, comme Université). Vous trouverez plus d'informations sur iTunes et l'application iPod au Chapitre 8.

✔ **App Store :** cette icône permet de se connecter à l'iTunes App Store pour y rechercher des applications pour votre iPad, téléchargeables gratuitement ou non au travers d'une connexion Wi-Fi ou par le réseau cellulaire. Le Chapitre 7 explique comment acheter et utiliser des apps.

✔ **Game Center :** c'est le réseau social d'Apple pour les passionnés de jeux. On en parlera à la fin du Chapitre 6.

Si vous possédez un iPad 2, les trois icônes suivantes apparaissent entre le Game Center et Réglages :

• *FaceTime :* c'est une application de vidéo-phonie, comme vous le découvrirez au Chapitre 9.

• *Appareil photo :* cette application permet de photographier ou de filmer avec l'appareil photo situé en façade ou celui situé au dos de l'iPad 2.

• *Photo Booth :* c'est comme un Photomaton, mais sans avoir à insérer de piécettes dans la fente.

✔ **Réglages :** cette application sert à configurer l'iPad. Si vous possédez un Mac, c'est un peu l'équivalent des Préférences Système. Si vous utilisez un PC sous Windows, elle vous fera plutôt penser au Panneau de configuration.

✔ **Safari :** c'est votre navigateur Web. Tous les utilisateurs de Mac le connaissent, et il existe aussi une version pour Windows. Vous apprendrez tout sur le Safari de l'iPad au Chapitre 4.

✔ **Mail :** cette application sert à recevoir et envoyer du courrier électronique transitant par la plupart des serveurs POP3 ou IMAP, ainsi que Microsoft

Exchange, si votre société vous a accordé un accès. Le Chapitre 5 explique comment utiliser l'iPad pour échanger du courrier avec votre entourage.

✔ **Photos :** cette application est le remarquable gestionnaire de photos de l'iPad. Vous pouvez visionner celles que vous avez transférées depuis votre appareil photo numérique ou depuis une carte mémoire SD, grâce au kit de connexion optionnel, ou les photos transférées depuis votre ordinateur. Vous pouvez aussi zoomer en avant ou en arrière, créer des diaporamas, envoyer des photos par courrier électronique, *etc.* Tout cela est abordé au Chapitre 10.

✔ **iPod :** et pour finir, cette icône libère toute la puissance de l'iPod qui sommeille dans chaque iPad, ce qui permet d'écouter de la musique ou des podcasts. Vous découvrirez comment au Chapitre 8.

Prise en main de l'iPad

Dans ce chapitre :

- Pour commencer…
- Allumer et éteindre l'iPad.
- Verrouiller l'iPad.
- Maîtriser la technique Multi-Touch.
- Couper, copier, coller.
- Le multitâche avec l'iPad.
- Imprimer avec l'iPad.
- Rechercher avec Spotlight.

*V*ous savez à présent que l'iPad et l'iPad 2 sont très différent des autres ordinateurs. Vous savez aussi que cette machine qui ressemble à une ardoise reconsidère entièrement la façon d'utiliser un ordinateur. De quelle manière ? D'abord par l'absence de souris ou de tout dispositif de pointage, et son absence de prises et de connecteurs traditionnels, comme le port USB. L'iPad est aussi dépourvu de tout clavier.

Il diffère aussi des tablettes PC, dont certaines sont équipées d'un stylet permettant d'écrire avec de l'encre numérique. Comme nous l'avons mentionné au Chapitre 1, l'iPad utilise le dispositif de pointage que vous avez toujours sous la main : votre doigt.

À propos d'iPhone, si vous en avez un, ou son proche parent l'iPod Touch, vous connaissez déjà la technique Multi-Touch pour naviguer dans l'interface du bout des doigts. Vous serez peut-être tenté de sauter ce chapitre, mais ce serait une erreur, car les choses se passent un peu différemment avec l'iPad.

Pour commencer...

Vous avez besoin des quatre éléments qui suivent pour apprécier pleinement votre iPad. Il est fort probable que vous les ayez déjà...

✓ **Un autre ordinateur :** il peut s'agir d'un Mac tournant sous Mac OS X 10.5.8 ou ultérieur, ou d'un PC tournant sous Windows 7, Vista ou Windows XP Édition familiale ou Édition professionnelle, avec le Service Pack 3 ou ultérieur. Ça, c'est ce que préconise officiellement Apple, mais nous avons utilisé avec succès un ordinateur portable Dell avec le vénérable XP Pro et le Service Pack 2.

✓ **Le logiciel iTunes :** plus spécifiquement, vous devez avoir installé la version 10.2.1 ou ultérieure. Quand vous lirez ces lignes, une version ultérieure sera sans doute sortie, car Apple ne cesse de peaufiner son logiciel chouchou. Si iTunes n'est pas installé dans votre ordinateur, allez sur le site www.apple.com/fr/itunes/ et téléchargez la dernière version. Elle est gratuite. Ou alors, si elle est déjà installée, procédez à la mise à jour en cliquant sur iTunes > Rechercher les mises à jour (Mac) ou sur Aide > Rechercher les mises à jour (Windows). Notez qu'en règle générale, iTunes détecte automatiquement la mise à jour et vous propose spontanément de l'installer.

Pour qui ne le saurait pas, iTunes est le pimpant lecteur multimédia qui, sur le Mac, l'iPod et l'iPhone – pour ne pas en mentionner d'autres – sert à gérer les morceaux de musique, les vidéos, les applications et bien d'autres éléments. iTunes est aussi au cœur de l'iPad, car ce dernier intègre un iPod. Vous vous servirez d'iTunes pour synchroniser une kyrielle de données avec votre Mac ou votre PC, notamment des applications, des photos, des films, des émissions de télévision, des podcasts, des cours de l'iTunes University et, bien sûr, de la musique.

La synchronisation est une partie si cruciale que nous lui consacrons la totalité du Chapitre 3.

✏ **Un compte sur iTunes Store :** sa création est expliquée au Chapitre 8. Comme nombre de choses dans l'univers Apple, ce n'est pas bien difficile.

✏ **Un accès Internet :** l'iPad peut se connecter à Internet de deux manières : par une connexion Wi-Fi ou par la 3G si vous avez acheté un iPad capable de se connecter aux réseaux cellulaires. La Wi-Fi permet de se connecter de chez soi, depuis un lieu public comme un aéroport, une gare ou les jardins publics parisiens. La 3G permet de se connecter depuis presque n'importe où en France métropolitaine (ou dans tel ou tel D.O.M.-T.O.M.) pour peu que la zone soit couverte.

La connexion 3G est fournie par chacun des opérateurs ayant reçu l'agrément d'Apple : Bouygues, Orange et SFR. Visitez leur site (www. bouyguestelecom.fr, www.orange.fr ou www.sfr.fr) pour connaître leurs tarifs.

Allumer et éteindre l'iPad

Apple a eu le bon goût de charger partiellement la batterie de l'iPad, ce qui permet d'en profiter dès son achat. Après l'avoir extrait de sa boîte, maintenez le bouton Veille/Marche enfoncé, en haut sur le côté droit.

Vous verrez d'abord apparaître le célèbre logo malique d'Apple, suivi l'instant d'après par une bucolique et vespérale scène lacustre. Notez que vous pouvez la remplacer par une image ou une photo de votre choix, comme expliqué au Chapitre 10.

Pour éteindre complètement l'iPad, maintenez le bouton Veille/Marche enfoncé jusqu'à ce qu'une flèche apparaisse sur l'écran. Tirez-la vers la droite du bout de votre doigt. Si vous changez d'avis, touchez le bouton Annuler, en bas de l'écran.

Verrouiller l'iPad

Trimballer un téléphone mobile sans protection dans sa poche ou son sac risque de poser des problèmes. Sauf s'il est équipé de quelque système de protection, un numéro peut être composé par inadvertance à l'heure la plus inappropriée.

Vous n'avez pas à craindre de réveiller votre conjoint à l'heure du loup tandis que vous courrez le guilledou en catimini dans la nuit épaisse et froide, car l'iPad n'est pas un téléphone (bien qu'une application comme Skype ou Line2 puisse en faire un). Mais vous n'en avez pas moins quelques bonnes raisons de verrouiller votre iPad. Vous l'empêcherez ainsi de :

- ✔ se mettre en marche par inadvertance ;
- ✔ dévoiler son contenu aux regards indiscrets ;
- ✔ drainer inutilement la batterie.

Le verrouillage de l'iPad s'effectue en un clin d'œil.

En fait, vous n'avez rien à faire pour verrouiller l'iPad, car c'est ce qui se produit si vous cessez de l'utiliser pendant une minute ou deux. Comme vous le découvrirez au Chapitre 13, le délai avant le verrouillage automatique est réglable.

Pas le temps d'attendre ? Appuyez brièvement sur le bouton Veille/Marche pour verrouiller aussitôt votre iPad.

Le déverrouillage de l'iPad est tout aussi facile :

1. **Appuyez sur le bouton Veille/Marche. Ou alors, appuyez sur le bouton principal.**

   Dans les deux cas, une glissière est affichée.

2. **Tirez la glissière vers la droite, du bout du doigt.**

3. **Dans certains cas, vous devrez saisir un mot de passe.**

   La protection de l'iPad par mot de passe est décrite au Chapitre 13.

Maîtriser l'interface Multi-Touch

À quelques rares exceptions près, et jusqu'à l'avènement de l'iPad, quasiment tous les ordinateurs étaient équipés d'un clavier AZERTY (NdT : ou QWERTY à l'époque héroïque des premiers micro-ordinateurs, et même ABCDEF pour une génération de Minitel) et, par la suite, d'un clavier et d'une souris.

L'iPad, comme l'iPhone, dispensent l'utilisateur de l'usage d'une souris (imagine-t-on un *chat* sans souris !) et aussi du clavier. Apple a toujours à cœur de faire les choses différemment…

Les touches et la souris ont été jetées aux oubliettes en faveur d'un *affichage Multi-Touch*. Ce magnifique écran qui réagit au bout des doigts est au cœur de bon nombre des actions que vous effectuez avec votre iPad.

L'entraînement dactylographique

Toucher, effleurer, pincer et faire glisser ne sont pas des gestes très compliqués :

✓ **Toucher, ou taper :** ce geste a plusieurs usages. Sur l'écran d'accueil, vous touchez une icône pour démarrer une application. Vous touchez aussi pour écouter un morceau de musique ou choisir l'album de photos à regarder. Parfois, vous double-tapez, ce qui permet de zoomer en avant ou en arrière dans une page Web, un plan ou un courrier électronique.

✓ **Effleurer (ou feuilleter) :** ce geste fait défiler une liste de morceaux de musique, de courriers électroniques ou un ensemble de vignettes de photos. Touchez l'écran pour mettre fin au défilement, ou attendez tout bonnement qu'il s'arrête de lui-même (NdT : bien que le manuel de l'iPad privilégie le terme « feuilleter », qui fait penser à un livre que l'on feuillette, nous utiliserons dans ce livre le terme « effleurer », plus approprié au geste consistant à balayer l'écran du bout du doigt).

✓ **Pincer/Écarter :** placez deux doigts aux bords opposés d'une page Web, d'un plan ou d'une photo, puis écartez les doigts pour agrandir l'élément ou rapprochez-les pour le réduire. Effet garanti sur les gens qui vous regardent faire.

✓ **Faire glisser :** vous appuyez légèrement sur l'écran et vous tirez l'élément. Cela peut être un plan que vous désirez parcourir, ou une photo trop grande pour être affichée en entier.

La navigation au-delà de l'écran d'accueil

L'écran d'accueil décrit au chapitre précédent n'est pas le seul endroit où se trouvent des icônes. Après avoir ajouté des applications téléchargées depuis l'App Store d'iTunes, comme expliqué au Chapitre 7, vous verrez apparaître quelques minuscules points entre les icônes Safari, Mail, Photos et iPod, et dans la rangée d'icônes qui se trouvent juste au-dessus, ainsi qu'une petite loupe de recherche Spotlight, à gauche des points.

Chaque point correspond à un écran supplémentaire susceptible de contenir jusqu'à 20 icônes, sans compter les quatre icônes ancrées en bas de chacun de ces écrans. Nous y reviendrons d'ici peu.

Pour naviguer parmi les écrans, effleurez horizontalement au milieu de l'écran, ou touchez l'un des points.

Vous devez être précis. Autrement, vous ouvrirez une application au lieu de changer de page.

Il existe autant d'écrans supplémentaires que de points. Le point blanc est celui de l'écran actuellement affiché. Les icônes de la rangée inférieure – la bande des quatre : Safari, Mail, Photos et iPod – se trouvent dans une partie spéciale de l'écran appelée Dock.

Vous pouvez y ajouter une ou deux icônes si vous le désirez, ou encore déplacer l'une des quatre icônes par défaut jusque dans la zone principale de l'écran d'accueil afin de libérer de la place pour l'icône d'une application de votre choix.

Appuyez sur le bouton principal pour revenir à l'écran d'accueil principal. Appuyer dessus une seconde fois affiche la remarquable fonction Rechercher de l'iPad que nous étudierons plus loin dans ce chapitre.

Le clavier virtuel incroyablement intelligent de l'iPad

Au lieu d'un véritable clavier avec des touches à enfoncer, plusieurs claviers logiciels, ou virtuels, émergent du bas de l'écran lorsque vous en avez besoin. Tous sont des variantes du clavier alphabétique, mais avec des chiffres et de la ponctuation, ou encore des symboles. La Figure 2.1 montre les six claviers virtuels de l'iPad.

Figure 2.1 : Les six variantes du clavier de l'iPad.

Chacun de ces claviers a l'élégance de n'afficher que les touches appropriées pour la tâche en cours. Leur disposition dépend de l'application. Les claviers pour Safari diffèrent de ceux de Notes. Par exemple, dans Safari, la touche @ (arobase) est indispensable alors que dans Notes, elle n'est pas essentielle, mais néanmoins présente.

Si vous êtes plus à l'aise avec un véritable clavier, envisagez l'achat d'un Dock à clavier qui se branche au connecteur à 30 broches en bas de l'iPad. Apple vend aussi un clavier sans fil qui ne communique pas par le Dock, mais par une liaison Bluetooth. D'autres claviers Bluetooth devraient convenir, y compris les modèles fabriqués par Logitech et par Microsoft. Reportez-vous au Chapitre 15 pour en savoir plus sur l'utilisation d'un véritable clavier avec votre iPad.

Avant d'aborder l'utilisation des claviers virtuels, une petite explication s'impose quant à sa soi-disant *intelligence*. Le fait qu'un clavier soit intelligent ne vous rendra pas plus intelligent, mais cela facilitera bigrement la saisie de votre prose. En effet :

✏ Le clavier est associé à un dictionnaire comprenant même des mots de la culture populaire. Des dictionnaires dans d'autres langues sont disponibles. Ils sont automatiquement activés lorsque vous utilisez l'un des claviers internationaux, comme décrit dans l'encadré «Clavier sans frontière», plus loin dans ce chapitre.

✏ Il ajoute automatiquement vos contacts dans le dictionnaire.

✏ Le clavier utilise des algorithmes d'analyse complexes pour prédire le mot que vous êtes en train de saisir.

✏ Il suggère des corrections lors de vos saisies et place le mot proposé juste en dessous de celui qu'il estime erroné. Lorsque vous déclinez une suggestion et que le mot que vous venez de taper ne figure pas dans le dictionnaire, l'iPad l'ajoute automatiquement. Il le proposera la prochaine fois que vous ferez une faute de frappe dans un mot similaire.

Pensez à décliner une suggestion en saisissant les caractères que vous désirez au lieu d'accepter la proposition affichée en dessous. En procédant ainsi, votre clavier deviendra de plus en plus «intelligent».

✏ Il réduit le nombre d'erreurs que vous pourriez faire lors de vos saisies en redimensionnant dynamiquement la zone sensible de certaines touches. Vous ne le voyez pas, mais l'iPad agrandit les touches qui, selon sa prédiction, ont le plus de chances d'être choisies, et réduit celles qui n'ont presque aucune chance de l'être.

Les touches spéciales

Le clavier de l'iPad contient plusieurs touches spéciales qui ne correspondent pas à des caractères typographiques :

- **Majuscule :** sert à activer la saisie en majuscules (capitales) ou en minuscules (bas de casse), avec le clavier alphabétique. Après avoir touché cette touche, tapez la touche dont il faut changer la casse, ou gardez le doigt sur la touche Majuscule puis faites-le glisser jusqu'à la touche à mettre en capitale.

- **#+= ou 123 :** quand vous utilisez un clavier ne contenant que des chiffres ou des symboles, la touche Majuscule est remplacée par une touche portant les signes #+= ou les chiffres 123 ou parfois .?123. Appuyer sur cette touche fait passer d'un clavier à chiffres et symboles à un autre.

- **Verrouillage des majuscules :** pour utiliser cette touche, vous devez d'abord l'activer, si ce n'est pas déjà fait. Pour cela, touchez l'icône Réglages, sur le premier écran d'accueil, puis Général, et Clavier. Tapez ensuite sur l'option Majuscules verrouillées (le commutateur devient bleu lorsque cette option est active). Par la suite, un double-toucher de la touche Majuscule active la saisie en capitales. Tapez de nouveau la touche Majuscule pour la déverrouiller. Pour la désactiver totalement, répétez la manœuvre (Réglages > Général > Clavier) puis tapez l'option Majuscules verrouillées.

- **Commutation :** fait passer d'un clavier à un autre.

- **Clavier international :** cette touche n'est visible que si vous avez activé un clavier international, comme expliqué dans l'encadré «Clavier sans frontière».

- **Supprimer :** aussi appelée Retour arrière, cette touche efface le caractère immédiatement à gauche du curseur.

- **Retour :** renvoie le curseur à la ligne suivante.

> ✔ **Masquer le clavier :** touchez ce bouton pour faire disparaître le clavier. Touchez l'écran dans une application permettant la saisie de texte pour faire réapparaître le clavier.

Si vous possédez un iPhone ou un iPod Touch, sachez que la disposition des touches du clavier de l'iPad est plus proche de celle d'un clavier d'ordinateur classique, que de celle de ces petits appareils de poche. Par exemple, la touche Retour arrière se trouve en haut à droite, la touche Retour juste en dessous, et deux touches Majuscule se trouvent de part et d'autre. Cela améliore sans aucun doute le confort des saisies.

La dactylographie virtuelle

Les claviers virtuels de l'interface Multi-Touch d'Apple sont vraiment un coup de génie. Mais ils risquent aussi de vous rendre dingue, au début tout au moins.

Avec un peu de pratique et de patience, vous vous habituerez à la saisie sur l'iPad en une ou deux semaines. Il est important que vous finissiez par être à l'aise avec cette technique de dactylographie, car vous vous en servirez abondamment pour saisir du texte, des notes, les coordonnées d'un nouveau contact, *etc.*

Comme nous l'avons mentionné, Apple a introduit une certaine forme d'intelligence dans ses claviers virtuels, qui sont ainsi capables de corriger les fautes de frappe à la volée et de prédire ce que vous êtes en train de taper. Le clavier n'est pas télépathe, mais il parvient assez bien à deviner les mots auxquels vous pensez.

Voici quelques conseils qui vous seront fort utiles lors de vos saisies :

> ✔ **Vérifiez la lettre que vous allez saisir.** Lorsque vous touchez un caractère du clavier virtuel, la touche s'assombrit tant que vous n'avez pas ôté le doigt, comme le montre la Figure 2.2. Vous pouvez ainsi vérifier que le caractère est bien celui que vous désirez saisir.

Clavier sans frontière

Apple compte bien vendre son iPad dans le monde entier. Dans les semaines qui ont suivi son lancement aux États-Unis, en avril 2010, il a été commercialisé en Allemagne, en Australie, au Canada, en Espagne, en France, en Italie, au Japon, au Royaume-Uni et en Suisse, en attendant de l'être dans d'autres pays. C'est pourquoi Apple a décidé de proposer plusieurs types de claviers, y compris en chinois et en cyrillique. Pour accéder à ces claviers étrangers, touchez Réglages > Général > Clavier > Claviers internationaux > Ajouter un nouveau clavier. Faites ensuite défiler la liste et choisissez le clavier désiré (ou alors, touchez Réglages > Général > International > Claviers). Le clavier français est décliné en deux versions, l'une pour la France, l'autre pour le Québec (et il existe aussi deux versions pour le chinois : simplifié et pinyin).

Vous être polyglotte ? Vous pouvez sélectionner autant de claviers étrangers que vous le désirez en les touchant dans la liste. Vous ne pouvez bien sûr en utiliser qu'un seul à la fois. Lorsque vous êtes dans une application qui active le clavier virtuel, touchez à plusieurs reprises le petit bouton International situé entre les touches Commutation et Espace (reportez-vous à la Figure 2.1) jusqu'à ce que le clavier voulu apparaisse. Répétez l'opération pour revenir au premier clavier après avoir parcouru tous ceux que vous avez sélectionnés.

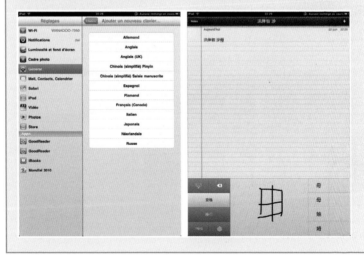

Clavier sans frontière (suite)

Pour supprimer un clavier de votre liste, touchez le bouton Modifier, en haut à droite de l'écran, puis touchez le rond en forme de signal « sens interdit » situé à côté de la langue à laquelle vous voulez dire *adios*.

Un mot encore sur les claviers chinois : vous pouvez utiliser la reconnaissance d'écriture manuscrite pour le chinois simplifié et pinyin (traditionnel), comme montré ici. Dessinez l'idéogramme du bout du doigt dans la fenêtre. Je m'excuse par avance de ne pas connaître la signification de celui présenté dans l'illustration, car je l'ai tracé au hasard.

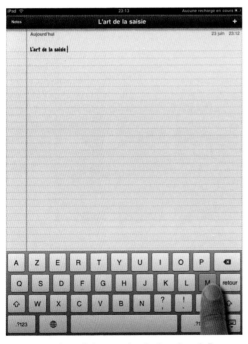

Figure 2.2 : La saisie avec le clavier virtuel. Remarquez l'assombrissement de la touche sur laquelle le doigt est posé.

✔ **Glissez le doigt vers la touche voulue, si vous n'avez pas touché le bon caractère.** C'est seulement lorsque vous relevez le doigt que le caractère est saisi.

✔ **Touchez continûment pour afficher les lettres accentuées (ou dans Safari, un suffixe d'adresse Web).** Quand le doigt s'attarde sur un caractère qui peut être accentué, toutes ses variantes sont affichées dans une palette, comme l'illustre la Figure 2.3. Glissez ensuite le doigt vers la lettre désirée.

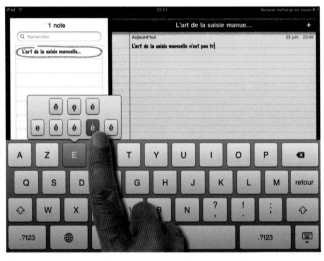

Figure 2.3 : Les caractères accentués se trouvent dans une palette associée à une touche.

Dans le même esprit, lorsque vous gardez le doigt sur la touche .com, dans Safari, vous voyez apparaître les variantes .net, .org .com .fr et .edu, ou d'autres encore selon le clavier international en cours d'utilisation.

✔ **Touchez la barre Espace pour accepter un mot suggéré, ou saisissez-le pour décliner la suggestion.** Les fautes de frappe ne manquent hélas pas lorsque vous débutez. Supposons que vous saisissiez, dans Notes, les mots « Il est important » et que vous tapiez en réalité « Il est *imporyant* ». Le programme informatique qui vérifie votre saisie à la volée sait que sur le clavier, la touche *y,* qui est en faute, est entourée des touches *t, g, h, j, u, etc*. Il en déduit que vous vouliez taper le mot « important » et suggère cette correction en plaçant ce mot sous votre saisie erronée. Pour accepter cette correction, touchez tout simplement la barre Espace. Mais si vous tenez à saisir le mot « imporyant », parce que c'est un exemple comme dans ce paragraphe, saisissez le mot suggéré (*important*) afin de le décliner.

Si vous n'appréciez pas cette fonctionnalité, désactivez la correction automatique, décrite au Chapitre 13.

Comme le programme informatique sait exactement ce que vous être en train de faire, le clavier virtuel s'adapte à la tâche en cours. Cela se vérifie notamment lorsque vous saisissez des chiffres, de la ponctuation ou des symboles. Les conseils qui suivent vous aident à trouver rapidement les caractères spéciaux les plus courants :

- ✔ **Les caractères des adresses Web :** lorsque vous saisissez l'adresse d'un site Web, le clavier du navigateur Safari affiche le point, la barre inclinée et le suffixe .com, mais pas la barre Espace.

  Quand vous utilisez l'application Notes, la barre Espace est affichée.

- ✔ **L'arobase d'une adresse de courrier électronique :** quand vous saisissez l'adresse du destinataire d'un courrier électronique, la touche @ figure sur le clavier.

- ✔ **Passer des lettres aux chiffres :** pour insérer des chiffres, une ponctuation ou un symbole dans une note ou dans un courrier électronique, tapez sur la touche 123 pour accéder à un autre clavier virtuel, puis tapez la touche ABC pour revenir au clavier principal. Ces manipulations ne sont pas bien compliquées, mais elles agacent certains utilisateurs.

Vous trouverez au Chapitre 17 une astuce très maligne (le glissé) qui évite d'avoir à taper sur les touches 123 et ABC.

Corriger les erreurs

Il est recommandé de taper sans trop y penser et sans s'obnubiler sur chaque faute de frappe. La correction automatique vient en effet à bout de beaucoup d'entre elles. Cela dit, les fautes de frappe seront nombreuses, surtout au début, et vous devrez les corriger manuellement.

Une astuce efficace, pour corriger une erreur, consiste à laisser le doigt en contact avec l'écran pour afficher la loupe de la Figure 2.4. Utilisez-la pour positionner le pointeur à droite d'une correction à effectuer, appuyez sur la touche Retour arrière afin de supprimer le caractère erroné, puis tapez la touche appropriée pour la correction.

Figure 2.4 : Corrigez vos erreurs à la loupe, dans l'application Notes.

Sélectionner, couper, copier et coller

Pouvoir sélectionner puis couper, copier et coller du texte, des images ou tout autre élément d'un endroit à un autre, dans l'ordinateur, est devenu une opération banale depuis l'avènement des interfaces graphiques voici un quart de siècle, et il en va de même pour l'iPad. Vous pouvez ainsi déplacer ou copier du texte ou des images entre un courrier électronique et une note, et inversement, ou copier des photos ou des vidéos dans un message.

Supposons que vous couchez quelques idées dans l'application Notes et que vous désirez les envoyer par courrier électronique. Voici comment procéder par un copier-coller :

1. **Double-touchez (tap-tap..) un mot pour le sélectionner.**

2. **Touchez Sélectionner afin de sélectionner le mot adjacent, ou touchez Tout sélectionner afin de tout englober dans la sélection.**

   Vous pouvez aussi tirer les points bleus, ou poignées de sélection (voir Figure 2.5) pour sélectionner une plus grande partie d'un texte qui a déjà été partiellement sélectionné. Cette opération exige également un peu de pratique.

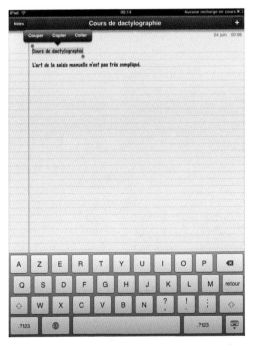

Figure 2.5 : Tirez le point pour sélectionner tout le reste.

3. **Après avoir sélectionné le texte, touchez Copier. Si le bloc sélectionné doit être déplacé, et donc ôté de son emplacement d'origine, touchez Couper.**

   Vous pouvez aussi sélectionner l'option Remplacer, pour remplacer les mots que vous avez sélectionnés.

4. **Ouvrez maintenant l'application Mail, puis saisissez votre message.**

5. **Arrivé à l'endroit où vous désirez insérer le texte copié, touchez le curseur.**

   Les commandes Sélectionner, Tout sélectionner et Coller apparaissent (voir Figure 2.6).

Figure 2.6 : Touchez l'option Coller pour placer le texte précédemment copié ou coupé.

6. **Touchez Coller afin d'insérer le texte dans le message.**

Et voici le plus étonnant : si vous avez fait une erreur en coupant, copiant ou collant, secouez l'iPad. Cette action annule la dernière modification !

Le multitâche

La grande nouveauté de iOS 4, la quatrième mouture du système d'exploitation – qui en est à la version 4.3.2 au moment où ces lignes sont écrites – fut l'introduction du *multitâche*. Il permet de faire fonctionner simultanément plusieurs applications et de passer facilement de l'une à l'autre. Par exemple, une application tierce comme France Inter (ou Europe 1, ou Skyrock…) continuera à diffuser ses émissions pendant que vous surfez sur le Web, regardez des photos ou relevez votre courrier. Sans le multitâche, l'application que vous écoutez devrait cesser de fonctionner au moment où une autre est démarrée. Le multitâche existait avant iOS 4. Vous pouviez par exemple écouter de la musique avec l'application iTunes, mais il était limité aux seules applications estampillées Apple. Désormais, il fonctionne avec toutes les « apps » développées par des programmeurs indépendants.

Entre autres, le multitâche laisse les applications de navigation se mettre à jour pendant que vous écoutez la radio. L'application de navigation parvient même à baisser le volume de la radio afin que vous puissiez entendre clairement les instructions d'itinéraire qu'elle vous prodigue.

Lorsque le téléchargement de photos s'éternise, vous pouvez passer à une autre application tout en sachant que le téléchargement se poursuit en tâche de fond. Vous pouvez prendre des notes avec l'application Dictaphone tout en consultant une page Web.

Le multitâche est tout ce qu'il y a de plus simple. Double-cliquez avec le bouton principal pour afficher un tiroir contenant une rangée de six icônes (et même sept quand l'iPad est tenu en mode Paysage), comme à la Figure 2.7. Ce sont celles des applications qui fonctionnent en tâche de fond. Touchez celle de l'application que vous désirez afficher. L'application reprend exactement où vous l'aviez quittée.

Figure 2.7 : Le tiroir des applications récemment utilisées.

Faire glisser le tiroir vers la droite découvre des commandes audio pour l'application iPod – volume, lecture/pause, morceau suivant/précédent – ainsi que le réglage de la brillance et le verrouillage de la rotation de l'écran.

Pour ôter du tiroir une application fonctionnant en tâche de fond ou suspendue, maintenez le doigt dessus jusqu'à ce que les applications se mettent toutes à vibrer. Touchez ensuite le cercle rouge en haut à gauche d'une application, et elle disparaît du tiroir.

Le multitâche d'un iPad diffère du multitâche d'un ordinateur. Il est en effet impossible d'afficher plusieurs applications en même temps. D'âpres controverses ont lieu sur le Web pour savoir s'il faut parler de multitâche, de permutation de tâches ou des deux à la fois. Nous n'entrerons pas dans ces joutes sémantiques, trop content que nous sommes que le multitâche, ou appelez-le comme vous le voudrez, existe.

Placer les icônes dans des dossiers

Trouver l'icône que vous rechercher parmi les onze pages qui peuvent être affichées n'est pas une mince affaire. C'est pourquoi Apple a eu l'excellente idée de proposer des dossiers. Nommés à votre guise, ils peuvent contenir chacun jusqu'à 20 applications.

Voici comment créer un dossier :

1. **Touchez une icône jusqu'à ce qu'elles se mettent toutes à vibrer.**

2. **Choisissez deux applications à placer dans un même dossier, puis faites glisser l'une jusque sur l'autre.**

   Les icônes superposées génèrent spontanément un dossier. Un nom lui est automatiquement attribué, basé sur la catégorie à laquelle appartiennent les applications.

3. **(Facultatif) Changez le nom du dossier en touchant le X à droite dans la barre de saisie, puis tapez le nom que vous voulez.**

Pour démarrer une application présente dans un dossier, touchez l'icône du dossier puis l'icône de l'application à ouvrir.

Vous pouvez placer autant d'applications que vous le désirez dans un dossier tant qu'il y a assez de place.

Quand toutes les applications sont tirées hors d'un dossier, ce dernier disparaît aussitôt.

Imprimer

Dans la première génération d'iPad, rien n'était prévu pour imprimer. Quelques applications comblaient plus ou moins bien cette lacune, jusqu'à ce qu'Apple propose une solution sous la forme de la fonction AirPrint. Il est possible d'imprimer au travers d'une liaison sans fil avec une imprimante compatible AirPrint. C'est le cas, pour le moment de 17 modèles, tous de la marque Hewlett-Packard, le seul fabricant avec lequel Apple ait passé des accords pour le moment. AirPrint fonctionne avec Mail, Photos, Safari et iBooks (fichiers PDF). Il est aussi possible d'imprimer à partir de l'application optionnelle iWork, et aussi à l'aide d'applications d'impression tierces.

Bien qu'un logiciel spécial ne soit pas requis pour communiquer avec les imprimantes AirPrint, imprimante et iPad doivent cependant être connectés au même réseau Wi-Fi.

Procédez comme suit pour imprimer :

1. **Touchez la commande Imprimer. Elle apparaît de différentes manières selon l'application.**

2. **À droite de Imprimante, touchez Sélection. Choisissez ensuite l'imprimante qui a été détectée.**

3. **Selon les caractéristiques de l'imprimante, indiquez le nombre de copies à imprimer, le nombre de copies recto-verso et la plage de numéros de pages.**

Si vous double-cliquez avec le bouton principal pendant qu'une impression est en cours, l'icône de l'application Centre d'impression apparaît dans le tiroir multitâche. Un badge rouge indique le nombre de documents dans la file d'attente.

Rechercher un contenu dans l'iPad

Le navigateur Safari permet de rechercher de l'information sur le Web en utilisant des moteurs de recherche comme Bing, Google ou Yahoo!.

Mais vous pouvez aussi rechercher des personnes ou des programmes dans votre iPad, et aussi des éléments dans des applications spécifiques. Vous découvrirez comment dans les chapitres consacrés aux différentes applications comme Courier, Contacts, Calendrier et iPod.

La recherche dans l'iPad est basée sur la puissante fonctionnalité Spotlight, familière aux utilisateurs de Mac. Voici comment elle fonctionne :

1. **Pour accéder à Spotlight, effleurez vers la gauche dans l'écran d'accueil ou, comme mentionné précédemment dans ce chapitre, appuyez sur le bouton principal lorsque l'écran d'accueil principal est affiché.**

2. **Saisissez l'objet de votre recherche dans le champ de saisie qui apparaît en haut de l'écran.**

    L'iPad commence à afficher des résultats dès les premiers caractères que vous saisissez. Supposons que vous ayez entré le mot **Ma** comme critère de recherche, comme à la Figure 2.8. Toutes les applications, contacts, *etc.*, dont une partie du nom contient les lettres Ma (Mail, manuel, bal masqué, ainsi que de nombreux courriers…) seront affichés.

3. **Touchez un élément de la liste pour accéder au contact, au morceau, au document ou à l'application en question.**

Dans les réglages décrits au Chapitre 13, il est possible de définir un ordre de classement pour les résultats, afin que les applications soient listées en premier, suivies des contacts, des morceaux de musique, et ainsi de suite.

Figure 2.8 : Une recherche avec Spotlight.

Synchronisation : Introduire dans et extraire de l'iPad

. . . .

Dans ce chapitre :

- Votre première synchronisation.
- Déconnecter l'iPad au cours d'une synchronisation.
- Synchroniser les contacts, les calendriers, les comptes de messagerie et les signets.
- Synchroniser des morceaux de musique, des podcasts, des clips vidéo, des photos, des livres et des applications.

. . . .

*N*ous avons une bonne nouvelle pour vous, et une encore meilleure. La bonne nouvelle est la facilité avec laquelle vous pouvez transférer tous vos contacts, rendez-vous, événements, paramètres de comptes de messagerie, signets, livres, morceaux de musique, clips vidéo, émissions de télévision, podcasts, photos (de ratons-laveurs) et applications depuis l'ordinateur vers votre iPad. La nouvelle encore meilleure est qu'après avoir procédé à ce transfert, vous pouvez synchroniser vos contacts, rendez-vous et événements afin qu'ils soient toujours automatiquement à jour dans les deux machines, que vous les ayez modifiés dans l'iPad ou dans l'ordinateur. Par exemple, dès que vous changez un rendez-vous dans l'iPad, ce changement apparaîtra dans l'ordinateur la prochaine fois qu'il communiquera avec l'iPad.

Cette communication entre les deux machines est appelée *synchronisation*. Elle est très facile à mettre en œuvre ; ce chapitre explique la procédure en détail.

Ah, mais attendez ! Il y a une autre bonne nouvelle. Les éléments que vous gérez sur l'ordinateur, comme les clips vidéo, les émissions de télévision, les podcasts et les paramètres de compte de messagerie, ne sont synchronisés que dans un seul sens : de l'ordinateur vers l'iPad, ce qui est normal.

Dans ce chapitre, nous avons utilisé la version 9.2 d'iTunes et la version 3.2 du système d'exploitation de l'iPad. Ne manquez pas de procéder aux mises à jour si nécessaire. Elles sont gratuites, ce qui n'était pas toujours le cas auparavant.

Démarrer la synchronisation

Synchroniser l'iPad avec un ordinateur ressemble beaucoup à la synchronisation d'un iPod ou d'un iPhone. Si vous utilisez déjà l'un de ces petits bijoux, la synchronisation de l'iPad sera une partie de plaisir. Mais même si vous n'avez jamais synchronisé d'appareils de ce genre, vous constaterez que ce n'est pas difficile. Voici les étapes à suivre :

1. **Commencez par connecter l'iPad à votre ordinateur grâce au câble qui vous a été fourni.**

   La connexion de l'iPad à l'ordinateur démarre automatiquement iTunes. Si cela ne se produit pas, c'est très probablement parce que vous avez branché le câble à un concentrateur USB, ou au port USB d'un clavier ou d'un écran. Branchez-le plutôt à un port situé directement sur l'ordinateur, car le courant qu'il fournit est plus important que celui d'un port déporté. Un iPad exige une alimentation beaucoup plus puissante qu'un iPod ou un iPhone.

Si iTunes ne démarre toujours pas automatiquement, essayez avec un coup de kick ou à la manivelle (autrement dit, manuellement, en cliquant sur son icône dans le Dock).

2. **Sélectionnez l'iPad dans le volet de gauche d'iTunes.**

   Le panneau Configurer votre iPad apparaît. Si vous l'avez déjà fait et nommé votre iPad, vous pouvez sauter les Étapes 3 et 4a et passer directement à l'Étape 4b.

   Si l'iPad n'est pas visible dans le volet de gauche, assurez-vous qu'il est connecté à un port USB placé directement sur l'ordinateur. Redémarrez éventuellement l'ordinateur.

3. **Nommez l'iPad dans le champ Nom.**

   Celui-ci a été nommé « iPad eFirst ».

4a. **Décidez si les éléments doivent être synchronisés automatiquement chaque fois que vous connectez l'iPad à l'ordinateur.**

   • Si iTunes doit synchroniser automatiquement des éléments, cochez leur case puis cliquez sur le bouton Terminé. Continuez ensuite à la section « Synchroniser les fichiers audiovisuels », plus loin dans ce chapitre.

   • Si vous préférez synchroniser manuellement, assurez-vous que les trois cases sont décochées, puis cliquez sur Terminé. Vous découvrirez à la section « Synchroniser les données », plus loin dans ce chapitre, comment configurer manuellement vos contacts, calendriers, signets, notes, comptes de messagerie et applications. La section « Synchroniser les fichiers audiovisuels » explique comment synchroniser les applications, morceaux de musique, *etc.*

- Vous n'êtes pas obligé de décider dès maintenant. Dans le doute, ne cochez aucune case. Vous pourrez facilement les cocher par la suite, à tout moment.

Nous choisissons de ne cocher aucune des trois cases pour vous montrer comment synchroniser manuellement.

4b. **Après avoir cliqué sur le bouton Terminé – cela s'applique uniquement à ceux d'entre vous qui ont exécuté les Étapes 3 et 4a –, le panneau Résumé devrait apparaître. Si ce n'est pas le cas, assurez-vous que l'iPad est toujours sélectionné dans le volet de gauche d'iTunes, puis cliquez sur l'onglet Résumé (voir Figure 3.1).**

Figure 3.1 : Le panneau Résumé est facile à comprendre.

5. **Pour qu'iTunes démarre automatiquement chaque fois que l'iPad est connecté à l'ordinateur, cochez**

la case Ouvrir iTunes à la connexion de cet iPad, dans la rubrique Options.

Pour quelle raison vous abstiendriez-vous de sélectionner cette option ? Si vous voulez connecter l'iPad à l'ordinateur uniquement pour charger sa batterie, vous n'avez peut-être pas envie qu'iTunes apparaisse à chaque fois comme un diable qui sort de sa boîte.

En revanche, quand cette option est sélectionnée, iTunes démarre chaque fois que vous connectez l'iPad, puis il synchronise les fichiers.

Ne vous souciez pas trop de cette case pour le moment. Si vous changez d'avis, il vous sera toujours possible de revenir au panneau Résumé et de décocher la case Ouvrir iTunes à la connexion de cet iPad.

Si vous cochez la case Ouvrir iTunes à la connexion de cet iPad, mais que vous désirez que la synchronisation se produise chaque fois que vous connectez l'iPad, démarrez iTunes puis choisissez iTunes > Préférences (Mac) ou Éditions > Préférences (Windows). Cliquez ensuite sur l'onglet Appareils, puis cochez la case Empêcher la synchronisation automatique des iPod, iPhone et iPad. La synchronisation ne sera ainsi pas effectuée, même si la case Ouvrir iTunes à la connexion de cet iPad est cochée. Vous pourrez néanmoins l'exécuter en cliquant sur le bouton Synchroniser, en bas à droite d'iTunes.

6. **Pour ne synchroniser que les éléments comportant une coche à gauche de leur nom, dans la bibliothèque d'iTunes, cochez la case Ne synchroniser que les morceaux et vidéos cochés.**

7. **Pour que les clips vidéo en haute définition que vous importez soient automatiquement convertis dans un standard à moindre définition, lorsque vous les transférez vers votre iPad, cochez la case Préférer les vidéos en définition standard.**

Les fichiers des clips vidéo ayant une définition standard sont notablement moins volumineux que les clips en haute définition. Vous discernerez à peine la différence lorsque vous les regarderez sur l'iPad, mais vous pourrez en stocker davantage, car ils occupent moins de place dans la mémoire de stockage.

La conversion de la définition HD vers une définition standard est extrêmement longue. Il vaut mieux le savoir lorsque vous vous préparez à transférer des vidéos en haute définition.

8. **Si vous désirez que les morceaux de musique dont le débit binaire est supérieur à 128 kilobits par seconde (Kbit/s) soient convertis en fichiers au format AAC à 128 Kbit/s lors du transfert dans l'iPad, cochez la case Convertir en AAC 128 Kbit/s les morceaux dont le débit est supérieur.**

Un débit binaire élevé garantit une meilleure qualité du son, mais au prix d'un fichier plus volumineux. Celui des morceaux de musique achetés sur iTunes Store ou sur Amazon, par exemple, est de 256 Kbit/s. Quatre minutes de son à 256 Kbit/s occupent environ 8 méga-octets dans la mémoire de stockage. Converti au format AAC à 128 Kbit/s, le fichier est à peu près deux fois moins volumineux, soit 4 Mo, pour un son d'une qualité quasiment similaire.

À vrai dire, c'est seulement en connectant l'iPad à une chaîne stéréo très performante équipée d'enceintes haut de gamme qu'une oreille exercée parviendra à faire la différence. Avec des écouteurs ou des enceintes grand public, elle est indiscernable.

9. **Pour désactiver la synchronisation automatique dans les panneaux Musique et Vidéo, cochez la case Gérer manuellement la musique et les vidéos.**

10. **Pour protéger les sauvegardes par un mot de passe – l'iPad crée automatiquement une sauvegarde de son contenu chaque fois que synchronisez –, cochez la case Chiffrer la sauvegarde de l'iPad.**

Et bien sûr, si vous cochez les cases Empêcher la synchronisation automatique des iPod, iPhone et iPad, dans le panneau Appareils des préférences d'iTunes, vous pourrez malgré tout synchroniser manuellement en cliquant sur le bouton Synchroniser, en bas à droite de la fenêtre.

Soit dit en passant, si vous avez modifié un paramètre de synchronisation – n'importe lequel – depuis la dernière synchronisation, le bouton Synchroniser est remplacé par un bouton Appliquer.

Déconnecter l'iPad

Pendant la synchronisation, la mention Synchronisation en cours est affichée sur l'iPad tandis que sur iTunes, un message indique que la synchronisation avec l'iPad est en cours. La synchronisation terminée, iTunes vous signale que vous pouvez à présent déconnecter l'iPad de l'ordinateur.

Si vous déconnectez l'iPad avant la fin de la synchronisation, tout ou partie de la synchronisation peut être compromise.

Pour annuler une synchronisation et déconnecter l'iPad en toute sécurité, faites glisser le curseur d'annulation de l'iPad.

Synchroniser les données

Vous avez choisi de configurer la synchronisation manuelle des données en ne cochant aucune des trois cases dans le panneau Configurer votre iPad ? Si oui, vous devrez maintenant indiquer à iTunes le genre de données à synchroniser. Pour cela, sélectionnez l'iPad dans le volet de gauche d'iTunes. Cliquez ensuite sur l'onglet Infos, juste à droite de l'onglet Résumé.

Le panneau Infos est divisé en six parties : MobileMe, Synchroniser les contacts du carnet d'adresses, Synchroniser les calendriers iCal, Synchroniser les comptes Mail, Autres et Avancé. Examinons-les une par une.

MobileMe

MobileMe est un service d'Apple chargé de synchroniser votre Mac, iPad, iPod Touch et PC. C'est le dernier avatar de ce qui était auparavant appelé .Mac (point Mac). L'avantage de MobileMe est la possibilité de « pousser » l'information présente dans les courriers électroniques, les calendriers, les contacts et les signets de votre ordinateur et de votre iPad, puis de les synchroniser dans ces deux appareils sans fil et sans intervention humaine.

Si vous avez souscrit un abonnement à MobileMe, vous pouvez sauter les sections Contacts, Calendriers et Avancé, dans les pages qui suivent, car elles concernent uniquement des manipulations au sein d'iTunes, qui n'ont pas lieu d'être avec MobileMe. En revanche, les deux autres sections, Synchroniser les comptes Mail et Autres, contiennent des informations qui peuvent aussi intéresser les abonnés à MobileMe.

Synchroniser les contacts

La rubrique Contacts du panneau Infos détermine comment iTunes doit gérer la synchronisation des contacts. Une technique consiste à les synchroniser tous, comme le montre la Figure 3.2. Ou alors, vous pouvez synchroniser un groupe, ou tous les groupes de contacts que vous avez créés dans le carnet d'adresses de votre ordinateur. Cochez les cases de la liste Groupes sélectionnés afin de ne synchroniser que ces groupes.

La rubrique Synchroniser les contacts du carnet d'adresses est ainsi nommée parce que la Figure 3.2 a été réalisée avec un Mac dans lequel se trouve l'application Carnet d'adresses. Sur un PC, un menu déroulant donnerait le choix entre Outlook, Contacts Google, Carnet d'adresses Windows ou Carnet d'adresses Yahoo!. Pas de problème, car la manipulation est identique dans tous les cas.

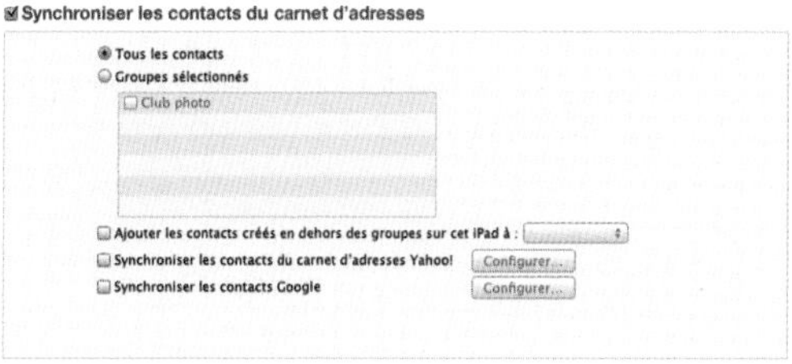

☑ Synchroniser les contacts du carnet d'adresses

    ⦿ Tous les contacts
    ○ Groupes sélectionnés
       □ Club photo

    □ Ajouter les contacts créés en dehors des groupes sur cet iPad à :
    □ Synchroniser les contacts du carnet d'adresses Yahoo!   Configurer...
    □ Synchroniser les contacts Google   Configurer...

Figure 3.2 : C'est là que vous synchronisez vos contacts.

L'iPad synchronise les carnets d'adresses suivants :

- **Mac :** carnet d'adresses.
- **PC :** contacts Windows (utilisés par Windows Mail), Carnet d'adresses Yahoo!, Contacts Google, Outlook.
- **Mac et PC :** carnet d'adresses Yahoo!, Contacts Google.

Si vous utilisez le Carnet d'adresses Yahoo!, cochez la case Synchroniser les contacts du carnet d'adresses Yahoo!, puis cliquez sur le bouton Configurer afin de saisir vos identifiant et mot de passe Yahoo!. Si vous utilisez le Carnet d'adresses de Google, cochez la case Synchroniser les contacts Google, puis cliquez sur le bouton Configurer afin de saisir votre identifiant et votre mot de passe Google.

La synchronisation ne supprimera jamais un contact de votre carnet d'adresses Yahoo! s'il possède un identifiant (ID) Yahoo! Messenger, même si vous le supprimez dans l'iPad ou dans l'ordinateur.

Pour supprimer un contact possédant un identifiant Yahoo! Messenger, connectez-vous à votre compte Yahoo! avec un navigateur Web et supprimez ce contact directement dans le carnet d'adresses de Yahoo!.

Lorsque vous synchronisez les contacts et le calendrier de Microsoft Exchange (un service destiné aux entreprises), tous les contacts et calendriers personnels déjà présents dans votre iPad sont effacés.

Synchroniser les calendriers

La rubrique Calendriers du panneau Infos détermine comment iTunes doit gérer la synchronisation des rendez-vous et des événements. Vous pouvez synchroniser tous vos calendriers, comme à la Figure 3.3 ou synchroniser tout ou partie de ceux que vous avez créés dans votre ordinateur. Cochez les cases appropriées.

☑ Synchroniser les calendriers iCal

● Tous les calendriers
○ Calendriers sélectionnés
☐ Personnel
☐ Travail

☑ Ne pas synchroniser les événements de plus de [30] jour(s)

Figure 3.3 : Synchronisez vos événements ici.

La rubrique Synchroniser les calendriers iCal est ainsi nommée parce que la Figure 3.3 a été réalisée avec un Mac. Sur un PC, elle serait nommée Synchroniser les calendriers avec Outlook. Là encore, ne vous souciez pas de ces détails, car la procédure est la même dans les deux cas.

L'iPad synchronise les programmes de calendriers suivants :

- ✔ **Mac :** iCal.
- ✔ **PC :** Microsoft Outlook 2003, 2007 et 2010.

Si vous synchronisez les contacts et le calendrier de Microsoft Exchange, tous les contacts et calendriers personnels déjà présents dans votre iPad seront effacés.

Le compte Mail

Les paramètres de compte de messagerie sont visibles à la rubrique Synchroniser les comptes Mail du panneau Infos (Figure 3.4). Vous pouvez synchroniser tous les comptes ou, si plusieurs ont été configurés, uniquement ceux que vous désirez en cochant leur case.

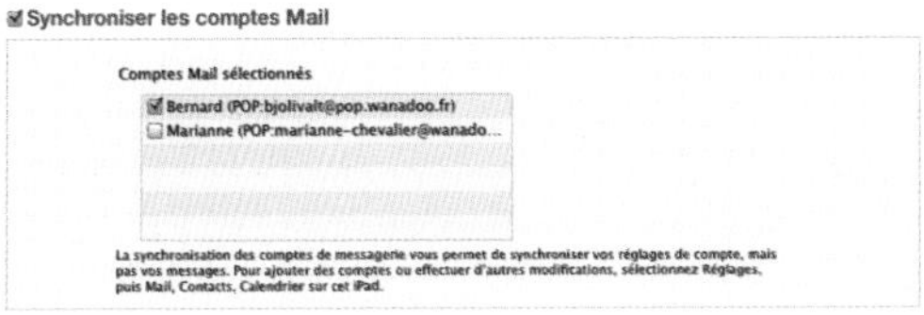

☑ Synchroniser les comptes Mail

Comptes Mail sélectionnés
☑ Bernard (POP:bjolivalt@pop.wanadoo.fr)
☐ Marianne (POP:marianne-chevalier@wanado...

La synchronisation des comptes de messagerie vous permet de synchroniser vos réglages de compte, mais pas vos messages. Pour ajouter des comptes ou effectuer d'autres modifications, sélectionnez Réglages, puis Mail, Contacts, Calendrier sur cet iPad.

Figure 3.4 : Transfert des paramètres de compte de messagerie.

L'iPad synchronise les programmes de messagerie suivants :

- ✔ **Mac :** Mail.
- ✔ **PC :** Microsoft Outlook 2003, 2007 et 2010.

Les paramètres de comptes de messagerie ne sont synchronisés que dans un seul sens : de l'ordinateur vers l'iPad. Si vous modifiez des comptes de messagerie sur l'iPad, les changements ne seront pas répercutés dans l'ordinateur. C'est une bonne chose, croyez-moi, et on peut être reconnaissant à Apple d'avoir choisi cette solution.

À propos, il se peut que le mot de passe de votre compte de messagerie soit ou non sauvegardé dans votre ordinateur. Si vous avez synchronisé des comptes et que l'iPad demande un mot de passe lorsque vous échangez du courrier, touchez l'icône Réglages, sur l'écran d'accueil, puis Mail, puis le nom du compte, puis saisissez le mot de passe dans le champ approprié.

Autres

La rubrique Autres ne contient que deux options : Synchroniser les signets de Safari et Synchroniser les notes.

Cochez ou ne cochez pas la case Synchroniser les signets de Safari, selon ce que vous préférez. À titre simplement informatif, sachez que l'iPad synchronise les signets ou favoris des navigateurs Web suivants :

🖊 **Mac :** Safari.

🖊 **PC :** Internet Explorer, Safari.

Cochez la case Synchroniser les notes pour synchroniser vos pense-bêtes rédigés avec l'application Notes de l'iPad avec les notes de Mail sur un Mac, ou celles d'Outlook sur un PC.

Notez que sur un Mac, la mise à jour Mac OS X 10.5.8 ou ultérieure doit avoir été installée pour pouvoir synchroniser des notes.

Avancé

De temps en temps, il y a une telle pagaille dans les contacts, calendriers, comptes de messagerie et/ou signets, dans l'iPad, que la meilleure solution est de supprimer ce fatras et de le remplacer par des données fraîches provenant de votre ordinateur.

Si cela vous arrive, cochez les cases appropriées, comme à la Figure 3.5. À la prochaine synchronisation, les données correspondantes, dans l'iPad, seront remplacées par celles transférées depuis l'ordinateur.

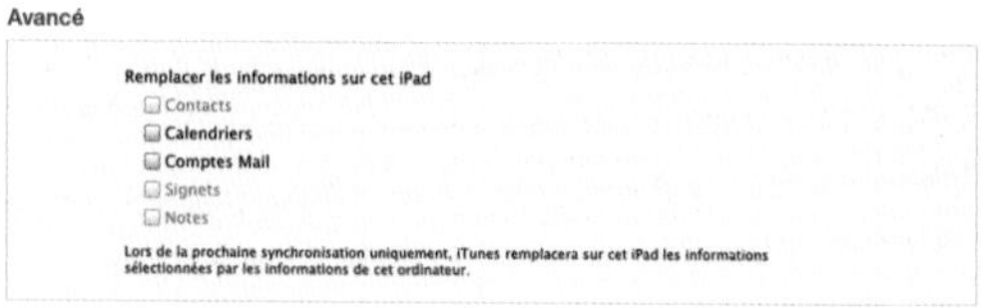

Avancé

Remplacer les informations sur cet iPad
☐ Contacts
☑ Calendriers
☑ Comptes Mail
☐ Signets
☐ Notes

Lors de la prochaine synchronisation uniquement, iTunes remplacera sur cet iPad les informations sélectionnées par les informations de cet ordinateur.

Figure 3.5 : Remplacez des données dans l'iPad par des données identiques provenant de l'ordinateur.

Synchroniser les fichiers audiovisuels

Si vous avez choisi la synchronisation automatique des données, vous apprendrez dans cette section comment transférer vos morceaux de musique, podcasts, clips vidéo et photos de l'ordinateur vers l'iPad.

Les podcasts et les vidéos – mais pas les photos – ne sont synchronisés que dans un seul sens : de l'ordinateur vers l'iPad. Supprimer l'un de ces éléments de l'iPad ne les supprime pas de l'ordinateur lors de la synchronisation. Il existe toutefois des exceptions à ce comportement unidirectionnel, à savoir les musiques, podcasts, vidéos et les applications iBooks achetés ou téléchargés depuis iTunes, l'App Store ou les applications iBooks de l'iPad, ainsi que les listes de lecture que vous avez créées sur l'iPad. Comme vous vous en doutez, tous ces éléments sont automatiquement copiés vers l'ordinateur. Et bien que l'iPad ne soit pas doté d'un appareil photo, les photos qui vous ont été envoyées par courrier électronique et enregistrées, celles copiées de pages Web (en maintenant le doigt sur une image, puis en touchant l'option Enregistrer l'image) ou les captures d'écran, obtenues en maintenant le bouton principal enfoncé et en appuyant sur le bouton Veille/Marche, peuvent toutes être synchronisées.

Une capture d'écran est une image montrant ce qui était à l'écran. La plupart des figures qui illustrent ce livre sont des captures d'écran.

Vous utiliserez les panneaux Applications, Musique, Films, Séries TV, Podcasts, iTunes U, Livres et Photos pour indiquer les éléments audiovisuels à copier de l'ordinateur vers l'iPad. Les sections qui suivent les passent tous en revue.

Pour accéder à ces panneaux, l'iPad doit être sélectionné dans le volet de gauche d'iTunes. Cliquez ensuite sur l'onglet approprié, en haut de la fenêtre principale.

Les sections qui suivent ne sont consacrées qu'à la synchronisation. Reportez-vous aux chapitres appropriés si vous avez besoin d'aide pour acquérir des applications, de la musique, des clips vidéo, des podcasts ou n'importe quoi d'autre pour votre iPad.

La dernière étape de chaque section invite à cliquer le bouton Synchroniser ou Appliquer, en bas à droite d'iTunes. Vous n'avez à le faire que si vous activez cet élément pour la première fois et lorsque vous le modifiez.

Synchroniser les applications

Si vous avez acheté ou téléchargé des applications iPad depuis l'App Store d'iTunes, vous configurerez la synchronisation de la manière suivante :

1. **Cliquez sur l'onglet Apps, puis cochez la case Synchroniser les applications.**

2. **Cochez la case de chacune des applications que vous désirez transférer vers votre iPad.**

   Par commodité, les applications peuvent être triées par noms, catégories ou date d'acquisition. Ou alors, vous pouvez saisir un mot ou une phrase dans le champ de recherche – reconnaissable à sa petite loupe – pour rechercher une application spécifique.

3. **(Facultatif) Réarrangez les icônes dans iTunes en les faisant glisser aux emplacements qui vous conviennent, comme le montre la Figure 3.6.**

Figure 3.6 : L'icône Paris Match est déplacée de l'écran principal vers l'écran supplémentaire n° 2 réservé aux applications téléchargées.

Si vous possédez de nombreuses applications, vous apprécierez autant que nous cette fonctionnalité qui est une nouveauté apparue dans la version 9.1 d'iTunes.

4. **Cliquez sur le bouton Synchroniser ou Appliquer, en bas à droite d'iTunes.**

Les applications sont synchronisées et les icônes de l'iPad sont réarrangées exactement comme dans iTunes.

Synchroniser la musique, la vidéo et les mémos vocaux

Procédez comme suit pour transférer de la musique dans votre iPad :

1. **Cliquez sur l'onglet Musique, puis cochez la case Synchroniser la musique.**

2. **Sélectionnez le bouton d'option Toute la bibliothèque musicale ou Listes de lecture, artistes et genres sélectionnés.**

Si vous choisissez cette dernière option, cochez les cases qui se trouvent dessous. Vous pouvez aussi choisir d'inclure les clips vidéo ou des mémos vocaux, ou les deux (voir Figure 3.7).

Figure 3.7 : Utilisez le panneau Musique pour copier les fichiers audio dans votre iPad.

Si vous avez coché la case Remplir automatiquement l'espace libre avec des morceaux, iTunes remplira toute la mémoire de l'iPad avec des morceaux de musique.

3. **Cliquez sur le bouton Synchroniser ou Appliquer, en bas à droite, dans iTunes.**

Les morceaux de musique, clips de musique et mémos vocaux sont synchronisés.

Les fichiers audio et vidéo sont notoirement connus pour occuper énormément de place dans une mémoire de stockage, y compris dans celle de votre iPad. Si vous tentez de synchroniser un trop gros volume de fichiers audiovisuels, un message risque de vous informer que la place manque sur l'iPad pour tout synchroniser. Vous voilà prévenu. Pour éviter ce problème, sélectionnez les listes de lecture, les artistes et/ou les genres en veillant à ce que tous ces éléments ne saturent pas la mémoire de l'iPad.

Que reste-t-il comme place dans l'iPad ? C'est une bonne question. La réponse se trouve en bas d'iTunes, lorsque l'iPad est sélectionné. Un graphique montre le contenu de l'iPad ; un jeu de couleurs permet d'identifier la nature des données. Nous y reviendrons au Chapitre 17.

Synchroniser les films

Procédez comme suit pour transférer des clips vidéo dans votre iPad :

1. **Cliquez sur l'onglet Films, puis cochez la case Synchroniser les films.**

2. **Choisissez une option, dans le menu que montre la Figure 3.8, pour les vidéos à synchroniser automatiquement, ou cochez la case de chacune des vidéos à prendre en compte.**

Quel que soit votre choix dans le menu déroulant, vous pourrez néanmoins sélectionner des vidéos une à une en cochant leur case.

Figure 3.8 : La synchronisation de vos vidéos dépend des choix effectués dans ce menu.

3. **Cliquez sur le bouton Synchroniser ou Appliquer, en bas à droite, dans iTunes.**

   Vos vidéos sont synchronisées.

Synchroniser les séries TV

La synchronisation des émissions de télévision s'effectue un peu différemment de la synchronisation des vidéos :

1. **Cliquez sur l'onglet Séries TV puis cochez la case Synchroniser les séries TV.**

2. **Dans le menu en haut à gauche, choisissez le nombre d'épisodes à inclure, comme le montre la Figure 3.9.**

3. **Dans le coin en haut à droite, précisez s'il faut synchroniser tous les épisodes ou seulement ceux qui sont sélectionnés.**

4. **Pour inclure tel ou tel épisode en particulier, cochez sa case dans les rubriques Épisodes ou Inclure les épisodes des listes de lecture.**

5. **Cliquez sur le bouton Synchroniser ou Appliquer, en bas à droite, dans iTunes.**

   Les émissions de télévision sont synchronisées.

TRUC

Quel que soit votre choix dans le menu déroulant, vous pourrez néanmoins sélectionner des émissions en cochant leur case.

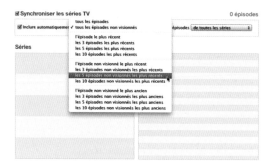

Figure 3.9 : Choisissez dans le menu les éléments à synchroniser.

Synchroniser les podcasts

Procédez comme suit pour transférer vos podcasts vers l'iPad :

1. **Cliquez sur l'onglet Podcasts puis cochez la case Synchroniser les podcasts.**

   Deux menus déroulants, identiques à ceux de l'onglet Synchroniser les séries TV, permettent de spécifier quels épisodes et quels podcasts doivent être synchronisés.

2. **Dans le menu de gauche, sélectionnez le nombre d'épisodes d'un podcast à synchroniser.**

3. **Dans le menu en haut à droite, indiquez s'il faut synchroniser tous les podcasts ou seulement ceux qui sont sélectionnés.**

4. **Si des épisodes de podcasts se trouvent dans des listes de lecture, vous pourrez les inclure dans la synchronisation en cochant leur case à la rubrique Inclure les épisodes des listes de lecture.**

5. **Cliquez sur le bouton Synchroniser ou Appliquer, en bas à droite, dans iTunes.**

   Les podcasts sont synchronisés.

Quel que soit votre choix dans le menu déroulant, vous pourrez néanmoins sélectionner des podcasts en cochant leur case.

Synchroniser iTunes U

Voici comment synchroniser le contenu éducatif d'iTunes U :

1. **Cliquez sur l'onglet iTunes U puis cochez la case Synchroniser iTunes U.**

2. **Choisissez le nombre d'épisodes à inclure.**

3. **Indiquez dans les deux menus déroulants si vous désirez synchroniser toutes les collections ou seulement certaines d'entre elles.**

4. **Pour inclure aussi des épisodes qui se trouvent dans des listes de lecture, cochez leur case dans les rubriques Collections et Éléments.**

5. **Cliquez sur le bouton Synchroniser ou Appliquer, en bas à droite, dans iTunes.**

   Les épisodes iTunes U sont synchronisés.

Quel que soit votre choix dans le menu déroulant, vous pourrez néanmoins sélectionner des épisodes en cochant leur case.

Synchroniser les livres

Procédez comme suit pour synchroniser des livres numériques et des livres audio :

1. **Cliquez sur l'onglet Livres puis cochez la case Synchroniser les livres.**

2. **Choisissez Tous les livres ou Livres sélectionnés.**

3. **Si vous avez choisi Livres sélectionnés, cochez les cases des ouvrages à synchroniser.**

4. **Faites défiler la page, puis cochez la case Synchroniser les livres audio.**

5. **Si vous avez choisi l'option Livres sélectionnés, cochez les cases des livres audio à synchroniser.**

   Si le livre est divisé en plusieurs parties, chacune sera dotée d'une case à cocher.

6. **Cliquez sur le bouton Synchroniser ou Appliquer, en bas à droite, dans iTunes.**

   Les livres numériques et les livres audio sont synchronisés.

Synchroniser les photos

L'iPad synchronise les photos vers les programmes suivants :

- ✔ **Mac :** iPhoto ou Aperture.
- ✔ **PC :** Photoshop Elements ou Photoshop Album.

Les photos peuvent aussi être synchronisées avec n'importe quel dossier de l'ordinateur contenant des images. Voici la procédure :

1. **Cliquez sur l'onglet Photos puis cochez la case Synchroniser les photos.**

2. **Choisissez une application ou un dossier dans le menu déroulant (iPhoto, à la Figure 3.10).**

3. **Le choix des photos à synchroniser peut être affiné de plusieurs manières :**

   - *En sélectionnant des albums, événements, et autres éléments :* si vous choisissez une application prenant en charge les albums, événements et/ou la reconnaissance des visages, comme iPhoto, vous pouvez inclure automatiquement les événements en les sélectionnant dans le menu déroulant ou dans les rubriques juste en dessous.

   - *En recherchant les photos à synchroniser :* si vous utilisez iPhoto, vous pourrez rechercher un événement en saisissant son nom dans le champ de recherche signalé par une petite loupe.

Figure 3.10 : Configurez ici la synchronisation des photos.

- *En sélectionnant un dossier d'images :* si vous avez choisi un dossier contenant des images, vous pourrez créer des sous-dossiers qui apparaîtront sous la forme d'albums dans l'iPad.

En revanche, si vous avez choisi une application qui ne prend en charge ni les albums ni les événements, ou si vous avez sélectionné un dossier d'images dépourvu de sous-dossiers, vous devrez tout transférer ou rien du tout.

Comme nous avons sélectionné iPhoto dans le menu Synchroniser les photos depuis, et qu'iPhoto '09 possède une fonction de reconnaissance des visages, nous pouvons synchroniser les événements, les albums ou les visages, ou tous ces éléments.

4. **Cliquez sur le bouton Synchroniser ou Appliquer, en bas à droite, dans iTunes.**

Les photos sont synchronisées.

Deuxième partie

L'iPad Internet

« Oui en effet, il y a bien une boussole dans l'iPad. »

Ce que les gens veulent surtout faire avec leur iPad, c'est surfer sur le Web grâce à son plantureux écran tactile en couleurs. C'est avec Safari, le navigateur Web, que commencent les pérégrinations sur le Web, et c'est donc par lui que nous commencerons cette deuxième partie.

Nous étudierons ensuite le gestionnaire de messagerie Mail, et nous verrons combien il est facile de configurer des comptes d'utilisateur et d'échanger des mots doux et des pièces jointes.

Au Chapitre 6, nous essayerons quelques superbes applications Web, comme Plans pour trouver un restaurant, établir un itinéraire et connaître l'état de la circulation. Et comme les réseaux sociaux connaissent un grand succès, vous découvrirez la meilleure manière d'utiliser Facebook, Twitter et YouTube avec votre iPad.

Le Chapitre 7 est franchement consumériste. Il explique en effet comment acheter sur l'App Store, une boutique en ligne débordant de petits programmes et d'applications. Mais, contrairement aux véritables magasins, beaucoup d'articles sont gratuits.

4

Le Safari mobile

Dans ce chapitre :

- Surfer sur l'Internet.
- Ouvrir et afficher des pages Web.
- Liens, signets et historiques.
- Sécuriser Safari.

 C'est comme si vous aviez tout le Web entre vos mains. »

Les allumés du marketing adorent ce genre de formules, mais il se trouve aussi que ce n'est pas faux. Grâce au remarquable écran de l'iPad et à son format proche de la norme A4 – celui d'une feuille de papier – surfer sur le Web est un vrai plaisir.

Surfer sur le Web

C'est grâce au navigateur Web Safari que la visite des sites s'effectue aussi confortablement qu'avec un ordinateur. Et c'est grâce aux magnifiques couleurs de l'écran de l'iPad que le Web est encore plus attirant. Ce n'est pas pour rien que Safari pour Mac ou Windows est réputé être le meilleur navigateur Web. La version de Safari pour l'iPhone, quant à elle, n'a encore aucune concurrence digne de ce nom. Comme vous l'imaginez, la version de Safari installée dans l'iPad est fabuleuse.

Se connecter sans fil à la patte

La Wi-Fi est actuellement la voie royale pour se connecter à Internet avec l'iPad. Bien que l'on trouve un peu partout des zones Wi-Fi d'où l'on peut établir une connexion – hôtels, gares, restaurants, parcs publics et même chez soi –, le fait est que la Wi-Fi n'est pas disponible partout.

L'iPad Wi-Fi + 3G offre une solution appréciable lorsqu'aucune zone Wi-Fi ne se trouve près du lieu où vous êtes. Il utilise en effet, en France, le réseau de télécommunication de Bouygues, d'Orange ou de SFR, moyennant un forfait mensuel dont le prix varie selon la quantité de données téléchargées.

Lorsque vous cherchez à établir une connexion Internet, l'iPad s'efforce de se connecter au réseau le plus rapide, qui est la Wi-Fi. S'il ne détecte aucune borne Wi-Fi dans les environs, il essaye de se connecter au réseau 3G, en zappant au passage le performant réseau 3G+ qu'il est incapable d'utiliser. La 3G couvre plus de 90 % du territoire français. Si vous êtes dans une zone d'ombre, l'iPad se rabat sur le réseau EDGE. Et si même EDGE ne répond pas, il se connecte au réseau GPRS, dont le débit est affreusement modeste. Soit dit en passant, si vous ne recevez pas, ou mal, un signal 3G ou EDGE lorsque vous êtes dans une chambre d'hôtel, par exemple, se rapprocher de la fenêtre peut améliorer les choses.

Exploration du navigateur

Nous commencerons notre cyber-exploration par une rapide présentation du navigateur Safari. Jetez un coup d'œil à la Figure 4.1 : toutes les commandes de la version pour Mac et Windows ne s'y trouvent pas mais son aspect nous est cependant familier. Les commandes que l'on y aperçoit sont décrites tout au long de ce chapitre.

Précédente
  Suivante
    Nouvelle page
      Signets
        Atteindre Barre d'adresse Recharger la page

Recherche Bing,
Google ou Yahoo!

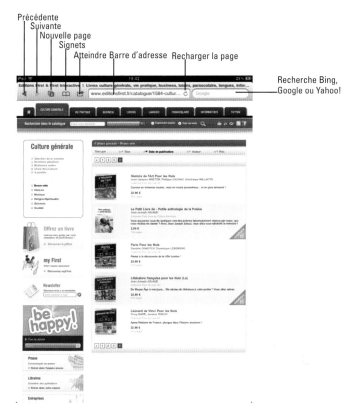

Figure 4.1 : Le navigateur Safari de l'iPad.

Plongée dans le cyberespace

Toute visite sur Internet débute par une adresse Web; le clavier virtuel de l'iPad apparaît dès que vous commencez à la saisir dans la barre d'adresse. Voici quelques conseils d'utilisation (d'autres figurent au Chapitre 2) :

  ✔ Comme beaucoup d'adresses Web se terminent par .com, le clavier virtuel possède une touche permettant de saisir instantanément ce suffixe.

Pour les autres suffixes courants, comme .net, .org ou .edu, maintenez le doigt sur la touche .com puis choisissez le suffixe désiré.

✏ Tout aussi importants, le point (.) et la barre inclinée (/) se trouvent eux aussi sur le clavier virtuel, car vous vous en servez souvent quand vous saisissez des adresses électroniques.

✏ Dès la première lettre tapée, Safari affiche une liste d'adresses Web correspondant à cette lettre, puis aux suivantes (voir Figure 4.2). Par exemple, quand vous tapez la lettre «e» vous voyez apparaître les adresses d'eBay, expedia… Si vous tapez la lettre «a», la liste pourra contenir Amazon, Apple…

Internet ou Web ?

NdT : vous aurez sans doute remarqué que dans le cyberespace, la différenciation entre Internet et le Web n'est pas très nette.

Internet, parfois appelé «le Net», est un réseau qui interconnecte des millions d'ordinateurs dans le monde. En revanche, le Web, abréviation de *World Wide Web,* la Toile mondiale, n'est qu'une des applications d'Internet. La différence entre ces deux notions est surtout manifeste au niveau des adresses :

✏ **L'adresse électronique** est celle de votre messagerie. Exemple : vous@chezvous.fr.

✏ **L'adresse Web** est celle d'un site Web. Exemple : www.site.html. Ici, le préfixe www indique clairement qu'il s'agit du *World Wide Web.*

L'iPad se base sur deux sources pour suggérer des adresses Web lorsque vous saisissez une adresse :

✏ **Les signets :** ce sont ceux créés avec Safari dans votre ordinateur, mais aussi les favoris créés, sous Windows, avec Internet Explorer. Nous reviendrons d'ici peu sur les signets.

✔ **L'historique :** la seconde source d'adresses plausibles, pour l'iPad, est l'historique. Il mémorise en effet tous les sites et les pages que vous avez récemment visités. Cette fonctionnalité est également décrite plus loin.

Figure 4.2 : Safari propose des adresses selon les caractères que vous saisissez.

Voici comment accéder à une page Web :

1. **Touchez l'icône Safari, dans le Dock en bas de l'écran d'accueil.**

   Elle fait partie de la bande des quatre : Safari, Mail, Photos et iPod.

2. **Touchez la barre d'adresse.**

3. **Commencez à saisir l'adresse Web (appelée aussi URL,** *Uniform Resource Locator,* **adresse de**

ressource unifiée) **sur le clavier qui remonte du bas de l'écran.**

4. **Effectuez l'une de ces opérations :**

a. Pour accepter l'une des suggestions d'adresses proposées par Safari, touchez-la.

Safari la place aussitôt dans la barre d'adresse.

b. Continuez à taper l'adresse Web sur le clavier, puis touchez le bouton Accéder, à droite du clavier.

Il n'est pas nécessaire de taper les lettres www au début de l'adresse Web. Par exemple, si vous voulez visiter le site www.leconcombre.com et «glabougner ainsi dans le non-être», il suffit de taper «leconcombre.com» pour être transporté de joie jusqu'au site des aventures potagères du Concombre masqué. Vous pouvez même vous dispenser du .com : taper «leconcombre» est suffisant pour parvenir sur le site du plus célèbre phanérogame angiosperme de la classe des dicotylédones gamopétales.

Comme la version de Safari pour l'iPad repose sur une variante du système d'exploitation mobile de l'iPhone, vous risquez de tomber de temps en temps sur un site qui vous sert la version allégée, pour mobile, du site Web, autrement dit sa version WAP (*Wireless Application Protocol,* protocole d'application sans fil), dépourvue de graphismes. Ces sites sont hélas parfois incapables de faire la distinction entre l'iPad et les autres appareils mobiles. Dans le meilleur des cas, vous aurez le choix entre la version allégée ou la version complète.

Le Web, c'est beau, c'est grand

Maintenant que vous savez comment accéder à un site Web, vous allez découvrir combien il est facile de zoomer dans une page pour mieux la voir et lire plus confortablement les textes.

Essayez ces astuces sympas :

↳ **Double-touchez l'écran afin qu'un pavé de texte ou une image emplisse tout l'écran :** dans la seconde qui suit, l'image d'abord brouillée devient nette. La Figure 4.3 montre cette manipulation. À gauche, la page du journal est affichée presque en totalité. À droite, double-toucher la photo zoome dedans et la montre agrandie. Répétez le double-toucher pour revenir à la page normale.

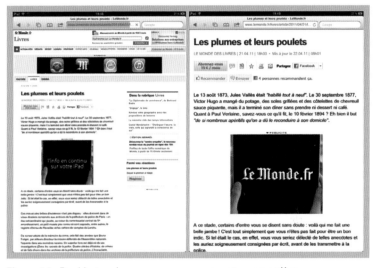

Figure 4.3 : Double-touchez pour zoomer en avant ou en arrière.

↳ **Pincez la page :** rapprocher le pouce et l'index ou les écarter fait zoomer en avant ou en arrière. Là encore, il faut une petite seconde à l'image pour devenir nette.

↳ **Le doigt appuyé sur la page, tirez-la dans n'importe quelle direction.** Vous la menez du bout du doigt.

↳ **Basculez l'iPad de côté.** La mise en page est respectée lorsque l'iPad est visionné en largeur. Sur certains sites comme celui de la Maison Blanche (www.whitehouse.gov), le cadrage des photos s'adapte même au nouveau format (Figure 4.4).

Figure 4.4 : La mise en page s'adapte à l'affichage en hauteur ou en largeur.

Ouvrir plusieurs pages Web en même temps

Quand nous visitons des sites à partir d'un ordinateur de bureau ou d'un ordinateur portable, nous nous contentons rarement d'afficher une seule page à la fois. En fait, il nous arrive souvent d'en ouvrir plusieurs en même temps, soit parce nous allons de l'une à l'autre sans nous donner la peine de fermer celles que nous quittons, comme nous le verrons à la prochaine section, soit parce qu'un lien ouvre une nouvelle page – ce sont parfois des publicités dont nous nous passerions volontiers – sans fermer celle en cours.

Sur l'iPad, Safari permet d'afficher jusqu'à neuf pages à la fois. Voici comment procéder pour afficher ces pages Web supplémentaires :

1. **Touchez l'icône Nouvelle page (reportez-vous à la Figure 4.1), à gauche dans la barre de navigation, en haut de l'écran.**

   Une vignette de chacune des pages récemment visitées est affichée (voir Figure 4.5).

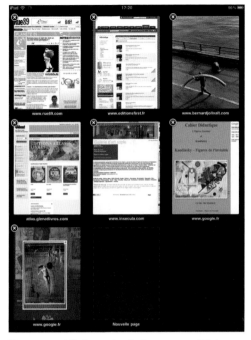

Figure 4.5 : Affichage de plusieurs pages Web pour en choisir une.

2. **Touchez la page à afficher ou touchez la vignette Nouvelle page pour accéder à une autre page Web.**

   Si vous avez touché la vignette Nouvelle page, vous devez toucher la barre d'adresse puis saisir une URL (une adresse Web, si vous préférez).

   Pour fermer une page Web, touchez le X blanc dans le cercle noir, en haut à gauche de la vignette.

Les liens (affectifs)

Surfez sur le Web serait terriblement fastidieux s'il fallait saisir l'adresse Web de chaque page que vous désirez visiter. D'où l'intérêt des signets, mais aussi des liens. La version de Safari installée dans l'iPad étant similaire à celle des PC et Mac, les liens se comportent de la même manière.

Les liens qui vous transportent d'un site à un autre sont classiquement soulignés ou en gras, ou font partie des éléments d'une liste. Touchez un lien pour accéder immédiatement au site ou à la page vers lequel il pointe.

Un lien peut exécuter d'autres actions comme :

✔ **Ouvrir un plan :** toucher un plan ou une carte démarre l'application Google Maps décrite au Chapitre 6.

✔ **Préparer un courrier électronique :** touchez une adresse électronique, et l'iPad démarre l'application Mail (voir Chapitre 5) en inscrivant l'adresse en question dans le champ À. Le clavier virtuel apparaît spontanément afin que vous puissiez saisir d'autres éléments, comme des adresses supplémentaires ou l'objet, et rédiger le message. Ce raccourci n'est toutefois pas proposé systématiquement lorsqu'un message apparaît sur le Web.

Pour connaître l'URL vers laquelle pointe un lien, maintenez le doigt appuyé sur le lien. Cette technique permet aussi de vérifier si une image contient un lien.

Tous les liens Web ne coopèrent pas volontiers avec l'iPad. Au moment où ces lignes étaient écrites, l'iPad ne reconnaissait pas certains liens Web standards, notamment ceux pointant vers des vidéos Adobe Flash. C'est une lacune (voir encadré «Pour le pauvre Jobs, Flash, c'est de la daube») que nous souhaiterions voir comblée dans le futur, car c'est sur la technologie Flash que reposent toute la vidéo et toutes les animations, dans le cyberespace. Par exemple, il est actuellement impossible de visionner les vidéos du très connu site hulu.com, entre autres. Mais tout n'est pas perdu, même en l'absence de Flash, car l'iPad prend en charge les standards émergents HTML5 et HTTP de l'audiovisuel en flux continu, ou *streaming*. Lorsque vous cliquez sur un lien incompatible, soit il ne se passe rien, soit un message est affiché, vous invitant à télécharger et installer un module complémentaire, ou *plug-in*.

Pour le pauvre Jobs, Flash, c'est de la daube

NdT : l'impossibilité de lire du contenu Adobe Flash avec l'iPad découlerait, selon un article paru dans *Le Monde* du 28 mai 2010, de la volonté de Steve Jobs, le fondateur d'Apple, de « *libérer l'iPad du porno* ». Un vœu pieux – si l'on ose dire – car les fournisseurs de contenu X, émoustillés par l'interactivité offerte par l'écran tactile, ont aussitôt étudié la possibilité de délivrer de la vidéo dans un autre format que Flash.

Quelques jours seulement après avoir déclaré que les amateurs de Flash n'avaient qu'à acheter des tablettes utilisant le système d'exploitation Android – pas gynoïde –, Steve Jobs déclarait au *Wall Street Journal* (*Le Monde* du 2 juin 2009) : « Il faut savoir miser sur le bon cheval. Flash a eu son heure de gloire, mais aujourd'hui il décline, et le HTML5 est la technologie qui a le vent en poupe ».

Les signets

Vous savez d'ores et déjà combien les signets sont utiles et comment synchroniser ceux de votre ordinateur. Il est tout aussi facile de créer un signet pour une page Web, directement depuis l'iPad :

1. **La page Web à marquer d'un signet étant affichée, touchez le signe « + » en haut de l'écran.**

   Le menu qui apparaît propose les options Ajouter un signet, Ajouter à l'écran d'accueil ou Envoyer cette adresse URL.

2. **Touchez l'option Ajouter un signet.**

   Une nouvelle fenêtre apparaît. Elle contient le nom par défaut du signet, son adresse Web et son dossier.

3. **Pour accepter le nom et le dossier par défaut, touchez Enregistrer.**

4. **Pour changer le nom du signet, touchez le X dans le cercle, à côté du nom. Saisissez un nouveau nom à l'aide du clavier virtuel puis touchez Enregistrer.**

5. **Pour choisir un autre dossier de stockage pour le signet, touchez le chevron (>) dans le champ Signets, touchez le dossier dans lequel vous désirez stocker le signet, touchez le bouton Ajouter un signet, en haut à gauche de l'écran, puis validez par Enregistrer.**

Pour accéder à une page Web au travers de son signet, touchez l'icône Signets, en haut à gauche de l'écran (reportez-vous à la Figure 4.1) puis touchez le signet approprié.

Si le signet que vous recherchez se trouve dans un dossier, touchez d'abord le nom du dossier puis le signet en question.

Après avoir choisi l'option Ajouter à l'écran d'accueil – plutôt que Ajouter un signet – à l'Étape 1 de la précédente manipulation, une icône est ajoutée à l'écran d'accueil de l'iPad, ce qui permet d'accéder rapidement au site. Nous y reviendrons d'ici peu à la section «Les icônes de page Web». Mais si vous avez touché l'option Envoyer cette adresse URL, un nouveau message est créé, contenant un lien vers la page ainsi que le nom du site dans le champ Objet.

La gestion des signets

Lorsqu'un signet n'a plus de raison d'être, vous pouvez le modifier ou vous en débarrasser :

- ✔ **Pour supprimer un signet ou un dossier,** touchez l'icône Signets puis touchez Modifier. Touchez le rond rouge du signet à éliminer de la liste puis Supprimer.

- ✔ **Pour modifier le nom ou l'emplacement d'un signet,** touchez Modifier puis le signet. L'écran Modifier le signet apparaît, avec le nom, l'URL et l'emplacement du signet. Touchez le champ à modifier. Dans le champ du nom, touchez le X dans le cercle gris puis saisissez un nouveau nom.

Dans le champ Signets, touchez le chevron (>) puis recherchez un dossier dans la liste.

🖉 **Pour créer un nouveau dossier pour vos signets,** touchez Modifier puis le bouton Nouveau dossier. Nommez-le et choisissez son emplacement.

🖉 **Pour déplacer un signet dans la liste,** touchez Modifier puis repositionnez-le en le tirant par la barre à trois traits, à droite de son nom.

Une barre de signets peut être affichée en permanence dans Safari en activant l'option Toujours afficher la barre de signets, dans les réglages. Comme pour beaucoup de réglages de l'iPad, assurez-vous que le commutateur est bleu (actif) et non pas gris (inactif). Les réglages de l'iPad sont décrits au Chapitre 13.

Imprimer une page Web

Pour imprimer une page Web, touchez l'icône en forme de flèche incurvée quittant un rectangle, en haut de l'écran, puis touchez Imprimer. Une imprimante compatible AirPrint est nécessaire, comme nous l'avons vu au Chapitre 2.

Les clips de page Web

Vous visitez de nombreuses pages Web, mais vous retournez plus fréquemment dans certaines d'entre elles (un quotidien, la météo, les horaires de train…) que dans d'autres. Dans leur infinie sagesse, les programmeurs de chez Apple nous offrent un moyen encore plus rapide que les signets, pour accéder à ces pages privilégiées, en les plaçant dans l'écran d'accueil. Apple appelle ces icônes des clips Web. Il est très facile de les créer :

1. **Ouvrez la page Web et touchez le symbole « + » (plus).**

2. **Touchez l'option Ajouter à l'écran d'accueil.**

Une icône est créée. Elle reproduit le contenu de la page Web, sauf si cette dernière possède sa propre icône personnalisée.

3. **Saisissez un nom pour le Web (jusqu'à 10 caractères) ou conservez celui qui est proposé.**

4. **Touchez le bouton Ajouter.**

L'icône est placée sur l'écran d'accueil.

À l'instar de toute autre icône, un clip Web peut être supprimé en maintenant le doigt dessus jusqu'à ce qu'elle se mette à vibrer. Touchez ensuite le X au coin de l'icône puis touchez Supprimer. L'opération est achevée en appuyant sur le bouton principal.

L'option Historique

Il vous arrivera de vouloir retourner dans une page que vous aviez omis de marquer d'un signet, et dont vous êtes bien incapable de vous souvenir de l'adresse Web. Dans ce cas, l'historique vous tirera peut-être d'affaire.

Safari conserve une trace de toutes les pages visitées au cours des derniers jours. Voici comment accéder à leur historique :

1. **Touchez l'icône Signets.**

2. **Touchez l'option Historique.**

Elle se trouve en haut de la liste des signets.

3. **Touchez la date du jour où vous êtes allé sur le site.**

4. **Si la page se trouve dans la liste, touchez-la.**

Vous effectuez un retour historique sur le site.

Pour effacer l'historique afin que nul ne puisse découvrir les traces de vos pérégrinations sur le Web dont vous n'avez pas lieu d'être fier – sinon, pourquoi les effacer ? –, touchez Effacer l'historique, en bas à droite de la liste. Ou alors, touchez l'icône Réglages, dans l'écran d'accueil, puis touchez Safari, puis Effacer l'historique. Dans les deux cas, vous avez la possibilité d'annuler avant d'effacer définitivement vos traces.

Démarrer une recherche sur le Web

La plupart des internautes utilisent intensivement un moteur de recherche comme Bing, Google et Yahoo!. Tous les trois sont utilisables à partir de l'iPad.

Vous pouvez certes saisir l'adresse Bing.fr, Google.fr ou Yahoo.com dans la barre d'adresse de Safari, mais l'iPad vous dispense de cette fastidieuse formalité. Pour cela, saisissez l'objet de votre recherche dans le champ prévu à cet effet en haut à droite de Safari (voir Figure 4.6). Le moteur de recherche par défaut de l'iPad est Google. Yahoo! est proposé comme alternative.

Figure 4.6 : Une recherche sur le mot « iPad » avec l'iPad.

Voici comment effectuer une recherche avec un iPad :

1. **Touchez le champ de recherche.**

Le champ s'élargit au détriment de la barre d'adresse qui devient plus courte. Le clavier virtuel émerge du bas de la page. Nous avons vu au Chapitre 2 comment le clavier s'adapte à ce que vous êtes en train de faire. Celui qui apparaît possède une touche Rechercher.

2. **Saisissez le terme ou la phrase servant de critère, puis tapez la touche Rechercher.**

3. **Dans la liste des résultats, touchez celui correspondant le mieux à celui que vous attendiez.**

Pour passer du moteur de recherche Google au moteur de recherche Bing ou Yahoo!, touchez l'icône Réglages, sur l'écran d'accueil, Safari, Moteur de recherche puis touchez le moteur de recherche de votre choix.

NdT : remarquez l'option Rechercher, tout en bas du panneau contenant les suggestions. Elle sert à rechercher les occurrences de ce mot dans une page Web. Cette fonction est utile lorsque vous recherchez un terme précis dans un texte particulièrement long.

Copier des images du Web

La plupart des images des pages Web peuvent être facilement copiées. Sachez cependant que, hormis pour une présentation dans le cadre strictement familial, il s'agit d'une violation du droit d'auteur et d'une spoliation du travail des graphistes et des photographes. Voici néanmoins comment copier une image d'un site Web :

1. **Touchez continûment l'image.**

2. **Dans le menu qui apparaît, touchez Enregistrer l'image, ainsi que le montre la Figure 4.7, ou touchez l'option Copier.**

   • Les images enregistrées se retrouvent dans la bibliothèque Photos, d'où elles peuvent être synchronisées vers l'ordinateur.

   • Une image copiée peut être collée dans un message électronique ou sous forme de lien dans l'application Notes.

Figure 4.7 : Touchez une image dans Safari pour l'enregistrer dans l'iPad.

Quand l'image appartient à une publicité, un bouton propose de l'ouvrir dans une nouvelle page.

Les paramètres intelligents de Safari

L'Internet fourmille d'informations intéressantes, mais il peut aussi devenir intrusif et persécuteur. Vous devrez protéger votre vie privée et assurer la sécurité de vos données. Pour cela, commencez par toucher l'icône Réglages, sur l'écran d'accueil. Touchez ensuite l'option Safari.

Les réglages suivants configurent les options de confidentialité et de sécurité :

✔ **Remplissage automatique de formulaires Web :**
lorsque l'option Autoremplissage est activée, Safari
remplit automatiquement un formulaire à partir
de vos informations de contact personnelles, des
noms d'utilisateurs et des mots de passe, ou à partir
des informations d'autres contacts de votre carnet
d'adresses.

✔ **Alerte de fraude :** Safari peut vous prévenir lorsque
vous accédez à un site malveillant. Cette mise en
garde est mieux que rien, mais ne vous dispense pas
du tout de rester sur vos gardes, car elle n'est pas
infaillible. Ce réglage est actif par défaut.

✔ **JavaScript :** les programmeurs utilisent le langage
JavaScript pour agrémenter les sites Web de diverses
fonctionnalités, comme afficher la date et l'heure, ou
changer une image lors de son survol par le pointeur.
Mais cette technologie a aussi été utilisée à des fins
malveillantes.

✔ **Bloquer les pop-ups :** ces fenêtres surgissantes
qui apparaissent spontanément sont généralement
des publicités dont l'on se passerait volontiers.
Mais certains sites les utilisent pour afficher des
informations complémentaires. C'est pourquoi, il
vous arrivera de les activer ou les désactiver.

✔ **Effacer les cookies :** les cookies sont des
informations qu'un site Web place dans l'iPad afin
de vous identifier lorsque vous revenez sur le site.
Mais n'imaginez pas le pire ; en fait, les cookies sont
inoffensifs.

Mais si héberger des cookies vous hérisse, voici
quelques actions que vous pouvez entreprendre :
toucher l'option Accepter les cookies puis l'option
Jamais. En principe, votre iPad ne devrait plus
accepter de cookies. Une attitude intermédiaire
consiste à n'accepter des cookies que des sites
que vous visitez : touchez l'option Des sites
visités. Ou alors, touchez Toujours afin d'accepter
systématiquement tous les cookies.

En refusant les cookies, certaines pages Web ne pourront pas être chargées correctement, voire pas du tout.

✔ **Vider le cache :** le cache stocke le contenu des sites Web que vous avez visités afin d'accélérer l'affichage des pages lorsque vous y retournez. Touchez Vider le cache, puis Vider, afin de le purger complètement.

✔ **Développeur :** sauf si vous êtes vous-même programmeur, les réglages proposés ne vous seront guère utiles. Ils permettent d'activer une console de débogage permettant d'analyser le fonctionnement de l'iPad, de détecter les erreurs, de lire les journaux consignant toutes les activités de l'iPad, *etc.*

Le courrier électronique

Dans ce chapitre :

- Configurer des comptes de messagerie.
- Envoyer un courrier électronique.
- Lire et gérer les messages.
- Rechercher des messages.
- Définir les préférences de courrier électronique.

L e programme Mail intégré à l'iPad sert à envoyer et recevoir des messages, mais surtout, il est doté de fonctionnalités HTML permettant entre autres de choisir une police de caractère, sa taille et ses couleurs, ou d'incorporer des images dans le texte. Si quelqu'un vous envoie un message illustré de photos, vous pourrez les voir directement.

De plus, l'iPad est capable d'envoyer des pièces jointes, notamment des fichiers PDF, des images en JPEG, des documents Word, des présentations PowerPoint, des classeurs Excel et tous les fichiers produits avec les applications iWork (documents Pages, feuilles de calcul Numbers et présentations

Keynote). Tous ces échanges de fichiers peuvent se dérouler en tâche de fond, pendant que vous surfez sur le Web ou que vous jouez à un jeu vidéo.

La préparation : Tous comptes faits

Pour utiliser l'application Mail, vous devez disposer d'une adresse de messagerie, communément appelée «adresse électronique», voire «adresse Internet». Si vous êtes abonné à un réseau à haut débit (ADSL, câble…), votre fournisseur d'accès Internet (FAI) vous en aura fourni une. Autrement, il reste toujours la possibilité d'en obtenir une gratuitement auprès de services comme Yahoo! (`http://mail.yahoo.com`), Google (`http://mail.google.com`), America OnLine (`www.aol.com`) et beaucoup d'autres.

Nombre de fournisseurs d'adresses électroniques gratuites – mais pas tous – ajoutent un peu de publicité à la fin des messages que vous envoyez. Si vous n'avez pas envie de jouer l'homme-sandwich pour ces fournisseurs, utilisez plutôt l'adresse remise par votre FAI (*nom*@orange.fr, ou *nom*@free.fr par exemple), ou optez pour un compte de messagerie payant, comme celui livré avec l'abonnement à MobileMe d'Apple.

Configurer facilement un compte

Le Chapitre 3 explique comment synchroniser facilement des comptes situés dans un ordinateur sous Mac OS ou sous Windows. Si vous avez choisi cette option, vos comptes de messagerie devraient déjà être opérationnels dans l'iPad. Vous pouvez passer directement à la section «T'as du courrier!».

Sinon, procédez à cette synchronisation puis allez à la section «T'as du courrier!».

Configurer (moins) facilement un compte

S'il n'a pas été préalablement synchronisé, un compte de
messagerie peut être configuré manuellement dans l'iPad.
Ce n'est pas aussi facile qu'un simple clic sur le bouton
Synchronisation, mais ce n'est quand même pas sorcier.
Voici quelques recommandations :

🖋 **Si aucun compte de messagerie n'est défini dans
l'iPad,** le premier démarrage de l'application Mail
affiche l'écran Bienvenue dans Mail que montre
la Figure 5.1. Vous avez le choix entre Microsoft
Exchange (messagerie d'entreprise), MobileMe,
Gmail, Yahoo! Mail, AOL et Autre.

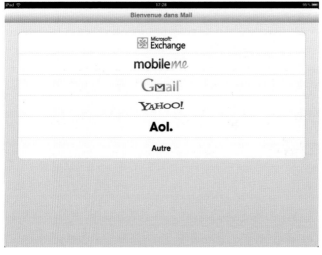

Figure 5.1 : Touchez un bouton pour configurer le compte correspondant.

Contentez-vous de toucher le type de compte à
configurer dans l'iPad, puis appliquez les étapes
décrites dans la section «Configurer un compte avec
Yahoo! Mail, Google, AOL ou MobileMe», «Configurer
un compte auprès d'un autre fournisseur» ou
«Configurer un compte d'entreprise», plus loin dans
ce chapitre.

⮡ **Si un ou plusieurs comptes ont déjà été configurés sur votre iPad, et que vous désirez en ajouter un autre manuellement,** commencez par toucher l'icône Réglages, sur l'écran d'accueil, puis touchez Mail, Contacts, Calendrier > Ajouter un compte.

Un écran apparaît, contenant les mêmes options que celles de l'écran de bienvenue. Poursuivez selon l'une des trois prochaines sections, en fonction du compte de messagerie que vous avez choisi.

Configurer un compte avec Yahoo! Mail, Google, AOL ou MobileMe

Procédez comme suit si vous avez opté pour un compte Yahoo! Mail, Google, AOL ou MobileMe.

1. **Touchez le bouton approprié sur l'écran Ajouter un compte (reportez-vous à la Figure 5.1).**

Figure 5.2 : Configurez votre compte à partir de ce panneau.

2. **Saisissez votre nom, votre adresse de messagerie et le mot de passe, dans le formulaire que montre la Figure 5.2 (c'est celui d'un compte Gmail, mais la**

procédure est quasiment identique pour les autres comptes de cette section).

Vous pouvez attribuer une description à ce compte, comme «Privé» ou «Professionnel», mais ce champ peut avoir été prérempli avec le même texte que le champ Adresse, à moins que vous y saisissiez le vôtre.

3. **Touchez le bouton Suivant, en haut à droite de l'écran.**

L'iPad vérifie les paramètres du compte. Si tout est OK, c'est terminé. Il n'en faut pas davantage pour configurer un compte de messagerie.

Configurer un compte auprès d'un autre fournisseur

Si votre compte de messagerie vous a été fourni par un autre service que Yahoo!, Google, AOL ou MobileMe, la configuration sera un peu plus longue. Vous aurez besoin de plusieurs informations concernant le compte, que vous aurez ou n'aurez peut-être pas sous la main.

Nous vous recommandons de parcourir d'abord attentivement les instructions qui suivent, de noter les éléments dont vous ne disposez pas, puis de les trouver avant de passer à la pratique. Vous trouverez les éléments manquants, soit dans la documentation qui vous a été envoyée par votre fournisseur d'accès Internet lorsque vous vous êtes abonné, soit sur son site Web.

Voici comment configurer un compte de messagerie :

1. **Touchez le bouton Mail.**

Si un compte a déjà été défini, allez dans l'écran d'accueil puis touchez Réglages > Mail, Contacts, Calendrier > Ajouter un compte.

2. **Sous Mail, touchez Ajouter un compte de courrier.**

3. **Saisissez les nom, adresse électronique, mot de passe et description.**

4. **Touchez le bouton Suivant.**

Avec un peu de chance, c'est tout ce que vous aurez à faire. L'iPad se connecte au serveur de messagerie et relève le courrier qui s'y trouve. Sinon, continuez à l'Étape 5.

5. **Touchez le bouton en haut de l'écran, qui porte le nom du type de serveur de messagerie utilisé par ce compte : IMAP ou POP, comme le montre la Figure 5.3.**

Figure 5.3 : Si vous n'utilisez ni Yahoo! Mail, ni Google, ni AOL, ni MobileMe, vous devrez fournir des informations complémentaires.

6. **Indiquez le nom d'hôte du serveur de courrier entrant. Il peut se présenter sous la forme pop. orange.fr, par exemple.**

7. **Indiquez votre nom d'utilisateur ainsi que le mot de passe.**

8. **Indiquez le nom d'hôte du serveur de courrier sortant, comme smtp.orange.fr, par exemple.**

9. **Indiquez votre nom d'utilisateur et le mot de passe.**

10. **Touchez le bouton Enregistrer, en haut à droite, afin de créer le compte.**

Certains serveurs de courrier n'ont pas besoin de votre nom d'utilisateur, ni de votre mot de passe. L'iPad sait lorsqu'ils sont facultatifs. Nous vous recommandons de fournir néanmoins ces informations. Cela vous évitera de devoir les saisir ultérieurement si le serveur de messagerie sortant exige un nom de compte et un mot de passe, ce qui est souvent le cas aujourd'hui.

Configurer un compte d'entreprise

L'iPad fait bon ménage avec les serveurs Microsoft Exchange utilisés dans les grandes entreprises.

De plus, si votre entreprise utilise le logiciel Microsoft Exchange ActiveSync, vous pourrez exploiter la fonction *Push* afin que les messages arrivent aussi rapidement à l'iPad que sur les autres ordinateurs. La fonction Push des calendriers et des contacts est également prise en charge. Pour qu'elle soit exploitable, votre entreprise doit avoir installé Microsoft Exchange ActiveSync 2003 (Service Pack 2) ou 2007 (Service Pack 1). Renseignez-vous auprès du service informatique.

Configurer une messagerie Exchange n'est pas spécialement compliqué. L'iPad est capable de se connecter à Exchange sitôt extrait de son emballage. Mais vous devrez peut-être consulter le technicien informatique pour certains réglages.

Procédez comme suit pour configurer la messagerie d'entreprise de votre iPad :

1. **Dans l'écran Ajouter un compte, touchez le bouton Microsoft Exchange (reportez-vous à la Figure 5.1).**

2. **Remplissez un maximum de champs : votre adresse de messagerie, le domaine, le nom d'utilisateur (souvent *domaine\utilisateur*) et le mot de passe. Ou**

alors, faites-vous aider par le service informatique.
Touchez ensuite le bouton Suivant.

3. **Sur l'écran que montre la Figure 5.4, saisissez
l'adresse du serveur, si le service Microsoft
Autodiscovery ne l'a pas déjà découverte
automatiquement. Touchez ensuite le bouton
Suivant.**

Figure 5.4 : Configuration d'un compte d'entreprise.

4. **Choisissez l'information que vous désirez
synchroniser avec Exchange en touchant chacun
des éléments désirés.**

Vous pouvez choisir Mail, Contacts et/ou
Calendriers. Un bouton bleu Actif apparaît à côté de
chacun des éléments sélectionnés.

5. Touchez Enregistrer.

L'entreprise pour laquelle vous travaillez ne tient pas à ce que n'importe qui puisse accéder à vos courriers électroniques, surtout si votre iPad a été perdu ou volé. C'est pourquoi il peut vous être demandé de changer fréquemment de mot de passe de verrouillage, sous Réglages (voir Chapitre 13). Ce mot de passe est différent de celui d'un compte de messagerie. Si votre iPad tombe en de mauvaises mains, votre société pourra effacer tout son contenu à distance.

Par défaut, les messages peuvent être synchronisés pendant les trois jours qui suivent leur réception ou leur envoi. Pour augmenter cette durée, touchez Réglages > Mail, Contacts, Calendrier, puis touchez le compte de messagerie utilisant ActiveSync. Touchez Jours courriels à synchroniser et choisissez Aucune limite, ou choisissez une autre durée (1 jour, 1 semaine, 2 semaines ou 1 mois).

Si vous travaillez pour plusieurs entreprises, vous ne pouvez malheureusement configurer qu'un seul compte Exchange ActiveSync à la fois. Vous n'irez pas plus loin si vous touchez l'option Microsoft Exchange sur l'écran d'ajout de compte, alors qu'un compte ActiveSync fonctionne déjà sur l'iPad.

T'as du courrier !

Les comptes de messagerie étant configurés, voyons comment envoyer du courrier avec l'iPad. Un message peut prendre différentes formes : texte pur et dur, texte illustré de photos, message inachevé (brouillon), réponse à un message reçu, transfert d'un message reçu, *etc*. Les sections à venir étudient toutes ces formes épistolaires. La dernière section décrit quelques paramètres très pratiques pour le courrier en partance.

Envoyer un message textuel

Pour rédiger un nouveau message, touchez l'icône Mail, sur l'écran d'accueil. Ce qui apparaît ensuite dépend du sens dans lequel vous tenez l'iPad. S'il est tenu en largeur (mode Paysage) comme à la Figure 5.5, les comptes de messagerie ou les dossiers de courrier sont listés dans un volet à gauche de l'écran, le message lui-même étant affiché dans la fenêtre principale.

Figure 5.5 : La présentation de Mail lorsque l'iPad est tenu en largeur.

Selon la configuration de l'application Mail la dernière fois que l'iPad a été éteint, vous verrez ou ne verrez pas d'aperçu du message dans le volet de gauche de la boîte de réception. L'aperçu contient le nom de l'expéditeur, l'objet du message et les deux premières lignes du message (en allant dans les réglages, il est possible d'afficher de 1 à 5 lignes, ou de n'en afficher aucune).

Lorsque l'iPad est tenu en hauteur (mode Portrait), le dernier message reçu emplit tout l'écran, ainsi que l'illustre la Figure 5.6. Vous devrez toucher le bouton Réception, en haut à gauche, pour accéder à un panneau occupant tout l'écran, contenant les autres comptes ou aperçus de messages.

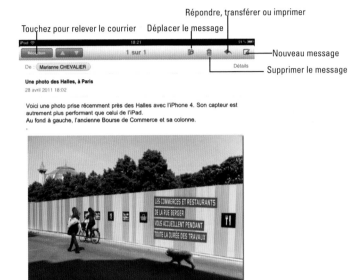

Figure 5.6 : Lorsque l'iPad est tenu en hauteur, le message se présente ainsi.

Procédez à présent comme suit pour créer un nouveau message :

1. **Touchez le bouton Nouveau message (reportez-vous à la Figure 5.5).**

   Un écran semblable à celui de la Figure 5.7 apparaît.

2. **Saisissez le ou les noms ou les adresses électroniques des destinataires dans le champ À. Ou alors, touchez le bouton « + », à droite du champ À, pour choisir un ou plusieurs destinataires dans la liste des contacts de l'iPad.**

3. **Touchez la mention Cc/Cci, De.**

Cette action produit trois champs séparés : Cc, Cci et De.

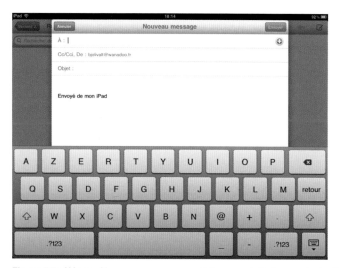

Figure 5.7 : L'écran Nouveau message, prêt à recevoir l'adresse du destinataire.

Les initiales Cc/Cci sont celles de Copie carbone et Copie carbone invisible. La copie carbone est l'équivalent de «pour information». Vous envoyez une copie du message à des personnes que l'information peut intéresser, mais qui ne sont pas les destinataires principaux et n'ont pas forcément à répondre.

La copie carbone invisible (Cci) permet d'envoyer une copie du message à des personnes, mais sans qu'aucune puisse savoir à qui d'autre elle a été envoyée (NdT : pour assurer une confidentialité totale, mettez votre propre adresse électronique dans le champ À, et tous les destinataires dans le champ Cci. Touchez le champ Cc ou Cci puis saisissez des noms, ou touchez le bouton «+» pour ajouter un ou plusieurs contacts).

4. **(Facultatif) En touchant De, vous pouvez choisir à la volée d'envoyer le message depuis n'importe**

lequel de vos comptes de messagerie, si bien sûr plusieurs comptes ont été configurés sur l'iPad.

Quand vous saisissez une adresse électronique, toutes celles qui correspondent à la saisie en cours apparaissent dans une liste, sous le champ À ou Cc. Si l'une d'elles est justement celle que vous êtes en train de taper, sélectionnez-la.

5. **Dans le champ Objet, saisissez le sujet du message.**

   Ce champ est facultatif, mais envoyer un message sans objet fait un peu négligé.

6. **Rédigez le message dans la zone principale.**

   Vous ne manquez pas de place pour vous étendre sur le sujet (mais comme la pauvre Lola de la chanson de Serge Gainsbourg, « il faut savoir s'étendre sans se répandre »).

7. **Touchez le bouton Envoyer, en haut à droite de l'écran.**

   Votre message va, court, vole à travers le cyberespace, vers le serveur du destinataire. Si l'iPad n'est pas à portée d'une borne Wi-Fi ou dans une zone couverte par le réseau 3G ou EGDE, le message sera envoyé lorsque vous vous trouverez dans une zone où une connexion Internet est possible.

Le clavier virtuel est plus commode à utiliser quand vous pivotez l'iPad pour le mettre en largeur.

Placer une photo dans le texte d'un message

Une image étant souvent plus explicite qu'une laborieuse description, voici comment en placer une dans le texte d'un message :

1. **Touchez l'icône Photos, sur l'écran d'accueil.**

2. **Touchez la photo à envoyer.**

3. **Touchez le bouton rectangulaire à flèche incurvée, en haut à droite de l'écran.**

4. **Touchez le bouton Envoyer.**

   Un message électronique apparaît. La photo se trouve dans la zone de rédaction, mais le destinataire la recevra sous la forme d'une pièce jointe.

5. **Saisissez l'adresse du destinataire, rédigez votre prose (ou versifiez) puis touchez le bouton Envoyer.**

Différer l'envoi du message

Vous n'avez parfois pas le temps de terminer le message en cours de rédaction. Stockez-le sous la forme d'un brouillon que vous terminerez ultérieurement en procédant comme suit :

1. **Commencez à rédiger le message.**

2. **Au moment d'enregistrer le message en tant que brouillon, touchez le bouton Annuler, en haut à gauche de l'écran.**

3. **Touchez le bouton Enregistrer pour conserver le message sous forme de brouillon, en attendant de le terminer ultérieurement.**

Si vous touchez le bouton Ne pas enregistrer, le message disparaît définitivement.

Pour reprendre le message, touchez la boîte aux lettres Brouillons puis touchez le message à rouvrir. Après l'avoir retravaillé, vous toucherez le bouton Envoyer ou, si votre bel ouvrage n'est pas encore terminé, sur le bouton Annuler pour le laisser dans les brouillons.

Le nombre de messages dans le dossier Brouillon est affiché à sa droite. Il en va de même pour le contenu des autres dossiers de messagerie.

Répondre à un message ou le transférer

Pour répondre à un message, ouvrez-le puis touchez le bouton Répondre/Répondre à tous/Transférer, en forme de flèche incurvée, en haut à droite de l'écran (voir Figure 5.8). Touchez ensuite l'option qui vous intéresse.

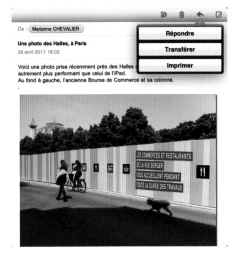

Figure 5.8 : Choisissez ce que vous désirez faire de ce message.

Le bouton Répondre crée un message vierge adressé à l'expéditeur du message original. Le bouton Répondre à tous crée un message vierge adressé à l'expéditeur et à tous les destinataires du message original, y compris ceux qui sont en copie carbone (Cc). Notez que le bouton Répondre à tous n'est affiché que si le message a été envoyé à plusieurs personnes. Dans les deux cas, le préfixe *Re :* est ajouté dans le champ Objet. Par exemple, si l'objet était à l'origine *Astuces pour l'iPad,* l'objet devient *Re : Astuces pour l'iPad.*

Toucher le bouton Transférer crée un message sans adresse de destinataire contenant le texte du message d'origine. Ajoutez l'adresse ou les adresses électroniques du ou des destinataires puis touchez le bouton Envoyer. Le préfixe *Fwd :* (pour *Forward,* transférer) est ajouté.

Pour envoyer une réponse ou transférer un message, touchez le bouton Envoyer, comme d'habitude.

Les paramètres d'envoi de courrier

Les courriers reçus ou envoyés peuvent être personnalisés de diverses manières. Nous aborderons dans cette section les paramètres d'envoi. Plus loin dans ce chapitre, nous nous intéresserons aux paramètres qui ont un effet sur les messages reçus et lus. Dans tous les cas, vous commencez par toucher l'icône Réglages, sur l'écran d'accueil. Ensuite :

🖛 **Pour qu'un signal sonore indique que le message a bien été envoyé :** dans l'écran Réglages principal, touchez Général > Sons. Assurez-vous que le réglage Courrier envoyé est actif (le commutateur est bleu, et non gris). Pour modifier d'autres réglages, touchez le bouton Général, en haut de l'écran, qui ressemble à une flèche pointée vers la gauche. Les réglages terminés, touchez le bouton principal, sur la façade de l'iPad.

Le paragraphe précédent est valable pour tous les réglages dont il est question dans cette section et dans celles qui suivent. Nous n'y reviendrons donc pas. Pour résumer, si vous voulez continuer à régler d'autres paramètres, touchez le bouton en haut à gauche de l'écran (il est parfois nommé Réglages, Mail, Réception ou autre). Retenez surtout que ce bouton vous ramène à l'écran précédent où vous pouvez modifier d'autres paramètres. Appuyer sur le bouton principal, sous l'écran, produit toujours le même effet : les modifications sont prises en compte et l'écran d'accueil est affiché.

🖛 **Ajouter une signature à tous les messages que vous envoyez** : touchez Réglage > Mail, Contacts, Calendrier > Signature. La signature par défaut est «Envoyé depuis mon iPad». Remplacez ce texte par un autre, votre nom et votre prénom suivis de vos coordonnées postales et téléphoniques, par exemple. Cette signature sera systématiquement ajoutée à tous vos messages.

🖛 **Envoyer vers votre serveur de messagerie une copie de tous les messages émis :** touchez l'icône

Réglages, sur l'écran d'accueil, puis touchez l'option Mail, Contacts, Calendrier et activez l'option M'ajouter en Cci (copie carbone invisible).

✔ **Définir le compte de messagerie par défaut pour les envois de courrier à partir des applications autres que Mail :** touchez l'icône Réglages, sur l'écran d'accueil, puis touchez Mail, Contacts, Calendrier. Touchez le compte à utiliser par défaut. Par exemple, quand vous envoyez une image directement depuis l'application Photos, c'est le compte de messagerie désigné qui sera utilisé. Notez que ce réglage n'est possible que si plusieurs comptes de messagerie ont été définis.

Vous savez tout sur les réglages qui s'appliquent à l'envoi de courriers électroniques.

Trouver, lire, classer, supprimer : la gestion des messages

Nous avons vu comment envoyer des messages. Voyons à présent comment les recevoir et les lire. En configurant le ou les comptes de messagerie, le plus dur a déjà été fait. Relever les messages et les lire est vraiment tout ce qu'il y a de plus facile.

Vous savez que des messages non lus se trouvent dans l'iPad en consultant l'icône Mail, en bas de l'écran d'accueil. Leur nombre est mentionné dans un petit rond rouge, en haut à droite de l'icône.

Dans les prochaines sections, vous apprendrez comment lire les messages et ouvrir les pièces jointes, et aussi comment les envoyer à la Corbeille une fois qu'ils n'ont plus d'intérêt. Vous apprendrez aussi comment localiser un message que vous ne parvenez pas à trouver. La lecture des messages s'effectue presque comme avec un ordinateur de bureau ou portable. C'est essentiellement les manipulations qui changent, car vous utilisez un écran tactile.

Lire des messages

Pour lire vos messages, touchez l'icône Mail, sur l'écran d'accueil. Rappelez-vous que la présentation de l'interface dépend du sens dans lequel vous tenez l'iPad : en hauteur ou en largeur, et aussi de ce qui était affiché dans l'application Mail la dernière fois que vous l'avez ouverte. Procédez comme suit pour lire vos courriers :

1. **Si la boîte aux lettres que vous désirez consulter n'est pas au premier plan et centrée, touchez le bouton Comptes, en haut à gauche de l'écran, afin d'accéder à celle que vous désirez voir.**

    Ce bouton peut porter la mention Réception ou avoir un autre nom de dossier, et il indique le nom du compte de messagerie actuellement ouvert. Le nombre de messages non lus, dans les divers dossiers, est indiqué.

2. **(Facultatif) Touchez l'icône de téléchargement des nouveaux messages (reportez-vous à la Figure 5.6) afin de relever le courrier.**

3. **Touchez la boîte de réception pour voir le courrier qui y a été déposé.**

    Un point bleu à gauche d'un message indique qu'il n'a pas été lu. Quand vous ouvrez une boîte aux lettres en la touchant, l'iPad affiche le nombre de messages «récents», spécifié dans les réglages. Il est de 50 par défaut, mais le nombre peut être porté à 200. Pour voir plus de messages que spécifié, touchez Charger les messages suivants.

4. **Touchez un message pour le lire.**

    Lorsqu'un message est affiché, les boutons de gestion des messages entrants sont visibles en haut de l'écran. La plupart vous sont familiers. Lorsque l'iPad est tenu en hauteur (mode Portrait), des flèches haut et bas, visibles à la Figure 5.9, servent à afficher le message précédent ou suivant.

5. **L'iPad tenu en largeur (mode Paysage), touchez l'aperçu d'un message, dans le volet de gauche,**

pour afficher le message dans la zone de lecture.
Faites défiler la liste des aperçus pour en lire
d'autres.

Gérer les messages

La gestion des messages consiste essentiellement à les
déplacer ou à en supprimer. Vous avez le choix entre les
options suivantes pour placer des messages dans tel ou
tel dossier :

> ⟜ **Pour créer un dossier dans l'application Mail,** vous
> devrez d'abord le créer sur le Mac ou le PC, car il
> n'est pas possible de le faire directement dans l'iPad.

> ⟜ **Pour déplacer un message vers un autre dossier,**
> touchez l'icône Déplacer, en bas du panneau. Dès
> que la liste des dossiers apparaît, touchez celui dans
> lequel vous désirez stocker le message.

> ⟜ **Pour déplacer un ensemble de messages vers un
> autre dossier,** touchez Modifier. Quel que soit le sens
> dans lequel l'iPad est tenu, la commande Modifier
> est affichée en haut de la boîte de réception, ou
> de toute autre boîte quand un dossier de courrier
> est sélectionné. Après avoir été touché, le bouton
> Modifier devient un bouton Annuler. De plus, des
> boutons nommés Supprimer (en rouge) et Déplacer
> (en bleu) apparaissent en bas de l'écran. Touchez
> le cercle à gauche de chaque message à déplacer.
> Touchez Déplacer (voir Figure 5.9) puis touchez le
> dossier dans lequel ce message doit être stocké.

> ⟜ **Pour lire un message stocké dans un autre dossier,**
> touchez le dossier en question, puis touchez l'en-tête
> ou l'aperçu du message.

Supprimez un message en touchant l'icône en forme
de poubelle. Vous avez la possibilité de renoncer à la
suppression si vous avez touché l'icône par mégarde. Des
messages peuvent être effacés, sans même avoir été lus,
de deux manières :

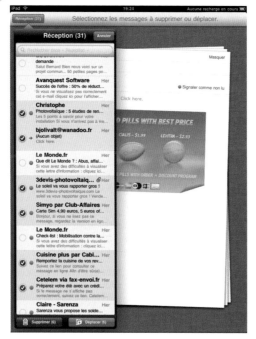

Figure 5.9 : Effacement ou déplacement d'un ensemble de messages.

- Dans le volet d'aperçu, passez le doigt de gauche à droite sur le message à effacer, puis touchez le bouton rouge Supprimer qui apparaît à sa droite.

- Touchez le bouton Modifier, puis touchez le petit cercle à gauche de chaque message à effacer. Toucher le cercle place une coche et illumine le bouton Supprimer, en bas de l'écran. Touchez le bouton Supprimer pour effacer tous les messages cochés. Ces derniers se retrouvent dans le dossier Corbeille.

Rechercher des messages

La fonction Spotlight permet de lancer facilement une recherche à travers quantité de messages téléchargés afin de retrouver celui contenant une information importante, comme celui d'un courtier en Bourse vous indiquant une bonne adresse dans un paradis fiscal. Vous saisirez le mot « Bourse » ou tout terme approprié dans le champ de recherche, en haut du volet d'aperçu d'une boîte aux lettres. Tous les messages contenant le critère apparaissent. Quand vous saisissez une recherche, des onglets apparaissent, permettant de la réduire aux champs De, À ou Objet. Il est toutefois regrettable – du moins à l'heure où ces lignes sont écrites – qu'il soit impossible d'effectuer une recherche dans le corps des messages, c'est-à-dire dans le contenu des messages.

Avec Exchange, MobileMe et certains comptes de type IMAP, il est possible d'effectuer une recherche dans des messages stockés hors du serveur.

Les pièces jointes

L'iPad peut recevoir des messages accompagnés de pièces jointes aux formats suivants :

- **carte de visite virtuelle :** .vcf ;
- **document PDF :** .pdf ;
- **image et photo :** .jpg, .tif, .tiff, .gif ;
- **page Web :** .htm, .html ;
- **présentation Apple Keynote :** .key ;
- **présentation Microsoft PowerPoint :** .ppt, .pptx ;
- **tableur Apple Numbers :** .numbers ;
- **tableur Microsoft Excel :** .xls, .xlsx ;
- **texte brut :** .txt ;
- **texte mis en forme :** .rtf ;
- **traitement de texte Apple Pages :** .pages ;
- **traitement de texte Microsoft Word :** .doc, .docx.

Si le format de la pièce jointe n'est pas pris en charge par l'iPad (par exemple, un fichier .psd de Photoshop) le nom du fichier est affiché, mais il est impossible de l'ouvrir.

Voici comment afficher le contenu d'une pièce jointe :

1. **Ouvrez le message contenant la pièce jointe.**

2. **Touchez la pièce jointe (comme elle se trouve à la fin du message, vous devrez parfois le faire défiler pour la voir).**

   La pièce jointe est téléchargée dans l'iPad et s'ouvre aussitôt.

3. **Lisez la pièce jointe.**

4. **Touchez le document que vous êtes en train de lire ou de regarder, puis touchez le bouton Terminé pour revenir au message.**

   Si la suite bureautique iWork est installée dans l'iPad, vous pouvez ouvrir un document dans Pages (ce traitement de texte est décrit au Chapitre 12).

D'autres fonctions de messagerie

Bien d'autres actions sont possibles sur les messages entrants. En voici quelques-unes :

✓ **Pour voir tous les destinataires d'un message :** touchez le mot Détails, à droite du nom de l'expéditeur.

   Quand les destinataires sont affichés, c'est le mot Masquer qui est visible. Touchez-le pour n'afficher que l'expéditeur.

✓ **Pour ajouter un destinataire ou un expéditeur à vos contacts :** touchez son nom ou son adresse électronique en haut du message, puis touchez Créer un nouveau contact ou Ajouter à un contact.

✓ **Pour marquer un message comme non lu :** touchez Détails > Signaler comme non lu. Il est à présent signalé par un point bleu. Le chiffre indiquant le nombre de fichiers non lus est mis à jour, sur l'icône Mail de l'écran d'accueil.

✓ **Zoomer en avant et en arrière dans un message :** pincez ou écartez les doigts.

✓ **Suivre un lien :** touchez-le. Les liens sont classiquement affichés en bleu mais apparaissent parfois dans une autre couleur et ils sont en général soulignés. Si le lien est une URL, la page Web est ouverte dans Safari. Si le lien est un numéro de téléphone, iPad propose de l'ajouter à vos contacts. Si le lien est une carte, l'application Plans est démarrée et montre ce lieu. Et enfin, si le lien est une adresse électronique, un nouveau message vierge préadressé est créé.

Si le lien ouvre Safari, Contacts ou Plans et que vous désirez revenir au courrier électronique, appuyez sur le bouton principal, sur la façade de l'iPad, puis touchez l'icône Mail.

Régler les paramètres de messagerie et de compte

Pour finir cette étude de Mail, nous nous attarderons sur les divers paramètres régissant vos comptes de messagerie (hormis la création d'une signature ainsi que les paramètres déjà évoqués à la section «Les paramètres d'envoi de courrier», précédemment dans ce chapitre).

Vérifier les paramètres de courrier

Plusieurs réglages affectent la vérification et l'affichage du courrier électronique :

✓ **Pour régler la fréquence à laquelle le courrier est relevé :** Touchez l'icône Réglages, sur l'écran d'accueil. Touchez Mail, Contacts, Calendrier > Nouvelles données. Reportez-vous à la Figure 5.10 pour connaître les options. Si votre logiciel de messagerie prend en charge la fonction Push (le bouton indique qu'elle est active), les nouveaux messages sont automatiquement envoyés vers votre iPad sitôt qu'ils parviennent au serveur. Si vous avez désactivé la fonction Push ou si votre logiciel de messagerie ne le gère pas, l'iPad récupère les données. La fréquence est : tous les quarts d'heure, toutes les demi-heures, toutes les heures, et manuellement. Touchez l'option que vous préférez.

Figure 5.10 : Récupération ou Push ? À vous de choisir.

Touchez Avancé afin de définir les paramètres de récupération et de Push pour chacun des comptes de messagerie. Touchez le compte à modifier. Le Push n'est proposé comme option que si le compte de messagerie prend cette fonctionnalité en charge.

Au moment où ces lignes sont écrites, seuls Yahoo!, MobileMe (Me.com) et Microsoft ActiveSync proposent le Push.

✔ **Pour signaler l'arrivée des messages par une alerte sonore :** sur l'écran principal des réglages, touchez Général > Son, puis activez le réglage Nouveau courrier.

✔ **Pour régler le nombre de messages récents affichés dans la boîte de réception :** sur l'écran principal des réglages, touchez Mail, Contacts, Calendriers > Afficher. Vous avez ensuite le choix entre afficher les 25, 50, 75, 100 ou 200 derniers messages. Touchez la quantité désirée.

Vous pouvez à tout moment voir plus de messages que le nombre choisi en faisant défiler leur liste jusqu'au bout et en choisissant Charger les messages suivants.

✔ **Pour régler le nombre de lignes de chaque message affichées dans la liste :** sur l'écran principal des réglages, touchez Mail, Contacts, Calendrier > Aperçu. Choisissez ensuite un nombre de lignes de texte, de zéro à 1. Plus vous accordez de lignes aux messages, moins vous verrez de messages à la fois. Pensez-y avant d'opter pour 4 ou 5 lignes.

✔ **Définir la taille d'affichage de la police :** sur l'écran principal des réglages, touchez Mail, Contacts, Calendrier > Taille minimum des caractères. Vous avez le choix entre Petite, Moyenne, Grande, Très grande et Géante. Choisissez une taille puis ouvrez un message. Si elle ne vous convient pas, essayez-en une autre jusqu'à ce que vous trouviez celle qui vous convient.

✔ **Afficher ou non les étiquettes À et Cc dans la liste des messages :** sur l'écran principal des réglages, touchez Mail, Contacts, Calendrier, puis activez ou non l'option Vignettes À/Cc.

✔ **Activer ou désactiver l'alerte Confirmer avant la suppression :** sur l'écran principal des réglages, touchez Mail, Contacts, Calendrier, puis activez ou désactivez l'option Confirmer la suppression. Lorsque cette option est active, vous devez toucher l'icône en forme de poubelle, en bas de l'écran, puis toucher le bouton rouge Supprimer afin de confirmer la suppression. Lorsque l'option est désactivée, toucher l'icône en forme de poubelle supprime aussitôt le message (aucun bouton Supprimer n'est affiché).

✔ **Télécharger ou non les images :** toucher Charger les images distantes afin que le commutateur soit actif. S'il ne l'est pas, il est néanmoins possible de télécharger les images manuellement.

Modifier les paramètres de compte

Le dernier ensemble de réglages que nous aborderons dans ce chapitre concerne les comptes de messagerie. Vous n'aurez probablement jamais à modifier la plupart d'entre eux, mais nous nous en voudrions de ne pas les mentionner, ne serait-ce que brièvement :

✔ **Cesser d'utiliser un compte de messagerie :** touchez l'icône Réglages, sur l'écran d'accueil. Touchez Mail, Contacts, Calendrier > nom du compte. À droite de Compte, touchez le commutateur afin que de bleu, il passe au gris. Le compte est désactivé.

Cette opération ne supprime pas le compte. Elle évite simplement son affichage et l'empêche de recevoir et d'envoyer du courrier.

✔ **Supprimer un compte de messagerie :** touchez l'icône Réglages, sur l'écran d'accueil. Touchez Mail, Contacts, Calendrier > nom du compte > Supprimer le compte (ce bouton est tout en bas du panneau défilant) > Supprimer. Le compte est supprimé.

Il existe d'autres réglages avancés pour la messagerie, auxquels vous accédez de la même manière : vous touchez l'icône Réglages, sur l'écran d'accueil, puis Mail, Contacts, Calendrier, et enfin le nom du compte. Les paramètres qui se trouvent sous l'option Avancé, ainsi que leur apparence, varient quelque peu d'un compte à un autre. Voici la description de certains d'entre eux :

✓ **Pour spécifier la durée pendant laquelle les messages supprimés sont conservés avant leur effacement définitif de l'iPad :** touchez Avancé, puis Supprimer. Les choix sont Jamais, Après un jour, Après une semaine et Après un mois. Touchez l'option que vous préférez.

✓ **Pour choisir si les brouillons, les messages envoyés et les messages supprimés doivent être stockés dans votre iPad ou dans votre serveur de messagerie :** touchez Avancé > Brouillons ou Messages supprimés. Vous avez le choix entre Brouillons, Messages envoyés et Corbeille. Si vous choisissez de stocker tout ou partie sur un serveur, vous ne pourrez accéder à ces éléments que si une connexion Wi-Fi, 3G ou EDGE est établie. En les stockant dans l'iPad, vous y accédez en permanence, même sans connexion Internet.

Nous vous recommandons vivement de ne pas modifier les deux paramètres suivants si vous ne le faites pas à bon escient en sachant comment et pourquoi. Si la réception ou l'envoi des courriers pose problème, commencez par contacter votre fournisseur d'accès Internet ou le service informatique de votre société. N'opérez que les modifications qu'ils préconisent. Là encore, l'affichage et l'apparence de ces réglages varient selon les comptes :

✓ **Pour reconfigurer les paramètres du serveur de messagerie :** touchez Nom d'hôte, Nom d'utilisateur ou Mot de passe, à la rubrique Serveur de réception ou Serveur d'envoi, dans l'écran des paramètres de compte. Effectuez ensuite les modifications.

✓ **Pour régler les options Utiliser SSL, Authentification, Paramètres IMAP ou Port du serveur :** touchez Avancé, touchez l'élément approprié, puis effectuez les modifications nécessaires.

Vous êtes à présent pleinement qualifié pour configurer des comptes de messagerie et échanger du courrier avec votre iPad.

6

Le Web sans Safari

Dans ce chapitre :

- Tracer la route avec Plans.
- La vidéo avec YouTube.
- Réseaux sociaux : en attendant les apps pour iPad.

ans ce chapitre, nous étudierons des applications – des apps, dans le jargon d'Apple – qui exigent une connexion Internet pour fonctionner, mais qui se passent du navigateur Web, Safari en l'occurrence. Nous les appelons des «apps Internet» car la connexion Wi-Fi, 3G ou EDGE doit être établie pour pouvoir les utiliser. Ces apps un peu particulières affichent des plans, et donnent accès aux vidéos de YouTube ainsi qu'aux réseaux sociaux.

Les plans d'enfer pour aller au paradis

L'application Plans permet de savoir exactement où l'on est, de trouver des restaurants et autres entreprises dans les environs, de suivre un itinéraire grâce à des instructions fournies en temps réel, de vérifier l'état de la circulation et d'obtenir une photo des rues dans de nombreuses villes.

 Les apps décrites dans ce chapitre ne sont utilisables que si une connexion Internet par la Wi-Fi ou par un réseau 3G est active.

La géolocalisation grâce à Plans

 Nous commencerons par quelque chose de vraiment simple, mais de fort utile : savoir où vous vous trouvez. Assurez-vous d'abord que les Services de localisation sont activés (Réglages > Services de localisation). Touchez l'icône Plans, sur l'écran d'accueil, puis touchez la petite boussole au milieu de la barre grise, en haut de l'écran.

L'iPad vous demande d'abord l'autorisation d'utiliser votre emplacement actuel. Après quelques secondes, un rond bleu (voir Figure 6.1) délimite votre emplacement approximatif. Quand vous vous déplacez, l'iPad décale la carte afin que l'indicateur montrant votre localisation reste toujours au milieu de l'écran.

 Quand vous touchez la carte, que vous la décalez ou que vous zoomez en avant ou en arrière, l'iPad continue d'indiquer où vous êtes, mais ne centre plus le repère. Il peut même se retrouver hors de l'écran.

Trouver un lieu, une adresse ou un service

Procédez comme suit pour trouver un lieu, une adresse ou un service :

1. **Touchez le champ Recherche, en haut à droite de l'écran, pour faire apparaître le clavier virtuel.**

2. **Saisissez à présent ce que vous recherchez.**

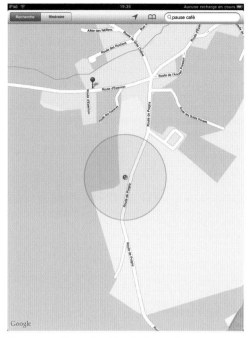

Figure 6.1 : Un repère bleu indique où vous êtes.

Vous pouvez rechercher une adresse, un code postal, une intersection, une agglomération, un site ou des services par catégories ou par noms, ou en mêlant les informations, comme dans *Paris garage Porsche* ou *Aubervilliers garage Fiat.*

3. **(Facultatif) Si des caractères que vous saisissez correspondent à un ou plusieurs de vos contacts, leur liste apparaît sous le champ Recherche. Touchez l'un de ces noms pour voir le plan de l'endroit où il habite.**

L'application Plans ne propose que les noms des contacts possédant une adresse postale. Nous y reviendrons à la section «Plans et contacts», plus loin dans ce chapitre.

4. **La saisie terminée, touchez Rechercher.**

   La carte apparaît au bout d'un instant. Si la recherche portait sur un seul emplacement, il est indiqué par une seule épingle. Si vous avez recherché par catégorie, comme *Pizzeria 78125,* par exemple, plusieurs épingles sont visibles, comme le montre la Figure 6.2.

Figure 6.2 : Une pizza à Rambouillet, c'est un bon plan.

Mais comment fait-il ?

L'application Plans utilise les Services de localisation de l'iPad pour déterminer son emplacement approximatif à partir des réseaux de données numériques environnants. Les modèles d'iPad ne possédant que la connexion Wi-Fi se fondent sur les bornes Wi-Fi, les modèles d'iPad Wi-Fi + 3G se fondent sur le réseau de téléphonie mobile et le GPS. Si vous n'utilisez pas la fonction de géolocalisation, la désactiver augmentera l'autonomie de la batterie (Touchez Réglages > Services de localisation). Si la géolocalisation est désactivée lorsque vous touchez la boussole, l'iPad vous demandera de réactiver cette fonction. Notez aussi que la géolocalisation n'est pas disponible partout à tous moments.

Affichage, zoom, panoramique

Nous avons vu comment découvrir des lieux et des
services avec Plans. Examinons maintenant les différentes
manières d'afficher une carte. Elles sont au nombre de
quatre : Classique, Satellite, Mixte et Terrain. Sélectionnez
l'un de ces affichages en touchant le coin corné du plan,
en bas à droite de l'écran. La feuille se soulève, révélant
les boutons que montre la Figure 6.3.

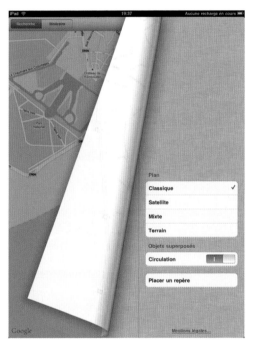

Figure 6.3 : Le plan se soulève pour dévoiler divers boutons.

Les affichages Classique, Satellite, Mixte et Terrain
permettent de zoomer dans la carte ou la parcourir :

✔ **Zoom en arrière :** pincez ou touchez avec *deux*
doigts à la fois. Répétez l'opération pour zoomer
plus large.

✒ **Zoom en avant :** délimitez la zone à zoomer en plaçant deux doigts de part et d'autre, puis écartez-les. Ou alors, double-touchez – avec un seul doigt – l'emplacement à agrandir. Répétez l'opération pour zoomer encore plus.

Vous pouvez pincer ou écarter les doigts en utilisant un doigt ou le pouce de chaque main. Mais en règle générale, pincer ou écarter avec les doigts de la même main est plus commode.

✒ **Défilement :** tirez la carte du bout des doigts, dans la direction désirée.

Plans et contacts

Plans et contacts font bon ménage, comme le prouvent les deux tâches qui suivent. Par exemple, vous procéderez ainsi pour afficher un plan montrant où habite un contact :

1. **Touchez la petite icône de signet, à gauche du champ Recherche.**

2. **Touchez le bouton Contacts, en bas du panneau flottant.**

3. **Touchez le nom du contact dont l'adresse doit être montrée sur le plan.**

   Vous pouvez ne saisir que les premières lettres du contact, dans le champ Recherche, puis toucher son nom dans la liste des suggestions.

Si vous avez trouvé un lieu en saisissant une adresse dans le champ Recherche, vous pourrez ajouter ce lieu à un contact, ou créer un nouveau contact associé au lieu en question. Voici comment :

1. **Touchez l'épingle de localisation, sur le plan.**

2. **Touchez le petit *i* dans un rond bleu, à droite du nom du lieu ou de sa description (visible à la Figure 6.2) afin de déployer l'écran d'information, comme à la Figure 6.4.**

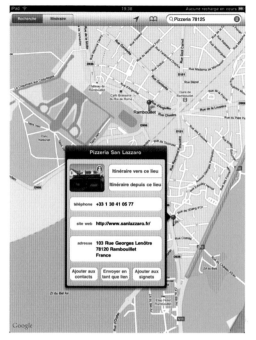

Figure 6.4 : Après avoir touché la petite icône d'information à droite du nom d'un lieu, des renseignements apparaissent dans un panneau flottant.

3. **Touchez le bouton Ajouter aux contacts afin de créer une nouvelle entrée dans la liste des contacts.**

4. **Touchez Créer un nouveau contact ou Ajouter aux contacts, selon ce que vous désirez faire.**

5. **Remplissez les champs du formulaire du nouveau contact puis touchez Terminé. Ou alors, sélectionnez un contact dans la liste qui apparaît.**

Vous accédez à vos contacts en touchant l'icône Contacts, sur l'écran d'accueil.

Vous pouvez aussi obtenir des instructions pour rejoindre la plupart des lieux, y compris l'adresse d'un contact, à pied, en voiture ou par les transports publics. Nous verrons cela dans la section « Les fonctions cartographiques », plus loin dans ce chapitre.

Gagner du temps avec les signets, l'historique et les contacts

Dans l'application Plans, trois outils évitent de devoir saisir et ressaisir sempiternellement les mêmes lieux. Ils se trouvent dans le petit panneau affiché lorsque vous touchez l'icône Signets, à gauche du champ Recherche.

Ces trois outils sont représentés par trois boutons en bas du panneau flottant : Signets, Historique et Contacts. Examinons chacun d'eux.

Signets

Les signets de l'application Plans fonctionnent sur le même principe que ceux de Safari. Vous enregistrez un signet qui permettra de retourner dans un lieu sans saisir un seul caractère. Voici comment :

1. **Touchez le petit *i* dans le rond bleu, à droite du nom d'un lieu ou d'une description.**

   Le panneau flottant Infos de ce lieu apparaît (reportez-vous à la figure 6.4 pour en voir un).

2. **Dans le panneau, touchez le bouton Signet.**

   Vous devrez peut-être faire défiler le contenu du panneau flottant Infos pour voir le bouton Signet, tout en bas.

Le signet est utilisable à tout moment : touchez l'icône Signets, puis touchez le bouton Signets en bas du panneau flottant, puis le nom d'un signet pour l'afficher sur le plan.

Les premiers lieux que vous devriez mémoriser dans un signet sont votre adresse privée et votre lieu de travail, de même que le code postal de l'endroit où vous habitez.

Utilisez le code postal pour trouver les services de proximité. Saisissez-le suivi de ce que vous recherchez : *75001 Starbucks* ou *78120 Station-service...*

Vous pouvez aussi placer une épingle où vous le voulez sur une carte. Une épingle est similaire à un signet, et souvent plus commode car vous pouvez la positionner à vue. Si vous ne connaissez pas l'adresse exacte d'un lieu, vous pouvez toujours placer une épingle pour indiquer approximativement où il se trouve (ce qui serait impossible avec un signet). Voici la procédure à suivre :

1. **Touchez la partie écornée du plan, en bas à droite.**

2. **Touchez le bouton Placer un repère (voir Figure 6.3).**

   Une épingle (virtuelle) se plante dans l'écran, accompagnée du texte Touchez et maintenez, ainsi que du petit *i* dans le rond bleu.

3. **Maintenez le doigt sur le lieu à marquer d'une épingle.**

4. **Touchez le petit *i* et le panneau Repère sur le plan apparaît. Vous pourrez ajouter quelques renseignements et entreprendre les mêmes actions que celles visibles à la Figure 6.4.**

Pour gérer vos signets, touchez le bouton Modifier, en haut à gauche du panneau flottant Signets, puis :

   ✔ **Pour monter ou descendre un signet dans la liste des signets :** tirez vers le haut ou vers le bas la petite icône à trois barres grises, à droite du signet à déplacer.

   ✔ **Pour supprimer un signet de la liste :** touchez le rond rouge à gauche du nom du signet, puis touchez le bouton rouge Supprimer.

Après avoir fait le ménage dans les signets, touchez n'importe où hors du panneau flottant pour revenir à la carte.

Historique

L'application Plans se souvient des lieux que vous avez recherchés et des itinéraires, et les stocke dans la liste Historique. Pour l'afficher, touchez l'icône Signets puis touchez le bouton Historique, en bas du panneau flottant. Pour voir un élément récent sur la carte, touchez son nom.

Pour effacer la liste Historique, touchez le bouton Effacer, en haut à gauche du panneau flottant, puis touchez le grand bouton rouge Effacer l'historique, en bas du panneau (ou le bouton noir Annuler si vous avez changé d'avis).

Si vous n'avez plus besoin de la liste Historique, touchez n'importe où hors du panneau flottant pour revenir à la carte.

Contacts

Pour voir la liste de vos contacts, touchez l'icône Signets puis touchez le bouton Contacts en bas du panneau flottant. Touchez le nom d'un contact pour voir son adresse sur la carte.

Pour limiter la liste à des groupes spécifiques – à condition bien sûr d'en avoir créé –, touchez le bouton Groupes, en haut à gauche du panneau, puis touchez le nom du groupe. Seuls les contacts qui s'y trouvent sont à présent affichés.

Si vous n'avez plus besoin de la liste des contacts, touchez le bouton Terminé, en haut à droite du panneau flottant, pour revenir à la carte.

Les fonctions cartographiques

L'application Plans a plus d'un tour dans son sac. Voici quelques fonctionnalités que vous devriez apprécier.

Obtenir un itinéraire et des instructions de route

Vous pouvez définir un itinéraire et obtenir des instructions pour le suivre en procédant comme suit :

1. **Demandez à Plans de calculer l'itinéraire selon l'une de ces méthodes :**

   • **Une épingle est déjà placée sur la carte :** touchez l'épingle puis touchez le petit *i* dans le rond bleu, à droite du nom ou de la description. Cette action affiche le panneau flottant Infos. Touchez ensuite l'option Itinéraire vers ce lieu ou Itinéraire depuis ce lieu afin d'obtenir les instructions pour aller vers un endroit, ou partir depuis cet endroit.

   • **La carte est affichée :** touchez le bouton Itinéraire, en haut à gauche de l'écran. Le champ Rechercher se transforme en champs Départ et Arrivée.

2. **Touchez le champ Départ ou Arrivée pour indiquer le début ou la fin du trajet.**

   Vous pouvez saisir ces informations ou les choisir dans la liste des signets, des éléments récents ou des contacts.

3. **(Facultatif) S'il faut permuter les lieux de départ et d'arrivée, cliquez sur la petite flèche sinueuse, entre les deux champs.**

4. **Après avoir défini les lieux de départ et d'arrivée, touchez le bouton Démarrer, dans le bandeau bleu en bas de l'écran, comme le montre la Figure 6.5.**

   Le bouton Démarrer est aussitôt remplacé par deux flèches pointant vers la gauche et vers la droite.

5. **Parcourez les instructions à l'aide des boutons fléchés ou dans une feuille de route.**

   • **Flèches :** touchez un bouton fléché pour afficher le tronçon précédent ou suivant du trajet, comme le montre la Figure 6.6. Touchez la flèche pointant vers la droite pour obtenir les instructions concernant le tronçon suivant, et continuez ainsi au fur et à mesure de votre déplacement pour savoir où vous devez aller.

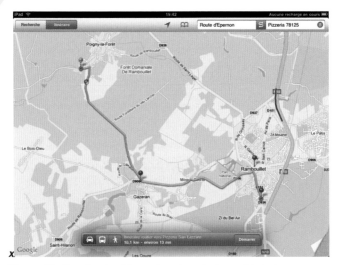

Figure 6.5 : L'application Plans vient de calculer un itinéraire.

Figure 6.6 : Le bandeau bleu donne les instructions pour suivre l'itinéraire.

• **Feuille de route :** si vous préférez que les instructions soient présentées sous la forme d'une feuille de route, touchez le bouton Liste, à gauche dans le bandeau bleu. Les différents tronçons sont affichés dans un panneau flottant comme à la Figure 6.7. Touchez-en un pour le voir affiché sur la carte.

Pour rétablir l'affichage des instructions une par une dans le bandeau bleu et utiliser les boutons fléchés pour passer d'une instruction à une autre, touchez la petite icône à gauche d'Itinéraire, dans le panneau flottant. La feuille de route est remplacée par le bandeau.

6. **Pour ne plus afficher les instructions de route, touchez le bouton Rechercher, en haut de l'écran.**

La carte réapparaît.

Figure 6.7 : Une feuille de route calculée par Plans. Le tronçon sélectionné est affiché sur la carte.

En plus des instructions écrites, nous aurions aimé que l'iPad fournisse des instructions vocales, comme sur la plupart des GPS (comme la revêche voix féminine qui ordonne «Tournez à gauche» puis dit d'une voix résignée, mais tout aussi revêche «Calcul en cours» parce que vous avez confondu la droite et la gauche).

Plusieurs sociétés, dont Magellan (www.magellangps.com), MotionX (http://drive.motionx.com), Navigon (www.navigon.com) et Tom Tom (http://iPhone.tomtom.com) proposent des applications pour iPhone qui ajoutent cette fonction vocale à Plans. Bien qu'aucune application n'ait été créée spécifiquement pour l'iPad à l'heure où ces lignes sont écrites, ce sera sans doute le cas d'ici quelque temps. Vous apprendrez au Chapitre 7 comment déterminer si une application pour iPhone est compatible avec l'iPad, et comment trouver des applications spécifiquement développées pour l'iPad.

Transports publics et marche à pied

Après avoir défini un itinéraire, et avant de toucher le bouton Démarrer, jetez un coup d'œil aux trois icônes à gauche, dans le bandeau bleu, visibles à la Figure 6.5 : une voiture, un autobus et un personnage. L'exemple précédent indiquait un itinéraire en voiture, ce qui est l'option par défaut.

Pour obtenir un itinéraire par les transports publics, touchez l'icône ornée d'un autobus. Les choix suivants vous sont alors proposés :

- ✔ **Les horaires de départ et d'arrivée des prochains bus ou trains.** Pour cela, touchez la petite horloge représentée sur le bandeau bleu. Au moment où ces lignes sont écrites, cette fonction était inopérante à Paris et sans doute ailleurs.

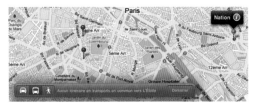

Figure 6.8 : L'iPad ignore que le RER permet d'aller de Nation vers l'Étoile.

- ✔ **Des instructions.** Touchez le bouton Démarrer. Touchez ensuite le bouton fléché pointant vers la droite pour obtenir l'instruction suivante. La flèche vers la gauche réaffiche l'instruction précédente.

  Si vous préférez lire une feuille de route, touchez le bouton Liste, à gauche dans le bandeau bleu. Elle est affichée dans un panneau flottant.

  Touchez une instruction, dans la feuille de route, pour voir le trajet correspondant sur la carte. Pour réafficher le bandeau et ses instructions tronçon par tronçon, touchez l'icône rectangulaire à gauche de la mention Itinéraire, dans le panneau flottant. La feuille de route disparaît tandis que le bandeau bleu réapparaît.

Si vous tenez à vous déplacer à pied, touchez
l'icône en forme de personnage. Les instructions
ressemblent à celle d'un trajet en voiture, sauf que
les durées sont différentes. Un trajet de dix minutes
en voiture pourra prendre plus d'une heure à pied
(NdT : en évitant le jogging sur l'autoroute).

L'état de la circulation en temps réel

Les conditions de circulation peuvent être affichées en
touchant le coin écorné, en bas à droite de l'écran, et en
touchant le commutateur Circulation afin de l'activer. Ce
faisant, un jeu de couleurs indique l'écoulement du trafic
dans les principales voies, comme le montre la Figure 6.9 :

- vert : 80 km/h et plus ;
- jaune : entre 40 et 80 km/h ;
- rouge : moins de 40 km/h ;
- gris : pas d'informations pour le moment.

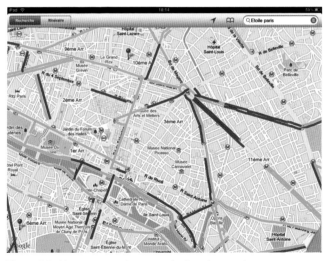

Figure 6.9 : Voyons comment ça roule dans le quartier…

L'état de la circulation n'est pas disponible partout. Le seul moyen de vérifier si le service est disponible, c'est d'essayer. Si aucun code de couleur ne semble utilisé, c'est très certainement parce que ce lieu n'est pas couvert.

Plus à propos du panneau Infos

Si un petit *i* se trouve à droite d'un nom de lieu ou de sa description (reportez-vous à la Figure 6.2), touchez-le pour obtenir des renseignements supplémentaires.

Comme nous l'avions expliqué précédemment dans ce chapitre, vous pouvez obtenir un itinéraire vers ou depuis un lieu, créer un signet pour un lieu ou l'ajouter à vos contacts, ou créer un nouveau contact à partir du lieu. Deux autres actions sont possibles avec certains lieux, à partir du panneau flottant Infos :

- ✔ Saisir l'adresse électronique du lieu afin de démarrer l'application Mail et envoyer un message.

- ✔ Saisir l'URL du lieu pour démarrer Safari et visiter son site Web.

Tous les lieux ne permettent pas ces options, mais elles méritent d'être connues.

Les vidéos de YouTube

YouTube est devenu le site de prédilection du partage vidéo sur Internet. Ce site extrêmement populaire, aujourd'hui propriété de Google, est devenu si célèbre que les prétendants à la présidence des États-Unis y ont tenu débats, et que des politiciens d'autres pays y font campagne. Comme vous l'imaginez, YouTube est controversé. Le site a souvent été temporairement interdit dans certains pays et la société Viacom a intenté un procès contre YouTube, l'accusant d'enfreindre les lois sur le copyright et demandant plus d'un milliard de dommages et intérêts. Mais ce sont là des salades d'avocats (avec un peu de vinaigrette).

YouTube se veut à la pointe de la culture dominante. Il est vrai que le site montre des vidéos qui nous concernent tous, ainsi que nos animaux de compagnie (NdT : car, comme l'affirmait le photographe Elliott Erwitt dans un entretien au journal *Le Monde*, «Les chiens sont des gens avec plus de poils»). YouTube fait de chacun de nous un producteur de films vidéo s'adressant à un public mondial.

Apple a même octroyé à YouTube l'insigne privilège de placer son icône sur l'écran d'accueil de l'iPad.

Dénicher le meilleur de YouTube

Où trouver les vidéos qui permettront de se délasser après une dure journée de labeur ? Vous commencerez par toucher l'un des sept boutons en bas l'écran.

Si vous avez déjà une petite idée de ce que vous recherchez – qu'il s'agisse d'une vidéo, d'un sujet particulier, d'une œuvre d'un auteur… – vous pourrez commencer par l'une des sept entrées décrites plus loin. Chacune est dotée d'un champ Rechercher, en haut à droite. Touchez-le pour faire apparaître le désormais familier clavier virtuel, saisissez une phrase, puis touchez la touche Rechercher du clavier pour générer des résultats.

La Figure 6.10 montre ce que donne une recherche sur le mot «iPad».

Il ne reste plus qu'à toucher une vignette pour regarder la vidéo.

Examinons maintenant chacun des sept boutons en bas de l'écran :

- ✔ **Sélection :** vous trouvez dans cette rubrique les vidéos recommandées par l'équipe de YouTube. Effleurez vers le haut pour en voir d'autres.

  Arrivé en bas de la page, touchez la vignette Vidéos suivantes pour accéder à d'autres vidéos recommandées.

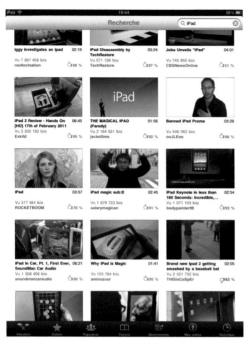

Figure 6.10 : Trouver des vidéos sur l'iPad et l'iPad 2 sur YouTube.

✔ **Cotées :** ce sont les vidéos bien notées par les utilisateurs de YouTube. Touchez le bouton Aujourd'hui, Semaine ou Tout, en haut à gauche de l'écran, pour filtrer les vidéos actuellement affichées selon leur ancienneté.

Vous pouvez attribuer une note aux vidéos YouTube à condition d'avoir ouvert un compte sur ce site (NdT : c'est gratuit). Ne perdez toutefois pas votre temps à chercher comment le créer à partir de l'application YouTube, car ce n'est pas possible. Vous devrez démarrer Safari, ou un autre navigateur Web, depuis votre iPad ou depuis votre ordinateur, puis aller sur le site www.youtube.com pour vous inscrire. Nous vous suggérons de procéder dès maintenant à cette formalité, car certaines fonctionnalités abordées plus loin ne sont exploitables que si vous avez ouvert un compte YouTube.

✏ **Populaires :** cette rubrique contient les vidéos les plus regardées. Touchez le bouton Tout pour voir les vidéos les plus regardées de tous les temps, ou le bouton Aujourd'hui ou Semaine pour voir les vidéos actuellement en vogue.

✏ **Favoris :** à condition d'avoir ouvert un compte sur YouTube, vous pourrez ajouter vos vidéos préférées dans une liste de favoris. Touchez l'icône Favoris (elle ressemble à celle des signets) en bas de l'écran ; elle est visible pendant que vous regardez une vidéo.

L'écran Favoris contient deux onglets : Favoris, qui est sélectionné par défaut, et Listes. Les favoris sont une liste de vidéos que vous avez aimées. Les listes sont des listes de vidéos réunies selon des critères de votre choix. Vous pouvez par exemple créer une liste Chiens et chats, une liste Musiques du monde, une liste Trucs Photoshop, *etc*.

Toucher l'onglet Playlists affiche l'ensemble des listes que vous avez créées. Là encore, vous devez avoir ouvert un compte sur YouTube pour bénéficier de cette fonctionnalité. Or, incroyable, mais vrai, il est impossible de créer une liste à partir de l'application YouTube. Pour vous inscrire, vous devez aller sur le site www.youtube.com avec un navigateur Web.

Après avoir créé une liste, vous lui ajoutez des vidéos de la même manière que dans les favoris.

Le bouton Modifier, en haut à gauche des onglets Favoris et Listes, permet de supprimer les vidéos que vous n'aimez plus. Touchez le bouton Modifier puis le petit X en haut à gauche de chaque vidéo à supprimer de la liste des favoris ou des listes. Cela fait, touchez le bouton Terminer, qui se trouve lui aussi dans le coin supérieur gauche.

Le contenu des Favoris et des Listes est automatiquement enregistré et synchronisé avec tous vos équipements : Mac, PC, iPhone, iPod Touch et/ou iPad. Ajoutez une vidéo à ces listes et, lorsque vous irez sur YouTube avec votre navigateur Web, vous trouverez ces vidéos dans la liste Favoris ou Listes. Sympa!

- **Abonnements :** vous trouvez ici les vidéos de n'importe quel compte YouTube auquel vous vous êtes abonné. Disons-le tout de suite : vous ne pouvez pas vous abonner à une chaîne vidéo YouTube à partir de l'application YouTube. Et il faut être inscrit à YouTube pour utiliser cette fonctionnalité.

- **Mes vidéos :** ce sont celles que vous avez placées sur YouTube. Vous devez bien sûr avoir ouvert un compte pour le faire. Et bien sûr, si vous n'avez jamais placé de vidéo sur YouTube, cet écran sera vide, même si vous êtes dûment connecté.

- **Historique :** donne accès à la liste de toutes les vidéos que vous avez récemment regardées.

Regarder des vidéos sur YouTube

Pour regarder une vidéo, il suffit de la toucher. Elle se charge et, après une brève attente – la durée dépend du débit de la connexion Wi-Fi ou 3G – elle apparaît dans une fenêtre.

Les commandes décrites dans cette section devraient être visibles. Si ce n'est pas le cas, touchez la vidéo pour les faire apparaître. Bon nombre de ces commandes sont identiques à celles décrites au Chapitre 9, mais les vidéos de YouTube ont aussi leurs propres commandes, notamment celles qui servent à ajouter la vidéo aux favoris ou dans une liste de lecture, à partager la vidéo avec vos amis, à la noter, et d'autres encore comme le révèle la Figure 6.11.

Figure 6.11 : Les commandes vidéo de YouTube (extrait du film Le mépris de Jean-Luc Godard).

Le bandeau gris tout en haut de l'écran contient, de gauche à droite, le bouton Précédent – qui porte la mention Cotées, car c'est cet écran qui était affiché avant de regarder cette vidéo –, le nom de la vidéo en cours de lecture, et le champ Rechercher.

Quatre boutons se trouvent sous le bandeau gris :

- **Ajouter :** place la vidéo dans la liste des favoris ou dans une liste de lecture.

- **Envoyer :** ouvre un nouveau message dont l'objet est le titre de la vidéo, et le message lui-même le texte suivant : «Voici une vidéo à ne pas manquer sur YouTube», suivi du lien. Touchez le bouton bleu «+» pour choisir un destinataire dans la liste de vos contacts, ou saisissez manuellement l'adresse, puis touchez le bouton Envoyer.

- **Évaluer :** permet de noter la vidéo de zéro à cinq étoiles.

- **Signaler :** affiche un bouton Vidéo inconvenante.

Un autre bandeau se trouve sous la vidéo avec, de gauche à droite, le bouton Lecture/Pause, le défileur, la tête de lecture et une icône en double flèche inclinée. Cliquez dessus pour visionner la vidéo en plein écran.

Un jeu de commandes légèrement différent est affiché pendant que vous regardez une vidéo. Touchez brièvement la vidéo pour les faire disparaître. Le seul bouton moins explicite est celui présent dans le coin supérieur droit. Il évoque, soit un écran panoramique entre deux bandes noires horizontales, soit un écran de télévision avec deux triangles ; il sert à passer de l'affichage normal à l'affichage panoramique. Touchez le bouton Terminé, en haut à gauche de l'écran, ou les petites flèches, pour revenir à l'écran Infos (voir Figure 6.11).

Et enfin, un autre bandeau gris, sous le défileur, contient quatre autres boutons : Infos, Similaires, Du même auteur et Commentaires. Touchez l'un de ceux-ci pour accéder à tel ou tel type d'information concernant la vidéo.

Restreindre l'usage de YouTube

Si vous prêtez votre iPad à l'un de vos enfants ou à un collègue, vous ne tenez peut-être pas à ce qu'ils passent leur temps à regarder les vidéos de YouTube. Vous préférez qu'il fasse ses devoirs (pfff…) ou s'occupe du budget prévisionnel (pfff…).

C'est là que les restrictions parentales – ou patronales – entrent en jeu. Notez bien que votre popularité risque d'en prendre un coup et que la révolte, que dis-je, la révolution grondera.

Voici comment restreindre l'usage de YouTube :

1. **Touchez Réglages > Général > Restrictions.**

2. **Touchez le bouton Activer les restrictions.**

3. **Lorsque cela vous est demandé, établissez ou saisissez à deux reprises un mot de passe à quatre chiffres.**

4. Touchez le bouton YouTube afin que le commutateur désactive cette fonctionnalité.

Lorsque YouTube a été complètement interdit, l'icône YouTube présente sur l'écran d'accueil ne réagit plus. Il en va de même pour d'autres activités restreintes. Pour rétablir YouTube ou d'autres fonctionnalités, retournez dans Restrictions puis touchez Désactiver les restrictions. Vous devrez fournir le mot de passe pour valider l'opération.

 Des restrictions peuvent aussi être appliquées à iTunes, Safari, l'App Store, à l'installation de nouvelles applications, à la géolocalisation, comme vous le constaterez en explorant davantage la fonction Réglages.

Les réseaux sociaux

Votre iPad n'est pas équipé d'office d'une application de réseau social, mais vous pouvez en ajouter afin de joindre l'un des grands réseaux que sont Facebook, MySpace et Twitter.

Ça, c'est la bonne nouvelle. La mauvaise nouvelle, c'est qu'au moment où ces lignes sont écrites, aucun de ces trois réseaux ne proposait d'application spécifiquement développée pour l'iPad. Cela ne devrait pas tarder, mais en attendant, nous devons nous rabattre sur les applications pour iPhone fonctionnant à la résolution de l'écran de l'iPad.

Notez qu'une application n'est pas indispensable pour se joindre à un réseau social. Les trois réseaux mentionnés précédemment sont accessibles avec Safari. Et contrairement à l'iPhone où Safari était fort à l'étroit sur le petit écran, les sites Web sont parfaitement à l'aise sur l'iPad. Donc, si vous voulez vous joindre à un réseau social sans passer par leur application spécifique, voici leur URL :

- Facebook : `www.facebook.com`
- MySpace : `www.myspace.com`
- Twitter : `http://twitter.com`

Vous n'avez donc plus d'excuses pour ne pas vous joindre à l'un de ces réseaux sous prétexte que l'application correspondante n'existe pas encore.

Game Center

Ce «centre de jeux» fait un peu bande à part car il n'est lié à aucun site Web. Vous ne pouvez y accéder qu'à l'aide de l'application Game Centrer livrée avec votre iPad, et seulement à condition d'avoir installé certains jeux dans l'iPad, à partie de l'option Jeux du Game Center, après avoir ouvert un compte (Figure 6.13). Vous devez aussi avoir ajouté des amis. Pour cela, touchez le bouton Amis, en bas du Game Center, et envoyez une invitation à un ou plusieurs de vos amis.

Figure 6.12 : Pour jouer dans le Game Center, vous devez d'abord télécharger des jeux.

Le Game Center est une interface de communication permettant de jouer avec d'autres personnes utilisant un iPad, un iPhone ou un iPod Touch.

Pour qu'un réseau social de jeux fonctionne, il faut qu'il propose de nombreux jeux et que de nombreux joueurs puissent être joignables. Ce n'est hélas pas encore le cas. Certains comme *Angry Birds, Real Racing HD*, le flipper *Pinball HD* et *World Series of Poker* connaissent toutefois un grand succès.

Où trouver des apps
pour l'iPad

* *

Dans ce chapitre :

- Parcourir les apps.
- Rechercher des apps spécifiques.
- Installer les apps dans l'iPad.
- Gérer les apps.
- Mettre les apps à jour afin de les améliorer.
- Donner votre opinion sur les apps.
- Signaler une app récalcitrante.

* *

Ce qui est intéressant, avec l'iPad, c'est la possibilité de télécharger et d'installer des applications – des apps, en jargon Apple – qui n'ont pas été créées par Apple, ni par vous, mais par d'autres éditeurs, d'où leur nom : des «applications tierces». Au moment où ces lignes sont écrites, plus de 300 000 applications sont disponibles dans l'App Store d'iTunes. Les possesseurs d'iPhone, d'iPod Touch et d'iPad en ont téléchargé plus de dix milliards, excusez du peu. Beaucoup sont gratuites, d'autres payantes. Certaines sont utiles, d'autres franchement nulles. Certaines se comportent à merveille, d'autres, programmées n'importe comment, font du n'importe quoi. Bref, certaines sont meilleures que d'autres.

Les différentes apps

Les apps permettent d'utiliser l'iPad comme s'il était une console de jeu, ou un lecteur de vidéo à la demande, un livre de recettes, un carnet de croquis, et bien d'autres choses encore. Trois catégories d'apps sont utilisables sur un iPad :

- **Les apps développées exclusivement pour l'iPad :** ce sont les plus récentes, et forcément les moins nombreuses. Comme elles ne sont pas du tout prévues pour fonctionner sur un iPhone ou sur un iPod Touch, ce n'est pas la peine d'essayer de les installer sur ces appareils.

- **Les apps conçues pour fonctionner indifféremment sur un iPad, un iPhone ou un iPod Touch :** ce type d'apps est affiché à la pleine résolution de chacun de ces appareils, soit 1024 × 768 pixels pour l'iPad, et 320 × 480 pixels pour les deux autres.

- **Les apps destinées à l'iPhone et à l'iPod Touch :** elles fonctionnent sur l'iPad, mais seulement à la résolution des iPhone et iPod Touch (320 × 480 pixels), des iPhones 4 à écran Retina (640 × 960 pixels) et non à la pleine résolution des iPad et iPad 2 qui est de 1024 × 768 pixels.

Vous pouvez doubler la taille d'affichage d'une application pour iPhone et iPod Touch en touchant le petit bouton « 2× », en bas à droite de l'écran. Touchez le bouton « 1× » pour revenir à la taille d'origine.

La plupart des apps pour iPhone et iPod Touch ont belle apparence au double de leur taille, mais nous en avons rencontré certaines dont le graphisme était pixellisé, avec

des effets d'escalier. Vous devriez néanmoins trouver
votre bonheur parmi les 300 000 apps.

La Figure 7.1 montre la différence entre l'affichage
grandeur nature d'une app pour iPhone et iPod Touch, et
l'affichage au double de sa taille.

Figure 7.1 : Une application pour iPhone ou iPod Touch est affichée en petit (à
gauche), mais elle peut être affichée au double de sa taille (à droite).

Des apps pour iPad peuvent être obtenues et installées de
deux manières :

- Sur votre ordinateur.
- Sur votre iPad.

Pour accéder à l'App Store avec votre iPad, ce dernier
doit être connecté à Internet. Une app présente dans
votre ordinateur n'est disponible dans l'iPad qu'après
avoir effectué la synchronisation.

Mais pour pouvoir faire votre petit marché sur l'App
Store, vous devrez d'abord ouvrir un compte sur iTunes
Store. Si vous ne l'avez pas encore fait, nous vous recom-
mandons de démarrer iTunes sur votre ordinateur, de

cliquer sur Ouvrir une session, en haut à droite d'iTunes, puis de cliquer sur le bouton Créer un nouveau compte et de suivre les instructions.

Sans un compte sur iTunes Store, vous ne pourrez télécharger aucune application ni aucun livre numérique.

Trouver des apps depuis votre ordinateur

Commençons par trouver des apps à partir de la version d'iTunes installée dans votre ordinateur, en procédant comme suit :

1. **Démarrez iTunes.**

2. **Dans le volet de gauche, cliquez sur le bouton iTunes Store.**

3. **Cliquez sur le lien App Store.**

   Vous entrez dans la boutique virtuelle App Store.

4. **(Facultatif) Cliquez sur l'onglet iPad.**

   Vous arrivez au rayon des applications destinées uniquement à l'iPad (Figure 7.2).

Parcourir l'App Store depuis votre ordinateur

Arrivé dans l'App Store, vous pouvez parcourir ses rayons virtuels. Visitons ceux auxquels l'on accède par l'écran principal.

Le rayon principal occupe le milieu de l'écran. L'accès aux autres rayons s'effectue au travers des colonnes de gauche ou de droite. Commençons par visiter le rayon situé au milieu de l'écran :

Figure 7.2 : Le rayon des apps pour iPad, dans l'App Store d'Apple.

✔ **Nouveautés :** les douze icônes affichées dans ce rayon représentent les dernières apps arrivées dans le magasin.

Une douzaine d'icônes seulement sont visibles, mais le rayon Nouveautés en contient bien davantage. Cliquez sur le lien Tout afficher, à droite du titre Nouveauté, et vous accéderez à l'ensemble des nouveautés. Ou alors, cliquez sur la barre de défilement située sous les icônes et tirez-la vers la droite pour voir les autres icônes.

✔ **Actualités :** ce rayon aussi n'affiche que douze icônes, mais d'autres sont visibles, soit en cliquant sur Tout afficher, soit en actionnant la barre de défilement horizontale.

✔ **Recommandées :** vous trouvez ici les apps recommandées par les responsables du magasin.

Apple refait souvent la décoration de ses magasins. C'est pourquoi la présentation des écrans de l'Apple Store peut varier quelque peu de celle montrée ici. Remarquez la publicité placée entre les rayons Nouveauté et Actualités.

Trois autres rayons apparaissent à droite, sous l'en-tête Classements : Apps payantes, puis l'un de nos rayons préférés, Apps gratuites, et enfin Les plus rentables. L'icône de l'application placée en tête est affichée, avec son nom et sa catégorie. Pour les autres, seul le texte est mentionné.

Enfin, le lien App Store, dans la barre de menus noire en haut de la boutique, déroule un menu contenant le nom de diverses catégories comme Livres, Photographie, Style de vie… Elles permettent de trouver plus rapidement une application.

Le champ Rechercher

Parcourir la boutique virtuelle est agréable, mais si vous savez exactement ce que vous cherchez, nous avons pour vous une bonne et une mauvaise nouvelle. La bonne nouvelle est que vous gagnerez du temps : saisissez un mot dans le champ en haut à droite d'iTunes, comme à la Figure 7.3, et appuyez sur la touche Retour ou Entrée pour démarrer la recherche. Cliquez éventuellement sur le lien Tout afficher, à droite d'un titre, pour accéder un affichage plus spécifique à la recherche.

La mauvaise nouvelle est que la recherche porte sur la totalité de l'App Store, y compris les morceaux de musique, les séries télévisées, les podcasts, *etc.*

Il reste heureusement quelques bonnes nouvelles. Le résultat des recherches est classé par catégories et, lorsque vous cliquez sur le lien Tout afficher, dans la catégorie Apps pour iPad, seule la catégorie en question est alors affichée.

Figure 7.3 : Une recherche avec comme critère « le monde ».

 Le petit triangle à droite du prix contient un menu déroulant (voir Figure 7.3) permettant de faire cadeau de l'app à quelqu'un, de l'ajouter à votre liste de souhaits, d'envoyer son lien par courrier électronique ou de copier le lien dans le Presse-papiers afin de le coller où bon vous semble, ou encore de partager cet élément sur Facebook ou sur Twitter.

S'informer sur une application

Maintenant que vous savez où trouver des apps dans l'App Store, voyons comment en savoir plus sur une application qui vous intéresse.

Pour cela, cliquez sur l'icône ou le nom de l'application. Un écran semblable à celui de la Figure 7.4 apparaît.

Cet écran vous apprend tout sur l'application, notamment sa version, les langues prises en charge ou les appareils avec lesquels elle est compatible.

Figure 7.4 : Les détails de l'application Le Monde.

Trouver la description complète d'une application

Remarquez le lien Suite, à droite de la rubrique Description. Cliquez dessus pour obtenir des informations supplémentaires.

N'oubliez pas que la description de l'application a été rédigée par son développeur, et qu'elle peut de ce fait être quelque peu tendancieuse. Mais nous vous indiquerons d'ici peu où trouver des avis écrits par des utilisateurs (et parfois, hélas, par des gens qui ne l'ont pas même téléchargée).

Le classement des apps

Dans la colonne de gauche de la description, l'app du quotidien *Le Monde* est classée 9+. Voici à quoi correspondent les différents classements :

- **4+ :** application ne comportant aucun contenu inconvenant. (NdT : dans le menu App Store, en haut de l'écran, la catégorie Apps pour enfants contient des applications spécialement conçues pour les utilisateurs de cette classe d'âge).

✔ **9+ :** peut représenter de manière modérée et peu fréquente des représentations de violences fictives ou réalistes, ou des thèmes adultes, d'horreur ou suggestifs, pouvant ne pas être adaptés à des enfants de moins de 9 ans.

✔ **12+ :** peut contenir un langage parfois grossier, des représentations fréquentes de violences fictives ou réalistes, des thèmes adultes ou suggestifs modérés ou peu fréquents, ou des simulations de jeux de hasard ne convenant pas aux enfants de moins de 12 ans.

✔ **17+ :** peut contenir un langage souvent très ordurier, de nombreuses représentations graphiques de violence fictive ou réaliste, des références à des thèmes suggestifs ou d'horreur, du contenu à caractère sexuel et des scènes de nudité, des représentations d'alcool, de tabac et de toxicomanies inadaptées aux moins de 17 ans. Il faut être âgé d'au moins 17 ans pour acheter des applications classées dans cette catégorie.

Les liens à suivre

À la fin de la page se trouve un bandeau gris clair contenant des liens apparentés à l'application décrite. Par exemple, le bandeau de l'application du magazine *Géo* contient des onglets pointant vers l'éditeur Prima Presse, et affiche les apps qu'il a développées (pour le moment, uniquement celle de *Géo*, mais d'autres titres du groupe s'y ajouteront sans doute dans les mois à venir).

Le matériel et la configuration

Nous avons signalé à la section « Les différentes apps » que les applications ne sont pas compatibles avec tous les appareils Apple. Si à la rubrique Configuration, dans la colonne de gauche, vous trouvez la mention « Compatible avec iPad. Nécessite le système d'exploitation iPhone 3.2

ou ultérieur», sans aucune allusion à l'iPhone et à l'iPod Touch, cette application a été développée uniquement pour l'iPad. Un autre indice figure sous le prix de l'application. Exemple : «Cette app a été développée pour l'iPhone et l'iPad» et un autre est représenté par les captures d'écran, selon que l'onglet iPhone ou iPad est sélectionné ou non (voir Figure 7.4).

Si une application appartient à la deuxième ou à la troisième catégorie – prévue pour l'iPhone, l'iPod Touch et l'iPad –, le descriptif mentionne «Compatible avec l'iPhone, l'iPod Touch et l'iPad», au lieu de seulement «Compatible avec l'iPad».

Vous vous demandez peut-être comment déterminer si une application appartient à la première catégorie ou à la deuxième. Pour cela, observez les onglets à droite de Captures d'écran. S'ils sont au nombre de deux, iPhone et iPad, l'application appartient à la deuxième catégorie ; elle fonctionnera à la pleine résolution sur l'iPhone, l'iPod Touch et l'iPad. En revanche, si seul le titre de rubrique Capture d'écran iPhone est affiché, sans onglet, l'application sera utilisée sur l'iPad avec la résolution réduite de l'iPhone et de l'iPod Touch.

Un moyen sûr de n'afficher que les apps utilisant pleinement le grand écran de l'iPad est de cliquer sur l'onglet iPad, dans la page d'accueil de l'App Store (voir Figure 7.2). Toutes les applications qui s'y trouvent appartiennent à la première et/ou à la deuxième catégorie, et sont de ce fait affichées à la résolution maximale de l'iPad.

Consulter les avis des utilisateurs

Faites défiler la page décrivant l'application. À la fin se trouve le classement des utilisateurs, exprimé au travers d'une note de zéro à cinq étoiles. Une note moyenne d'au moins quatre étoiles est un bon score, surtout si beaucoup d'avis ont été émis.

Lisez chacun des avis. Ils sont souvent très controversés : certains utilisateurs l'apprécient et d'autre pas. N'oubliez pas de cliquer sur les numéros de page, à droite du titre de rubrique Avis des utilisateurs, afin de parcourir l'ensemble des messages.

Remarquez le menu au-dessus des numéros de page. Il permet de trier l'ensemble des avis selon quatre critères : Les plus utiles, Les plus favorables, Les plus critiques, Les plus récents.

Télécharger une application

Cette opération est simple. Si une application vous tente, cliquez sur le bouton Acheter l'app ou App gratuite, dans le descriptif, ou sur le bouton Acheter ou Gratuite, dans le rayon du magasin virtuel. Il vous est ensuite demandé de vous connecter à votre compte iTunes Store, même si l'application est gratuite.

Figure 7.5 : Les apps téléchargées sont stockées dans la catégorie Applications de la bibliothèque iTunes.

La connexion établie, le téléchargement de l'application commence. Elle apparaît ensuite dans la catégorie Applications de la bibliothèque iTunes, comme le montre la Figure 7.5.

Le téléchargement d'une application n'est que la première phase de son installation dans l'iPad. Vous devrez ensuite la synchroniser afin qu'elle soit disponible dans votre iPad. Le Chapitre 3 explique en détails comment effectuer une synchronisation.

Soit dit en passant, si votre bibliothèque d'applications ne se présente pas comme celle de l'illustration, avec de grandes icônes, cliquez sur le bouton du milieu, parmi l'ensemble des trois boutons à gauche du champ Recherche. Le bouton de droite affiche les applications sous forme de liste, celui de gauche les montre en mode Cover Flow.

La mise à jour des apps

De temps en temps, le développeur d'une application propose une mise à jour. Elle apporte de nouvelles fonctionnalités, ou élimine un bogue, ou fait parfois les deux. Quoi qu'il en soit, ces mises à jour sont généralement une bonne chose pour vous et pour votre iPad. C'est pourquoi il est conseillé de les rechercher fréquemment.

Pour cela, en bas à droite d'iTunes, cliquez sur le lien Rechercher les mises à jour. S'il en existe, le même lien indique le nombre de mises à jour disponibles.

Un autre moyen de se renseigner sur les mises à jour consiste à cliquer sur le chiffre qui apparaît à côté d'Applications, dans le volet de gauche.

Pour procéder aux mises à jour, cliquez sur le bouton Télécharger toutes les mises à jour, à côté de chaque application. Quand vous procédez de cette manière, la nouvelle version est installée à la prochaine synchronisation.

Il existe un autre moyen de savoir si des mises à jour sont disponibles : un chiffre apparaît sur l'icône App Store de l'iPad, dans le coin en haut à droite.

Cliquer sur le lien Plus l'application, à droite du lien Rechercher les mises à jour, mène à la page principale de l'Apple Store.

Trouver des Apps à partir de l'iPad

Trouver des apps en utilisant l'iPad est tout aussi facile qu'avec iTunes. La seule obligation est d'avoir établi une connexion Internet (Wi-Fi ou 3G) afin d'accéder à l'App Store.

Parcourir l'App Store avec l'iPad

Pour commencer, touchez l'icône App Store, sur l'écran d'accueil de l'iPad. Arrivé dans l'App Store, cinq icônes apparaissent en bas de l'écran (Figure 7.6). Elles représentent les quatre moyens d'interagir avec la boutique virtuelle : Sélection, Genius, Classements et Catégories servent à parcourir les rayons de l'App Store. La cinquième icône, Mises à jour, est décrite un peu plus loin.

Voici à quoi servent ces icônes :

- **Sélection :** trois onglets se trouvent en haut de l'écran : Nouveautés, Actualités et Date de sortie. Chacun contient une page remplie d'applications.

- **Genius :** cette option doit d'abord être activée en touchant le bouton Activer Genius. Il apparaît dès la première tentative d'accès. Ceci fait, deux onglets sont accessibles : Apps pour iPad, qui affiche les recommandations d'achats de Genius basées sur les apps que vous possédez d'ores et déjà, et Mises à niveau iPad.

- **Classements :** contient la liste des applications payantes et la liste des applications gratuites. Ce sont bien sûr les applications les plus téléchargées, qu'elles soient payantes ou gratuites.

Figure 7.6 : Les icônes tout en bas de l'écran représentent quatre rayons de la boutique virtuelle App Store.

Un bouton Catégories se trouve en haut à gauche de l'écran Classements. Touchez-le pour afficher une liste contenant des rubriques comme Divertissement, Jeux, Livres, Musique, Style de vie, Productivité, pour n'en nommer que quelques-unes. Touchez une de ces rubriques pour accéder à une page pleine d'applications de ce type.

La plupart des pages de l'App Store contiennent plus d'applications que l'écran ne peut en afficher. Quelques commandes permettent cependant de naviguer parmi de multiples pages :

✔ **Les petits triangles** à chaque extrémité d'une barre horizontale, en haut et en bas des rubriques Nouveautés et Recommandées sont en réalité des boutons. Touchez-les pour aller à la page suivante ou précédente.

✔ **Les petits points** au milieu de la barre horizontale en haut et en bas de la plupart des rubriques indiquent le nombre de pages de la rubrique. Le point blanc signale la page actuellement affichée.

✔ Enfin, **le lien Tout afficher,** en haut de la plupart des sections, montre toutes les applications de la rubrique dans un seul et même écran.

Le champ Recherche

Si vous savez exactement ce que vous recherchez, saisissez un ou plusieurs mots dans le champ Recherche, en haut à droite de l'écran. Touchez ensuite la touche Rechercher, sur le clavier virtuel, pour obtenir une liste d'applications.

Se renseigner sur une application

Maintenant que vous savez comment trouver des applications dans l'App Store, voyons comment en savoir plus sur l'une d'elles. Après avoir touché l'icône d'une application dans la boutique virtuelle ou dans les résultats, vous accédez à un écran comme celui de la Figure 7.7. Cliquez sur les nombreux Suite pour afficher l'intégralité des rubriques.

Rappelez-vous que la description d'une application est écrite par son concepteur, et qu'elle ne mettra donc en avant que les avantages.

L'information affichée sur l'iPad est similaire à celle affichée sur l'écran de l'ordinateur par iTunes, sauf que les liens, classements et configuration se trouvent ailleurs.

La partie réservée aux avis ne diffère guère de la version sur ordinateur. Pour les lire, faites défiler la page et vous trouverez le classement par étoiles. Touchez le lien Suite, en bas de la page, pour en lire davantage.

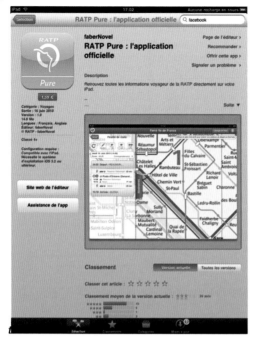

Figure 7.7 : Renseignez-vous toujours attentivement sur une application, surtout lorsqu'elle est payante.

Télécharger une application

Procédez comme suit pour télécharger une application dans votre iPad :

1. **Touchez le bouton mentionnant le prix, en haut de l'écran contenant la description.**

   C'est un rectangle gris qui, après avoir été touché, affiche la mention Acheter l'app ou Installer l'app.

2. **Touchez le bouton Acheter l'app ou Installer l'app.**

3. **Le mot de passe de votre compte iTunes Store vous est demandé. Saisissez-le.**

L'App Store se ferme et vous voyez maintenant l'écran d'accueil dans lequel la nouvelle application sera placée. Elle est assombrie et le mot Attente (le temps que la connexion avec le fichier s'établisse) puis Chargement apparaît dessous. Une barre de progression, sur l'icône, indique l'avancement du téléchargement (voir Figure 7.8). Elle est ensuite automatiquement installée et puis prête à l'emploi.

Figure 7.8 : De gauche à droite, le chargement d'une application suivi de son installation, puis l'application prête à être utilisée.

4. **(Facultatif) Si l'application est classée 17+, cliquez sur OK sur l'écran d'alerte qui apparaît après la saisie du mot de passe, afin de confirmer que vous avez au moins 17 ans.**

 L'application se trouve maintenant dans votre iPad, mais elle ne sera copiée dans la bibliothèque iTunes de votre ordinateur qu'au moment de la prochaine synchronisation. Si la mémoire de l'iPad était soudainement vidée, ce qui est rarissime, ou si vous supprimiez l'application avant la synchronisation, elle disparaîtrait définitivement.

 La bonne nouvelle, c'est qu'après avoir payé une application, vous pouvez de nouveau la télécharger dans votre ordinateur avec iTunes ou depuis l'App Store avec l'iPad sans avoir à la payer de nouveau.

Après avoir téléchargé une application avec l'iPad, elle est transférée vers la bibliothèque Applications d'iTunes dès la prochaine synchronisation.

La mise à jour des apps

Comme mentionné précédemment dans ce chapitre, la plupart des applications sont assez régulièrement mises à jour. Si une mise à jour est disponible, un chiffre dans un

rond est affiché sur l'icône Mises à jour, en bas de l'écran.
Procédez comme suit pour les appliquer :

1. **Touchez le bouton Mises à jour.**

   Si après avoir touché le bouton, un message indique
   que toutes les applications sont à jour, il est inutile
   de continuer. Autrement, si des mises à jour sont
   nécessaires, un bouton Mise à jour est affiché à côté
   de chaque application.

2. **Touchez le bouton Mises à jour, visible à côté d'une
   application.**

   Si plusieurs mises à jour sont disponibles, vous
   pouvez les installer toutes en même temps en
   touchant le bouton Tout mettre à jour, dans le coin
   supérieur droit de l'écran.

Quand vous tentez de mettre à jour une application
achetée avec un autre compte iTunes que le vôtre, l'identifiant et le mot de passe de cet autre compte vous seront
demandés. Si vous ne les possédez pas, la mise à jour ne
sera pas possible.

Utiliser des applications

Vous devez surtout savoir comment télécharger une application. Mais il peut aussi être utile de savoir comment
donner un avis, signaler un problème ou la supprimer.

Supprimer une application

Une application peut être supprimée de deux manières :
dans l'ordinateur avec iTunes, ou directement depuis
l'iPad.

Pour supprimer une application dans iTunes, cliquez
sur l'onglet Applications, dans le volet de gauche, puis
exécutez l'une de ces opérations :

 ✔ Cliquez sur l'application afin de la sélectionner.
   Appuyez ensuite sur la touche Retour arrière ou
   Supprimer.

✔ Cliquez sur l'application afin de la sélectionner, puis choisissez Édition > Supprimer.

✔ Cliquez du bouton droit (ou Ctrl + clic sur un Mac) sur l'application, puis choisissez Supprimer.

Après avoir exécuté l'une de ces actions, une boîte de dialogue vous demande de confirmer la suppression de l'application. Cliquez sur le bouton Supprimer pour effacer l'application de la bibliothèque iTunes, ainsi que dans l'iPad lors de la synchronisation.

Bouton de suppression

Figure 7.9 : Touchez les petits signes × puis touchez le bouton Supprimer pour ôter les applications de l'iPad.

Voici maintenant comment supprimer une application de l'iPad :

1. **Touchez continûment une icône – n'importe laquelle – jusqu'à ce qu'elle se mette à vibrer.**

2. **Touchez le petit signe × en haut à gauche de l'application à supprimer, comme le montre la Figure 7.9.**

   Une boîte de dialogue vous informe que supprimer cette application supprime également toutes ses données.

3. **Touchez le bouton Supprimer.**

   Pour que les boutons cessent de vibrer, appuyez sur le bouton principal ou sur le bouton Marche/Veille.

Supprimer une application de l'iPad comme nous venons de l'expliquer ne l'élimine pas définitivement. Elle subsiste dans la bibliothèque iTunes jusqu'à ce que vous la supprimiez également de cet emplacement, comme décrit précédemment dans ce chapitre. Autrement dit, une application supprimée dans l'iPad se trouve encore dans la bibliothèque iTunes. Pour l'éliminer complètement, elle doit être éliminée de ces deux emplacements.

Vous pouvez aussi faire vibrer les icônes afin de les repositionner ou les placer sur une autre page d'accueil, comme expliqué au Chapitre 3. Tirez une icône qui vibre pour la placer ailleurs. En la tirant vers le bord droit ou gauche de l'écran, vous la placez dans la page suivante ou précédente. Deux icônes supplémentaires peuvent aussi être placées dans le Dock, où se trouvent déjà Safari, Courrier, Photos et iPod.

Donner son avis sur une application

Procédez comme suit pour dire ce que vous pensez d'une application :

1. **Naviguez jusqu'à la page des détails de l'application, dans l'App Store.**

2. **Faites défiler la page pour arriver à la rubrique Avis des utilisateurs, puis cliquez sur le lien Donner votre avis ou Soyez le premier à donner votre avis.**

Vous ne pouvez donner un avis qu'à propos d'une application que vous possédez. Le mot de passe d'iTunes Store peut vous être demandé.

3. **Cliquez sur l'une des étoiles pour noter l'application de « Je déteste » (une étoile) à « J'adore » (cinq étoiles).**

4. **Dans le champ Titre, saisissez le titre de votre critique.**

5. **Dans le champ Avis, saisissez votre critique de l'application.**

   Elle est limitée à 6 000 signes.

6. **Cliquez sur le bouton Envoyer.**

   Un aperçu de votre avis est affiché. S'il paraît satisfaisant, confirmez l'envoi. Autrement, cliquez sur le bouton Modifier.

Procédez comme suit pour donner votre avis à partir de l'iPad :

1. **Touchez l'icône App Store pour accéder à la boutique en ligne.**

2. **Naviguez jusqu'à l'écran des détails de l'application.**

3. **Descendez en bas de la page, puis touchez le lien Donner votre avis.**

   Vous devrez peut-être fournir votre mot de passe pour l'iTunes Store.

4. **Touchez l'une des cinq étoiles en haut de la fenêtre afin de noter l'application.**

5. **Dans le champ Titre, saisissez le titre de votre critique.**

6. **Dans le champ Avis, saisissez votre critique de l'application.**

7. **Touchez le bouton Envoyer, en haut à droite du panneau.**

Quelle que soit la manière choisie, Apple lit votre critique et la publie si elle ne contrevient pas à ses règles (non écrites). Un jour ou deux plus tard, elle apparaît dans la rubrique Avis des utilisateurs.

Signaler un problème

De temps en temps, vous téléchargez une application qui ne fonctionne pas correctement, bloque l'iPad ou y sème la pagaille. Il est alors vivement recommandé de signaler le problème afin qu'Apple et le programmeur en prennent connaissance et le résolvent.

Quand vous tentez de signaler un problème depuis iTunes, à partir de l'ordinateur, vous cliquez un certain nombre de fois pour finir sur une page Web vous informant que si vous rencontrez un problème avec une application, vous devez le signaler au développeur de l'application en allant sur son site Web. Pas la peine d'insister…

Il est cependant possible de signaler un problème depuis l'iPad. Voici comment :

1. **Touchez l'icône App Store pour accéder à la boutique en ligne.**

2. **Naviguez jusqu'à la page des détails de l'application.**

3. **Touchez le lien Signaler un problème, en haut à droite de l'écran.**

   Vous devrez peut-être fournir le mot de passe pour l'iTunes Store.

4. **Touchez l'une des trois options correspondant au type de problème que vous signalez : Cette application comporte un bogue, Le contenu de cette application est offensant ou Autre type de problème.**

5. **Décrivez le problème dans le champ Annotation.**

6. **Touchez le bouton Signaler, en haut à droite de l'écran, pour envoyer votre signalement.**

Troisième partie

L'iPad travail et l'iPad loisirs

« Tu as remarqué une augmentation
du flux de données, toi ? »

Dans cette partie...

Votre iPad est sans doute le meilleur iPod jamais inventé. Nous aborderons ici l'aspect multimédia de votre tablette : l'audio, la vidéo, les photos et les livres. Jamais une tablette n'a été aussi plaisante à utiliser.

Nous commencerons par le plaisir d'écouter de la musique, des podcasts et des livres audio. Puis nous visionnerons quelques vidéos. Nous commencerons par voir où trouver des vidéos sympas pour l'iPad, et comment les regarder.

Au Chapitre 10, vous apprendrez tout ce qu'il faut savoir pour gérer et afficher des photos : où les trouver, comment utiliser la remarquable fonction Cadre photo numérique, comment créer et afficher des diaporamas, et beaucoup d'autres choses.

Au Chapitre 11, vous visiterez la nouvelle boutique virtuelle d'Apple : l'iBook Store. Vous serez heureux d'apprendre combien de livres vous pouvez transporter dans un iPad sans avoir à traîner « un cartable lourd comme un cheval mort », ainsi que le chantait Renaud dans *C'est quand qu'on va où ?*

Le Chapitre 12 se veut productif. Vous apprécierez l'application Notes pour coucher sur papier (virtuel) les idées qui vous viennent à l'esprit. Vous apprendrez aussi à gérer vos rendez-vous avec Calendrier et Contacts. Vous découvrirez les applications de bureautique payantes que sont le traitement de texte Pages, le tableur Numbers et le logiciel de présentation Keynote.

Le son sur l'iPad

Dans ce chapitre :

- Découvrir l'iPod qui sommeille dans l'iPad.
- Parcourir la bibliothèque.
- Les fonctions audio.
- Personnaliser les fonctions audio.
- Les apps audio.

L'iPad est sans doute le meilleur des iPod, notamment pour l'audio et la vidéo. Ce chapitre est consacré aux fonctionnalités liées au son ; celles de la vidéo sont décrites au prochain chapitre.

Nous commencerons par un bref tour d'horizon des applications iPod pour l'iPad. Nous verrons ensuite comment utiliser l'iPad en tant que lecteur audio, puis comment personnaliser l'écoute selon vos préférences. Vous découvrirez quelques conseils pour exploiter au mieux les fonctions audio. Enfin, vous verrez comment acheter de la musique, des livres audio, des vidéos et d'autres choses encore avec iTunes, et comment télécharger du contenu gratuit, comme des podcasts.

Nous présumons que vous avez déjà procédé à la synchronisation avec l'ordinateur et que du contenu audio a été téléchargé dans l'iPad (morceaux de musique, podcasts ou livres audio). Si ce n'est pas le cas, nous vous suggérons de le faire, comme expliqué au Chapitre 3, avant de lire ce chapitre et le suivant.

L'iPod qui sommeille dans l'iPad

Pour utiliser l'iPad à la manière d'un iPod, touchez l'icône iPod, dans le Dock, tout en bas de l'écran.

Voici un rapide aperçu de ce que vous voyez lorsque l'iPod s'éveille :

- **La bibliothèque audio :** le volet à gauche de l'écran est celui de la bibliothèque audio de l'iPad. Elle contient tous les morceaux de musique, les podcasts, livres audio et listes de lecture que vous avez synchronisés ou achetés. Dans le cadre de cette démonstration, nous vous demanderons de toucher dès à présent le premier élément de la bibliothèque, nommé Musique.

  Le long du côté droit de l'écran se trouvent les lettres de l'alphabet (sauf si l'onglet Genres est sélectionné). Touchez l'une d'elles pour accéder directement aux éléments commençant par la lettre en question, lorsque vous parcourez la liste des morceaux, des artistes, des albums ou des compositeurs.

  Si la liste alphabétique n'est pas affichée à droite de l'écran, c'est soit parce que vous n'avez pas touché l'élément Musique, soit parce que vous avez sélectionné le dossier Genres.

- **Les commandes du lecteur :** en haut de l'écran, de gauche à droite, vous découvrez le réglage du volume, le bouton Redémarrer/Retour, le bouton Lecture/Pause, le bouton Avance rapide/Suivant et le champ Rechercher.

✔ **La liste de lecture et les onglets de navigation :**
en bas de l'écran, de gauche à droite, se trouve le
bouton « + » servant à ajouter de nouvelles listes
de lecture, le symbole Genius pour obtenir des
suggestions de listes de lecture, et quatre onglets :
Morceaux, Artistes, Albums et Genres.

Si les quatre onglets ne sont pas visibles en bas de
l'écran, c'est sans doute parce que vous n'avez pas
touché l'option Musique, comme nous vous avions
demandé de le faire au début de ce chapitre.

Nous examinerons de plus près toutes ces fonctionnalités
indiquées à la Figure 8.1.

La bibliothèque

L'élément Musique contient tous les morceaux de
musique stockés dans l'iPad, classés par titres, artistes,
albums, genres ou compositeurs, en fonction de l'onglet
sélectionné.

S'il semble que tous les titres ne soient pas affichés, c'est
peut-être parce que le champ Rechercher contient un
critère de filtrage.

Rechercher un morceau

Un titre, artiste, album, genre ou compositeur peut être
trouvé de différentes manières. L'application iPod ouverte,
le meilleur moyen consiste à saisir un nom dans le champ
Rechercher, en haut à droite de l'écran.

Vous pouvez aussi trouver des morceaux de musique sans
ouvrir l'application iPod, en tapant leur titre ou le nom
de l'artiste dans le champ Spotlight, comme expliqué au
Chapitre 2.

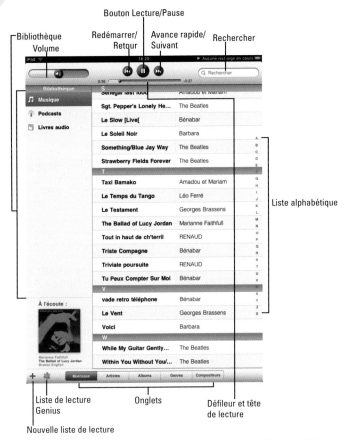

Figure 8.1 : Voici les différents éléments de la fonction iPod de l'iPad.

Parcourir les onglets

Si vous préférez parcourir la bibliothèque, touchez l'onglet Morceaux, Artistes, Albums, Genres ou Compositeurs. Vous pouvez aussi localiser de la musique en effleurant la liste vers le haut ou vers le bas afin de la faire défiler, ou en touchant une des lettres sur le bord droit de l'écran pour accéder aux éléments commençant par cette lettre (dans tous les onglets hormis Genres).

Après avoir trouvé ce que vous cherchez, voici que qui se passe en fonction de l'onglet sélectionné :

- **Morceaux :** le morceau choisi est lu.

  Si vous n'arrivez pas à vous décider pour un morceau, touchez le bouton Aléatoire, en haut de la liste. Le morceau sera ainsi choisi au hasard.

- **Artistes :** une liste de nom d'artistes est affichée. Touchez l'un d'eux et toute la liste des œuvres qu'il interprète apparaît. Touchez un morceau pour l'écouter. Touchez la couverture de l'album pour écouter tous les morceaux de l'album. La liste des artistes peut aussi être affichée en touchant le bouton Artistes à droite de *Bibliothèque,* en haut de l'écran, ou en touchant l'onglet Artistes en bas de l'écran.

  La Figure 8.2 montre l'écran après avoir touché le nom d'un artiste.

- **Albums :** le choix d'un album s'effectue à peu près de la même manière que celui d'un artiste, sauf que des couvertures d'albums sont affichées plutôt qu'une liste d'artistes. Touchez un album et son contenu apparaît dans un panneau flottant, comme à la Figure 8.3.

  Touchez un morceau de musique de l'album pour l'écouter. Pour revenir aux couvertures, touchez l'écran hors du panneau flottant.

- **Genres :** quand vous cliquez sur cet onglet, plusieurs genres – Chanson française, Jazz, Rock... – sont proposés. Touchez-en un pour filtrer les titres selon le genre sélectionné.

Si une liste de morceaux est trop longue, dans un panneau flottant, vous devrez la faire défiler vers le haut pour accéder au restant des morceaux.

Figure 8.2 : La liste des morceaux après avoir touché Buena Vista Social Club dans la liste des artistes (mais je continue à écouter Marianne Faithfull).

> ✔ **Compositeurs :** une liste de compositeurs apparaît. Touchez le nom de l'un d'eux et tous les morceaux qu'il a composés sont affichés. Touchez la couverture d'un album et tous les morceaux de cet album sont joués. Touchez l'onglet Compositeurs, en bas de l'écran, pour revenir à la liste des compositeurs.

Un dernier détail : les onglets en bas de la page ne sont pas affichés lorsque vous sélectionnez Podcasts, Livres audio ou iTunes U dans le volet de gauche.

Figure 8.3 : Des albums et, dans le panneau flottant, le contenu de l'album Reprise des négociations, de Bénabar.

Les commandes de lecture

Vous savez maintenant comment choisir un morceau de musique, mais aussi un podcast, un livre audio ou un cours iTunes U. Voyons à présent comment régler l'écoute lorsque l'iPad est en mode iPod.

Les commandes audio

Commençons par le commencement : nous étudierons ici les commandes que vous utiliserez après avoir touché le nom d'un morceau de musique, d'un livre audio ou d'un cours iTunes U. Reportez-vous à la Figure 8.1 pour voir où se trouvent les différentes commandes :

- **Volume :** tirez le point vers la droite ou vers la gauche pour augmenter ou réduire le volume sonore.

- **Redémarrer/Retour rapide :** pendant qu'un morceau est joué, touchez ce bouton une fois pour aller au début de la piste, ou deux fois pour aller au début de la piste précédente. Touchez et maintenez le doigt sur ce bouton pour rembobiner la piste deux fois plus vite.

- **Lecture/Pause :** touchez pour lire. Touchez pour suspendre la lecture.

- **Morceau suivant/Avance rapide :** touchez ce bouton pour passer au morceau suivant. Touchez continûment pour avancer deux fois plus vite.

Les commandes peuvent être affichées à tout moment pendant qu'un morceau est joué, en appuyant deux fois de suite, comme un double-clic, sur le bouton principal (voir Figure 8.4). Mieux, cette astuce fonctionne même lorsqu'une autre application est utilisée et/ou lorsque l'iPad est verrouillé.

Figure 8.4 : Un double-clic avec le bouton principal affiche ce panneau de commandes pendant la lecture d'un morceau, même lorsqu'une autre application est en service.

Le panneau de commandes n'est pas affiché lorsqu'une application possédant ses propres commandes audio – comme les jeux, une application d'enregistrement ou de téléphonie (comme Skype) – est utilisée.

- **Défileur et tête de lecture :** tirez le petit rond – la tête de lecture – le long de la barre du défileur afin de positionner l'écoute du morceau au moment désiré.

Quelle est la différence entre un artiste et un compositeur ?

Supposons que vous ayez enregistré dans la bibliothèque iTunes la Cinquième symphonie en Do mineur de Ludwig van Beethoven. Le compositeur est évidemment Beethoven tandis que l'artiste peut être le London Symphony Orchestra, le Los Angeles Philharmonic ou tout autre ensemble. Un autre exemple : la chanson Yesterday, composée par John Lennon et Paul McCartney, a été interprétée par des artistes comme les Beatles, Ray Charles, Boyz II Men, Marianne Faithfull et beaucoup d'autres.

Comment l'iPad obtient-il ces informations que vous ne lui avez pas fournies ? Cliquez sur une piste dans iTunes, dans l'ordinateur, choisissez Fichier > Obtenir des informations, puis cliquez sur l'onglet Infos.

Le panneau montre les informations incorporées dans le fichier audio. C'est parmi ces données que l'iPad trouve, entre autres, le nom du compositeur et de l'artiste.

La vitesse du défileur est réglable en tirant le doigt vers le bas, lorsque vous déplacez la tête de lecture sur le défileur. Plus vous tirez vers le bas, plus il est lent.

Ce n'est pas tout. Des commandes supplémentaires apparaissent après avoir touché l'illustration d'un album, dans la zone À l'écoute, en bas à gauche de l'écran, comme le montre la Figure 8.5.

Répéter

Lecture aléatoire

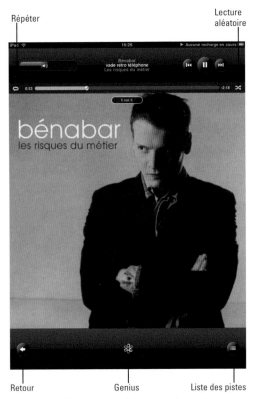

Retour   Genius   Liste des pistes

Figure 8.5 : Ces commandes apparaissent lorsque vous touchez l'illustration d'un album, dans la zone À l'écoute.

Nous avons vu comment utiliser les commandes de volume, de rembobinage et d'avance rapide, de passage au morceau suivant et précédent. Leur aspect est légèrement différent sur cet écran, mais leur fonctionnement est parfaitement identique. Les nouvelles commandes sont les suivantes :

✔ **Répéter :** touchez une première fois pour répéter tous les morceaux de la liste courante (liste de lecture, artiste, album, compositeur ou genre) et les réécouter sans fin. Touchez une deuxième fois pour répéter le morceau en cours à l'infini. Touchez de nouveau pour mettre fin à la répétition.

Le bouton devient bleu au premier toucher, noir au deuxième et blanc quand la répétition est désactivée.

✔ **Lecture aléatoire :** touchez ce bouton pour que les morceaux se succèdent au hasard. Touchez-le de nouveau pour qu'ils soient lus dans l'ordre où ils apparaissent à l'écran.

Figure 8.6 : Le morceau actuellement écouté vient d'être classé « quatre étoiles ».

✔ **Liste des morceaux :** touchez ce bouton pour voir toutes les listes de l'album contenant le morceau actuellement en cours de lecture, comme à la Figure 8.6.

Touchez un morceau, dans la liste, pour l'écouter. Effleurez les points sous le défileur pour noter le morceau de une à cinq étoiles.

Pourquoi noter les morceaux de musique ? L'une des raisons est la possibilité de les filtrer sur le Mac ou le PC. Une autre est la possibilité de créer des listes intelligentes dans iTunes.

✔ **Genius :** cette fonction est si sympa que nous lui avons accordé une section entière intitulée « Le génial Genius », un peu plus loin dans ce chapitre.

✔ **Précédent :** touchez ce bouton pour revenir à l'écran précédent.

Podcasts et livres audio

Les commandes d'un podcast ou d'un livre audio, affichées lorsque vous touchez la zone À l'écoute de l'illustration, sont un peu différentes. Les commandes de base ont été décrites dans la section précédente. Voici à présent celles qui sont propres aux podcasts et aux livres audio (voir Figure 8.7) :

✔ **Courrier électronique** (podcasts uniquement) : touchez ce bouton pour envoyer un courrier contenant le lien pointant vers ce podcast.

✔ **Vitesse de lecture :** touchez ce bouton pour passer de la vitesse normale (1×), double vitesse (2×), ou demi-vitesse (1/2×).

✔ **Répétition des 30 dernières secondes :** touchez ce bouton pour écouter les trente dernières secondes d'un podcast ou d'un livre audio.

Courrier électronique

Vitesse de lecture

Répétition des 30 dernières secondes

Figure 8.7 : Ces commandes sont propres aux podcasts et aux livres audio.

Le génial Genius

La fonction Genius sélectionne, dans la bibliothèque de musique, les morceaux qui vont bien ensemble. Touchez le bouton Genius, et l'iPad génère une liste de lecture de 25 morceaux choisis selon la plus ou moins similarité de leur style.

Pour utiliser la fonction Genius de l'iPad, vous devez l'activer dans iTunes sur votre ordinateur, puis synchroniser l'iPad au moins une fois.

Un bref interlude avec AirPlay

Une icône peut être présente ou non dans l'application iPod de votre iPad. Il s'agit du sélecteur iPad, illustré dans cet encadré.

Avant d'entrer dans les détails, signalons que AirPlay est une fonctionnalité intégrée à tous les systèmes d'exploitation iOS depuis la version 4.2. Elle permet de transmettre sans fil de la musique, des photos et de la vidéo par le truchement d'équipements compatibles AirPlay comme la borne Wi-Fi AirPort Extreme, la station de base Wi-Fi AirPort Express, un boîtier Apple TV, et aussi des périphériques comme des enceintes ou la TVHD.

Très timide, l'icône AirPlay ne consent à se montrer que si un équipement AirPlay a été découvert sur le réseau sans fil auquel l'iPad est raccordé. Il se trouve que Bob a installé Apple TV dans son salon, ce qui m'a permis d'essayer AirPlay.

Choisir l'option Famaly Room Apple TV envoie ce que Bob est en train d'écouter – All the girls love Alice, d'Elton John – vers la télé Apple de sa tanière. Cette dernière est reliée à son système de home cinema et à la TVHD par une connexion HDMI et un câblage audio optique.

Et ce n'est pas tout ! Quand vous utilisez un Apple TV comme périphérique privilégié pour AirPlay, vous pouvez acheminer vers la télé de la musique, de la vidéo et des photos depuis un Mac ou un PC, et cela même depuis votre iPhone.

Si le téléviseur est équipé d'une prise HDMI ou s'il est relié à une chaîne stéréo, vous adorerez l'Apple TV.

Quand vous touchez le bouton Genius sur l'écran principal (reportez-vous à la Figure 8.1) et qu'aucun morceau n'est actuellement lu, une liste alphabétique de morceaux apparaît. Vous devez en sélectionner un afin que la liste de lecture Genius puisse être sélectionnée.

Quand vous créez une liste de lecture Genius, un élément nommé Genius apparaît dans la bibliothèque. Touchez-le et vous verrez apparaître les 25 morceaux qu'il a sélectionnés, ainsi que trois boutons en haut à droite de la liste :

- **Nouveau :** sélectionne le morceau qui servira de base pour la création d'une liste de lecture Genius.

- **Actualiser :** affiche la liste de 25 autres morceaux d'un style proche de celui que vous écoutez ou que vous avez sélectionné.

- **Enregistrer :** enregistre la liste de lecture Genius afin de pouvoir la réécouter à volonté.

La liste de lecture Genius que vous enregistrez hérite du nom du morceau sur lequel elle est basée. Dans la bibliothèque, elle est accompagnée de l'icône Genius, semblable à celle du bouton Genius. Lors de la prochaine synchronisation de l'iPad, la liste de lecture Genius apparaîtra comme par magie dans iTunes.

Moins le morceau, l'artiste ou le genre est connu, et plus Genius risquera d'être pris au dépourvu. Dans ce cas, un message vous demande de réessayer parce que ce morceau n'est pas suffisamment lié à d'autres pour produire une liste de lecture Genius.

Vous pouvez aussi créer une liste de lecture Genius dans iTunes puis la synchroniser avec l'iPad.

Créer des listes de lecture

Les listes de lecture permettent de programmer des morceaux selon un thème ou une ambiance : airs d'opéra, ballades romantiques, déferlement de hordes sauvages, _etc_. Ces listes sont aussi appelées « mix ».

Les listes de lectures sont affichées en ordre alphabétique dans le volet de gauche, sous les rubriques Bibliothèque,

Store, *etc.* Bien qu'il soit plus facile de les créer avec iTunes, dans l'ordinateur, ce n'est guère plus compliqué avec l'iPad. Voici quelques recommandations :

✔ **Pour créer une liste de lecture sur l'iPad,** cliquez sur le bouton « + », en bas à gauche. Il vous sera demandé de la nommer. Touchez ensuite le bouton Enregistrer. Cela fait, une liste des morceaux de musique présents dans l'iPad est affichée, classée par ordre alphabétique. Touchez le morceau à ajouter à la liste de lecture ; il devient gris, comme le montre la Figure 8.8. Après avoir sélectionné tous les morceaux à placer dans la liste, touchez le bouton Terminé, sous le champ Recherche.

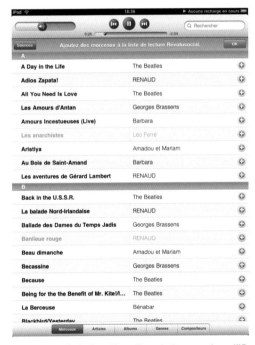

Figure 8.8 : Création d'une liste de lecture dans l'iPad.

✏ **Pour écouter une liste de lecture,** touchez son
nom dans la bibliothèque. La liste des morceaux est
aussitôt affichée. Si elle ne tient pas dans l'écran,
effleurez vers le haut afin de la faire défiler. Touchez
un morceau pour l'écouter. Lorsqu'il est terminé,
touchez le bouton Morceau suivant pour écouter
celui qui suit. Continuez ainsi jusqu'au dernier
morceau de la liste, après lequel l'iPad devient
silencieux.

Si la liste de lecture est une liste intelligente, vous
pouvez toucher le bouton de lecture aléatoire, en
haut de la liste, pour écouter un morceau choisi au
hasard dans la liste de lecture, ainsi que tous les
autres morceaux. Lorsque tous les morceaux de la
liste ont été écoutés, l'iPad est réduit au silence.

Une liste de lecture intelligente – qu'il est impossible
de créer dans l'iPad – est une liste spéciale dans
laquelle les morceaux sont ajoutés selon des critères
que vous avez spécifiés, comme le nom de l'artiste,
la date de création, le classement par étoiles,
le genre, l'année et bien d'autres encore. Dans
l'ordinateur, démarrez iTunes puis choisissez Fichier
> Nouvelle liste de lecture intelligente. Sélectionnez
ensuite les critères d'ajout à la liste de lecture (vous
pouvez en cumuler plusieurs) puis cliquez sur OK.

Personnaliser le volume et l'égaliseur

Si le niveau sonore varie d'un morceau à un autre, et que
cela vous gêne, vous pourrez y remédier dans iTunes, en
limitant notamment le volume maximal. L'égaliseur vous
permettra de régler les fréquences.

Tout écouter au même niveau sonore

L'option Égaliseur de volume d'iTunes règle automatiquement le niveau sonore des morceaux afin que le volume
soit relativement le même d'un morceau à un autre. Vous
réduisez ainsi le risque d'une agression sonore lorsque le

volume sonore d'un morceau est beaucoup plus fort que celui du morceau qui le précède. Cette fonctionnalité doit être activée dans la version d'iTunes de votre ordinateur. Voici comment :

1. **Choisissez iTunes > Préférences (Mac) ou Édition > Préférences (Windows).**

2. **Cliquez sur l'onglet Lecture.**

3. **Cochez la case Égaliseur de volume.**

Vous devez maintenant indiquer à l'iPad qu'il doit égaliser le volume :

1. **Sur l'écran d'accueil de l'iPad, touchez le bouton Réglages.**

2. **Dans la liste des réglages, touchez iPod.**

3. **Touchez le commutateur Égaliseur de volume afin qu'il soit actif.**

Régler l'égaliseur

Un *égaliseur* augmente ou réduit le volume dans des fréquences ou des plages de fréquences bien définies afin d'améliorer la restitution sonore. Certains réglages favorisent les basses fréquences, d'autres mettent les aigus en valeur. L'égaliseur de l'iPad est doté de plus d'une douzaine d'égalisations prédéfinies, dont les noms sont, entre autres, Acoustique, Amplificateur de basse, Réducteur de basses, Dance (avec un « c », et non un « s », car c'est du genre musical qu'il s'agit, pas des trémoussements), Électronique, Pop, Rock, *etc.* Chacun est taillé sur mesure pour le genre de musique auquel il se rapporte.

Le meilleur moyen de trouver l'égalisation la plus appropriée est d'écouter un morceau de musique en les essayant. Pour cela, commencez par démarrer le morceau puis, tout en l'écoutant, procédez comme suit :

1. **Touchez le bouton principal de l'iPad.**

2. **Sur l'écran d'accueil, touchez le bouton Réglages.**

3. **Dans la liste des réglages, touchez iPod.**

4. **Dans la liste des réglages iPod, touchez Égaliseur.**

5. **Touchez les différentes égalisations (Pop, Rock, R'n'B, Dance...) en écoutant attentivement leur effet sur le rendu sonore.**

6. **Si une égalisation vous convient, touchez le bouton principal pour la valider.**

   Si aucune égalisation ne vous plaît, touchez Désactivé, en haut de la liste, pour désactiver l'égaliseur.

Limiter le volume sonore des morceaux (et des vidéos)

Vous pouvez obliger l'iPad à limiter le volume sonore des morceaux de musique et des vidéos :

1. **Sur l'écran d'accueil, touchez le bouton Réglages.**

2. **Dans la liste des réglages, touchez iPod.**

3. **Dans la liste des réglages iPod, touchez Volume maximum.**

4. **Actionnez la glissière en fonction du volume maximum désiré.**

5. **(Facultatif) Touchez l'option Verrouiller le volume maximum. Vous pourrez ainsi saisir un code à quatre chiffres qui empêchera quelqu'un d'autre de modifier ce réglage.**

Le réglage du volume maximum n'agit que sur la musique et les vidéos, et non sur les podcasts et les livres audio. Il fonctionne avec les casques ou les enceintes branchés à la prise audio de l'iPad, mais pas avec le haut-parleur interne.

Soit dit en passant, le haut-parleur interne de l'iPad n'est pas stéréo, même si sa qualité sonore est correcte. En revanche, le son transitant par la prise audio est bien sûr stéréophonique.

Le shopping avec l'application iTunes

L'application iTunes de l'iPad permet de télécharger, d'acheter ou de louer de la musique, des livres audio, des cours de l'iTunes University, des podcasts ou des vidéos de la même manière qu'avec l'iTunes installé dans l'ordinateur. Et si vous avez la chance d'avoir reçu des cartes cadeaux, vous pourrez les utiliser directement depuis l'iPad.

Mais il faut auparavant ouvrir un compte sur iTunes Store :

1. **Sur l'écran d'accueil, touchez le bouton Réglages.**
2. **Dans la liste des réglages, touchez Store.**
3. **Touchez Connexion.**
4. **Saisissez votre nom d'utilisateur ainsi que le mot de passe.**

Ou alors, dans le cas peu probable où vous n'auriez pas encore de compte iTunes Store :

1. **Sur l'écran d'accueil, touchez le bouton Réglages.**
2. **Dans la liste des réglages, touchez Store.**
3. **Touchez Créer un nouveau compte.**
4. **Suivez les instructions.**

Une fois que l'iTunes Store a fait connaissance avec vous – et surtout avec votre carte bancaire, qu'Apple ne manque jamais de demander avant toute transaction, même pour une période d'évaluation d'un logiciel ou d'un service – touchez l'icône iTunes sur l'écran d'accueil, et vous voilà dans la boutique virtuelle iTunes Store. Son principe est exactement le même que celui de l'App Store décrit au chapitre précédent.

La vidéo sur iPad : il faut l'avoir pour le croire

Dans ce chapitre :

- Trouver des vidéos.
- Limiter l'accès aux vidéos.
- Les fonctions vidéo.
- Restreindre la vidéo.

Imaginez la scène : dans l'odeur du pop-corn rance qui imprègne toute la pièce, la famille entière est agglutinée pour regarder le dernier film à succès d'Hollywood. La bande-son retentit. Les images sont impressionnantes. Tous les yeux sont rivés sur l'iPad.

Oui, bon, c'est un peu exagéré. Le pop-corn n'est pas rance, seulement tiède, et l'iPad n'est pas près de remplacer l'écran géant d'un *home cinema*. Mais nous tenions à insister sur le magnifique écran de près de 25 cm de diagonale, sans doute le plus beau que nous ayons jamais vu sur un appareil mobile. Regarder de la vidéo ou des films peut être un véritable délice pour un cinéphile. L'écran est remarquable, même pour un spectateur qui n'est pas en face.

Trouver des vidéos

Vous avez le choix entre plusieurs possibilités pour regarder de la vidéo. Les deux principales consistent à télécharger des clips depuis l'iTunes Store, dont vous pouvez pousser les portes virtuelles directement depuis l'iPad, ou transférer des vidéos déjà présentes dans votre ordinateur, comme expliqué au Chapitre 3.

Figure 9.1 : La rubrique Films de l'iTunes Store est un véritable vidéoclub virtuel.

Voici les différents types de vidéos que vous pouvez regarder avec votre iPad :

✔ **Les films, séries télévisées et clips vidéo achetés, loués ou téléchargés gratuitement depuis l'iTunes Store :** vous les visionnez en touchant l'icône Vidéos, sur l'écran d'accueil.

De nombreux films peuvent être achetés afin de les regarder à volonté quand bon vous semble, ou loués (Figure 9.1). Un synopsis présente le thème du film de manière détaillée (Figure 9.2). La (ou les) langue(s) sont indiquées à la rubrique Détails, avec la durée du film, la taille de son fichier et le format (grand écran, Dolby, *etc*).

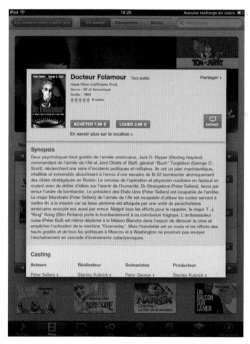

Figure 9.2 : Le synopsis du film Docteur Folamour, de Stanley Kubick.

Dans le menu Films d'iTunes Store, la catégorie Films français (Figure 9.2) contient les grands succès du moment, dont l'incontournable *Bienvenue chez les Ch'tis,* mais aussi quelques classiques comme *Le mépris* et *Pierrot le Fou,* tous deux de Jean-Luc Godard, *Quai des Orfèvres,* de Henri-Georges Clouzot, *etc.* Ils peuvent être achetés ou loués.

Un film loué doit être regardé dans les 30 jours suivant l'achat. Et quand vous l'avez vu une première fois, vous pouvez le revoir autant de fois que vous le désirez, mais attention : seulement pendant une période de 24 heures. Autrement dit, vous louez le film pour une journée de votre choix dans les trente jours qui suivent.

Un film acheté est plus cher, mais vous en disposez librement.

Figure 9.3 : Un extrait du film Charly et la chocolaterie, de Tim Burton.

Avant de louer ou d'acheter, vous pouvez regarder la bande-annonce ou un extrait (Figure 9.3) et lire les avis des utilisateurs, ou plutôt, des spectateurs. La page indique aussi les films disponibles dans la boutique, réalisés par le même metteur en scène ou avec les mêmes acteurs.

✔ **Les podcasts vidéo, dont la plupart sont gratuits, téléchargés de l'iTunes Store :** les podcasts sont une évolution des radios sur Internet. Au lieu d'écouter un flux d'informations en direct, vous le téléchargez afin de l'écouter en différé, quand bon vous semble. Les podcasts vidéo sont une variante basée sur des séquences téléchargeables : actualités télévisées, débats politiques, épisodes de séries TV et films…

✔ **Les vidéos didactiques de l'iTunes University :** elles sont toutes en anglais et couvrent de nombreux domaines du savoir dispensé dans des universités aussi prestigieuses que Harvard ou Stanford : mathématiques, littérature, technique, sciences humaines, arts, histoire, médecine… La Figure 9.4 montre l'un de ces cours.

✔ **Des vidéos provenant du célèbre site YouTube :** Apple accorde apparemment une telle estime à YouTube qu'il a droit à sa propre icône sur l'écran d'accueil. Reportez-vous au Chapitre 6 pour en apprendre plus sur son statut spécial.

✔ **Des vidéos créées par vous-même avec l'application iMovie ou avec tout autre logiciel de montage vidéo installé sur votre ordinateur :** à celles-ci s'ajoutent toutes celles téléchargées depuis Internet.

Vous devrez préparer les vidéos afin qu'elles puissent être lues par un iPad. Pour ce faire, sélectionnez une vidéo dans la bibliothèque iTunes puis, dans le menu Avancé, choisissez l'option Créer une version iPad ou Apple TV. Cette commande ne fonctionne hélas pas avec tous les types de vidéos, notamment les formats AVI, DivX, MKV et Xvid. Il faut des logiciels spécifiques pour les transférer dans iTunes puis les convertir dans un format utilisable par l'iPad.

Pour en savoir plus sur la compatibilité, reportez-vous à l'encadré «Et la compatibilité vidéo?» (mais à vos risques et périls).

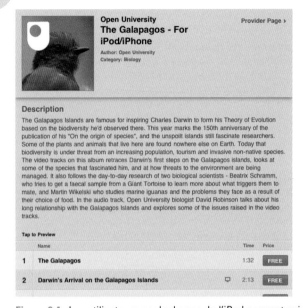

Figure 9.4 : Les utilisateurs anglophones de l'iPad peuvent suivre des cours sur différents sujets.

Regarder de la vidéo

Maintenant que vous savez ce que vous pouvez voir (ou ne pas voir), voici comment regarder vos vidéos :

1. **Sur l'écran d'accueil, touchez l'icône Vidéos.**

   Les vidéos présentes dans l'iPad sont réparties dans des catégories nommées Films, Films en location, Séries TV, Podcasts, Vidéos et iTunes U. Dans chaque catégorie, vous voyez l'affichette de la vidéo. Les catégories comme Films, Films en location, Podcasts et iTunes U n'apparaissent que si du contenu se trouve déjà dedans.

2. **En haut de l'écran, cliquez sur l'onglet correspondant au type de vidéo que vous désirez regarder.**

3. **Touchez l'affichette d'un film, d'une série TV ou de toute autre vidéo à visionner.**

   Un descriptif du film est affiché, comme le montre la figure 9.5. Touchez l'onglet Chapitres, si la vidéo est subdivisée, afin de parcourir les différentes parties du film. Une vignette est affichée, ainsi que la durée du chapitre. Touchez l'onglet Infos pour revenir au descriptif.

NOTE TECHNIQUE

Et la compatibilité vidéo ?

L'iPad accepte une quantité de formats de fichier vidéo, mais forcément pas tous. Plusieurs standards de vidéo Internet, notamment le très répandu format Adobe Flash, n'est pas lisible par l'iPad (NdT : apparemment à cause d'un puritanisme imposé par Steve Jobs, le fondateur d'Apple, comme expliqué au Chapitre 4 dans l'encadré «Pour le pauvre Jobs, Flash, c'est de la daube»).

L'absence de Flash est un mauvais tour joué aux utilisateurs de l'iPad, car Flash est la technologie aujourd'hui adoptée par la plupart des fournisseurs de contenus vidéo sur le Web. Un site comme Hulu.com est inutilisable bien que selon des rumeurs, Apple et Hulu seraient en train de rechercher une solution.

Apple s'est rabattu sur d'autres standards comme HTML5, CSS3 et JavaScript, ce qui permet de regarder les vidéos de Reuters, CBS, CNN, Time, The New York Times, Vimeo, ESPN, The White House, National Geographic, pour n'en citer que quelques-unes.

4. **Touchez le bouton de lecture, en haut à droite, pour regarder le film, ou le reprendre si vous l'aviez suspendu. Ou alors, choisissez un chapitre.**

5. **(Facultatif) Pivotez l'iPad pour visionner le film en largeur (mode Paysage) et bénéficier ainsi d'un affichage plus grand et plus confortable.**

   Lorsque l'iPad est tenu en hauteur (mode Portrait), des bandeaux noirs se trouvent en haut et en bas de l'image. Ils sont aussi visibles en pivotant l'iPad, mais ils sont plus fins et l'image est plus large. C'est un avantage pour les films au format panoramique.

Figure 9.5 : La description du film que vous vous apprêtez à regarder.

L'iPad ne fournit pas une véritable imagerie HD (Haute Définition) car cette dernière exige un écran de 1280 × 720 pixels alors que celle de l'iPad est de 1024 × 768, ce qui entraîne un redimensionnement de la fenêtre. Cela dit, je ne pense pas que beaucoup de spectateurs se plaindront, ni même remarqueront l'effet sur la qualité de l'image (NdT : il existe un autre standard HD, dit *Full HD,* dont la résolution est de 1920 × 1080 pixels).

Les commandes de la vidéo

Touchez l'écran, pendant qu'une vidéo est jouée, pour afficher les commandes que montre la Figure 9.6. Touchez ensuite l'une d'elles pour l'activer. Voici à quoi servent ces commandes :

Tête de lecture   Défileur   Adapter

Début/Rembobinage │   Avance rapide Volume AirPlay
                  Lecture/Pause

Figure 9.6 : Les commandes de la vidéo.

- ✏ **Pour lire la vidéo ou la suspendre,** touchez le bouton Lecture/Pause.

- ✏ **Pour régler le volume,** tirez la glissière du volume vers la droite pour augmenter le son, à gauche pour le réduire. Ou alors, appuyez sur le bouton de réglage du volume, sur le côté de l'iPad.

- ✏ **Pour reprendre la vidéo au début ou reculer,** touchez le bouton Début/Rembobinage pour repositionner la tête de lecture au début du film, ou maintenez le doigt pour reculer dans le film.

- ✏ **Pour aller plus loin dans la vidéo,** touchez continûment le bouton Avance rapide. Ou déplacez la tête de lecture sur le défileur.

- ✏ **Pour conformer l'image à la taille l'écran,** touchez une ou deux fois le bouton Adapter. Il s'agit en effet d'une bascule qui permet d'afficher une vidéo en plein écran (au risque d'être coupée sur les côtés), ou de montrer l'image dans sa totalité, quitte à voir des bandes noires en haut et en bas. Ce bouton n'est affiché que si l'iPad est tenu en largeur.

✔ **Pour sélectionner la langue et/ou les sous-titres,** touchez le bouton Audios et Sous-titres. Des options apparaissent, permettant de sélectionner une autre langue, d'afficher ou non les sous-titres, ou d'afficher ou non les sous-titres codés, si le film en comporte.

✔ **Pour faire disparaître les commandes,** touchez l'écran ou attendez qu'elles disparaissent d'elles-mêmes.

✔ **Pour indiquer à l'iPad que vous avez fini de regarder la vidéo,** touchez le bouton Terminé (vous devrez faire réapparaître les commandes si elles ne sont plus visibles). Vous retournez ainsi au dernier écran Vidéo affiché avant de regarder le film.

Restreindre l'usage de la vidéo

Si vous prêtez votre iPad à l'un de vos enfants ou à un collègue, vous ne tenez peut-être pas à ce qu'ils passent leur temps à regarder des vidéos ou des films. Vous préférez qu'ils fassent leurs devoirs ou leur travail.

C'est là que les restrictions parentales – ou patronales – entrent en jeu. Notez bien que votre popularité risque d'en prendre un coup et que la révolte grondera.

Touchez Réglages > Général > Restrictions. Touchez ensuite Activer les restrictions. Il vous sera demandé d'établir ou de saisir un mot de passe, puis de le confirmer. Aux États-Unis, les restrictions peuvent porter sur le classement des films (PG, R...) et des séries TV.

Des restrictions peuvent aussi être appliquées à iTunes, à Safari, à l'App Store, à YouTube et à la géolocalisation, comme nous le verrons en étudiant plus en détail la fonction Réglages, au Chapitre 13.

Supprimer des vidéos de l'iPad

Les vidéos occupent de la place, beaucoup de place. Voici ce qu'il faut savoir pour supprimer des vidéos :

Pour supprimer une vidéo manuellement et récupérer ainsi un peu de place dans sa mémoire de stockage, touchez continûment l'affichette d'une vidéo jusqu'à ce qu'un X dans un rond apparaisse. Pour confirmer votre intention, touchez le grand bouton Supprimer.

 La suppression d'une vidéo dans l'iPad n'est effective que dans cet appareil. Elle subsiste dans la bibliothèque iTunes de votre ordinateur. De ce fait, si vous voulez la regarder de nouveau sur votre iPad, il suffira de synchroniser.

 Si vous supprimez une vidéo louée sans même l'avoir regardée, vous ne pourrez plus la récupérer. Il vous faudra la louer de nouveau en passant à la caisse.

Tourner vos propres vidéos

 L'iPad 2 est le premier iPad équipé d'un appareil photo, et même de deux pour être précis. Celui placé au dos est capable d'enregistrer de la vidéo en haute définition au standard 720p à 30 images par seconde. L'appareil photo situé en façade est capable d'en faire autant, mais en VGA (Video Graphic Array), à 640 x 480 pixels seulement.

Voici comment filmer en vidéo :

1. **Touchez l'icône Appareil photo, sur l'écran d'accueil.**

   L'écran se transforme en viseur (voir Figure 9.7)

2. **En bas à droite, tirez le petit bouton du commutateur Photo/vidéo afin de le placer sous le symbole en forme de caméra.**

   Le symbole en forme d'appareil photo sert à prendre des instantanés, comme nous le verrons au Chapitre 10.

Caméra avant/arrière

Pellicule   Prise de vue   Commutateur
                                     Photo/Vidéo

Figure 9.7 : Filmez votre petite famille.

Il n'est pas possible de passer de la caméra avant
à la caméra arrière, et inversement, en cours de
tournage. Vous devez choisir laquelle vous décidez
utiliser en touchant le sélecteur en haut à droite de
l'écran.

3. **Touchez le bouton au milieu de la barre inférieure
    pour commencer à filmer.**

4. **Touchez-le de nouveau pour cesser d'enregistrer.**

    La vidéo est enregistrée dans la Pellicule de
    l'application Photos, avec les photographies.

Monter une séquence

Vous avez sans doute filmé une belle séquence, mais vous avez peut-être commencé à filmer trop tôt et vous avez arrêté de filmer un peu après l'action pour être sûr de ne rien manquer. Ces parties qui ne méritent pas d'être conservées peuvent être coupées. Voici comment :

1. **Lisez immédiatement la vidéo que vous venez de filmer et touchez l'écran afin d'afficher les commandes visibles à la Figure 9.8.**

Figure 9.8 : Couper une séquence.

Tirez les bords pour délimiter le début et la fin de la séquence

Ces commandes ne sont disponibles que depuis l'application Appareil photo, en touchant l'aperçu situé à gauche du bouton d'enregistrement. Vous ne les obtiendrez pas en lisant la vidéo avec l'application Photos.

2. **Tirez les bords latéraux du ruban supérieur pour indiquer où commence la séquence à conserver et où elle se termine.**

Maintenez le doigt contre le film pour étendre la barre de temps d'un bord de l'écran à l'autre. Touchez le bouton Lecture pour vérifier les coupes.

3. **Choisissez ce que vous désirez faire du clip que vous venez de réduire :**

- Raccourcir l'original : Seule la partie privée du début et/ou de la fin est conservée.

- Nouvel extrait : L'original non coupé est conservé. La version coupée est conservée à part, dans la Pellicule.

Pour les montages plus ambitieux, vous pouvez acheter l'application iMovie pour iPad (3,99 euros). Elle ressemble à une version très fruste de l'iMovie pour le Mac et permet d'exporter un film vers YouTube, Vimeo et Facebook.

Partager la vidéo

Contrairement aux autres vidéos de l'iPad, vous pouvez visionner les séquences que vous filmez en mode Paysage (en largeur) ou Portrait (en hauteur). Et si cette vidéo vous plaît, vous pouvez l'envoyer vers YouTube en touchant l'icône en forme de rectangle à flèche incurvée, en haut à droite de l'écran, ou l'envoyer en pièce jointe si son fichier n'est pas trop volumineux, ou encore la copier.

Se voir avec FaceTime

La grande nouveauté de l'iPad 2 est la possibilité de converser avec un correspondant distant en se voyant à l'écran. C'est ce que l'on appelle de la vidéophonie.

Rien n'est plus simple que converser en vidéophonie, mais à deux conditions :

Accès Internet par la Wi-Fi : Vous et votre correspondant devez être connecté à l'Internet par la Wi-Fi, et le débit de la connexion doit être d'au moins 1 mégabit par seconde (mbps) en voie montante et descendante pour de la vidéo de haute qualité (NdT : En ADSL, le débit est souvent de 8 à 20 mbps par seconde dans le sens Internet-ordinateur, mais seulement de 0,8 mbps dans le sens ordinateur-Internet).

Compatibilité FaceTime : Votre correspondant doit être au moins équipé d'un iPad 2, d'un iPhone 4, d'un iPod Touch de 4e génération, ou d'un Mac à processeur Intel.

Le vaste écran de l'iPad 2 semblerait avoir été fait pour FaceTime, mais nous en voudrions de ne pas signaler la piètre qualité de sa caméra. Elle est tout juste correcte pour FaceTime, et encore, seulement à condition de bénéficier d'un débit suffisant.

Démarrer avec FaceTime

La première fois que vous utilisez FaceTime en touchant son icône sur l'écran d'accueil, il vous est demandé de saisir vos identifiants, qui peuvent être ceux d'iTunes Store, d'un compte MobileMe ou tout autre. Si vous 'en avez pas, touchez le bouton Créer un nouveau compte. Vous devrez aussi indiquer l'adresse Internet que vos correspondants utiliseront pour vous appeler.

À la première utilisation de FaceTime, Apple vous envoie un message de vérification de votre compte. Touchez le lien Vérifier maintenant et entrez vos identifiants pour terminer la procédure. Si l'adresse est déjà configurée dans Mail, sur l'iPad, vous n'avez rien à faire.

Si vous possédez plusieurs adresses Internet, vos correspondants peuvent les utiliser sans problème. Pour les définir, touchez Réglages > FaceTime > Ajouter une adresse électronique.

La fonctionnalité FaceTime peut être désactivée ou réactivée dans Réglages > FaceTime. Touchez simplement le commutateur FaceTime.

Effectuer un appel FaceTime

Procédez comme suit pour appeler un correspondant en visiophonie :

1. **Touchez l'application FaceTime, sur l'écran d'accueil.**

   Vous vous voyez aussitôt à l'écran. Profitez-en pour vérifier que votre look ne soit pas trop craignos.

2. **Dans le volet de droite, tout en bas, touchez l'une des options suivantes :**

   • Contacts : Touchez le nom, l'adresse de messagerie ou le numéro de téléphone associés à FaceTime. Pour ajouter un contact, touchez le bouton "plus" tout en haut de l'écran à droite.

   • Appels : Touchez l'un des contacts ou numéros de téléphone appelés précédemment.

   • Favoris : Vous pouvez placer ici – en touchant le bouton "plus" – les correspondants que vous appelez le plus fréquemment.

3. **Au cours de l'appel, surveillez le petit écran de contrôle qui vous permet de savoir comment votre correspondant vous voit.**

   Cet écran de contrôle peut être tiré vers n'importe quel coin de l'écran.

4. **(Facultatif) Changez de caméra en touchant le sélecteur à droite dans la barre inférieure.**

   Si vous voulez montrer quelque chose à votre correspondant, touchez le bouton du sélecteur de caméra à droite, dans la barre de commandes en bas de l'image (voir Figure 9.9).

5. **Touchez le bouton Terminer pour raccrocher.**

Pendant une conversation, vous pouvez :

✔ Orienter l'iPad en hauteur ou en largeur.

✔ Rendre l'iPad silencieux en touchant le bouton de gauche, dans la barre de commandes (mais vous continuez d'être vu par votre correspondant).

Vous tel que votre correspondant vous voit   Votre correspondant

Silence   Raccrocher   Permutation des caméras

Figure 9.9 : Une conversation en vidéophonie avec FaceTime.

TRUC

☞ Accéder à une autre application de l'iPad en enfonçant le bouton principal et en touchant l'application voulue. Vous pouvez continuer à converser, mais vous et votre correspondant, vous ne vous voyez plus. Touchez la barre verte en haut de l'écran pour rétablir la vidéophonie.

Recevoir un appel FaceTime

Il n'est pas nécessaire que FaceTime soit en service sur votre iPad pour recevoir un appel en vidéophonie. Voici comment cela se passe :

L'iPad sonne : Le nom ou le numéro de téléphone du contact apparaît en grand en haut de l'écran (voir Figure 9.10).

Figure 9.10 : Touchez le bouton Accepter.

Accepter ou refusez l'appel : Touchez le bouton Accepter ou le bouton Refuser. Si l'iPad est verrouillé, tirez le bouton à flèche verte vers la droite pour répondre. Pour refuser, ne faite rien et attendez que l'appel cesse.

Supprimer la sonnerie : Touchez le bouton Veille/Marche, en haut de l'iPad, pour rendre un appel muet. Pour ne pas être dérangé part un appel FaceTime, mettez le bouton latéral de l'iPad 2 en position Silence (assurez-vous que ce bouton ne verrouille pas la rotation de l'écran. Si c'est le cas, modifiez sa fonction dans les réglages, comme expliqué au Chapitre 13).

La caméra de l'iPad sert aussi à d'autres choses, notamment à prendre des photos, comme nous le verrons au prochain chapitre.

Les photos dans l'iPad

Dans ce chapitre :

- Prendre des photos (iPad 2 seulement).
- Importer des photos.
- Regarder et admirer des photos.
- Créer un diaporama.
- Encore plus avec vos photos.
- Supprimer des photos.
- S'amuser avec Photo Booth.

*T*out au long de ce livre, nous n'avons cessé de nous extasier sur l'affichage Multi-Touch. Vous trouverez difficilement mieux pour regarder des films ou jouer. Comme vous l'imaginez, l'iPad que vous venez d'acheter – ou que vous convoitez – est aussi une spectaculaire visionneuse pour vos photos. Les images sont nettes et les couleurs écla-tantes, du moins si elles le sont au départ, car si elles sont floues et surex-posées, l'iPad ne fera pas de miracle. Dans les pages à venir, vous verrez comment présenter au mieux les photos stockées dans l'iPad, quelle que soit la manière par laquelle elles y sont arrivées.

Prendre des photos

 Pour prendre des photos avec l'iPad 2, touchez l'icône Appareil photo, dans l'écran d'accueil. Ceci fait, l'écran ressemble brièvement à un diaphragme fermé qui s'ouvre pour permettre la visée sur le plantureux écran. Voici comment procéder ensuite :

1. **Pour cet essai de prise de vue, assurez-vous que le commutateur Photo/Vidéo, en bas à droite (voir Figure 10.1) est en mode Photo. Si ce n'est pas le cas, tirez le petit bouton vers la gauche.**

2. **Cadrez l'image sur l'écran.**

3. **Touchez la partie de l'image sur laquelle la mise au point doit être faite.**

   Un petit carré apparaît là où vous avez touché (NdT : il sert non seulement à effectuer la mise au point, mais aussi à régler l'exposition).

4. **(Facultatif) Actionnez le zoom, en bas de l'écran.**

   L'iPad 2 est doté d'un zoom numérique d'une amplitude de 5 fois. Sa qualité est loin d'un zoom optique. Il ne fonctionne qu'avec l'appareil photo situé au dos de l'iPad et non avec celui situé du côté de l'écran (NdT : avec une résolution de seulement 1 mégapixel, le capteur de l'iPad n'est pas meilleur que celui d'une webcam. Il est parfait pour la vidéoconférence avec FaceTime, mais pour la photographie digne de ce nom, utilisez plutôt un iPhone de dernière génération ou un appareil photo).

5. **Pour passer de l'appareil photo situé à l'arrière de l'iPad à celui situé en façade, touche l'icône en haut à droite.**

6. **Pour prendre une photo, touchez le bouton situé au milieu de la barre, en bas de l'écran.**

Le bruit d'un déclencheur retentit (sauf si l'iPad est en mode Silencieux, comme expliqué au Chapitre 1).

Les photos que vous prenez sont stockées dans l'album Pellicule de l'application Photos. Nous y reviendrons d'ici peu.

Sélecteur Objectif arrière/Objectif en façade
Collimateur de mise au point et d'exposition

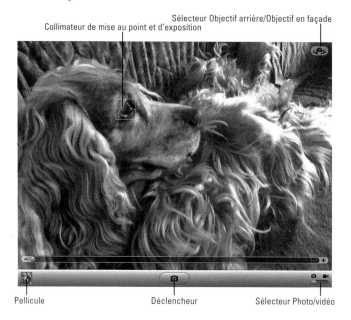

Pellicule   Déclencheur   Sélecteur Photo/vidéo

Figure 10.1 : Le viseur de l'appareil photo de l'iPad 2.

Importer des photos

Même si votre iPad est dépourvu d'appareil photo, il est capable de contenir des images et de les visionner. L'une de ces techniques vous oblige toutefois à acheter un accessoire.

Synchroniser les photos

Le Chapitre 3 tout entier étant consacré à la synchronisation des données, nous n'y reviendrons pas. Mais comme la synchronisation des photos est actuellement le moyen le plus courant d'importer des photos dans l'iPad, nous nous en voudrions de ne pas le mentionner ici. Elle peut être effectuée en choisissant l'onglet Photos, dans la page iPad (sous Appareils, dans le volet de gauche) de la version d'iTunes installée dans l'ordinateur.

Un rapide rappel : avec un Mac, la synchronisation des photos peut être effectuée avec iPhoto 6.06 ou ultérieur, ou avec le logiciel Aperture 3.02 ou ultérieur. Sur un PC, elle est possible avec la version 3.0 ou ultérieure d'Adobe Photoshop Element.

L'iPad étant connecté à l'ordinateur, cliquez sur l'onglet Photos de la page iPad Device, dans la version d'iTunes installée dans le Mac ou dans le PC. Cochez ensuite les cases appropriées pour synchroniser des éléments Albums, Événements ou Visages, selon ce que vous désirez faire.

Mais que sont donc ces éléments Événements ou Visages ? Voici un rapide descriptif de ces éléments propres à iPhoto :

- **Événements :** dans leur incommensurable sagesse (et le mot est faible), les programmeurs de chez Apple ont décrété que la plupart des photos sont prises à des occasions particulières, comme un anniversaire, un mariage ou les vacances. Le logiciel iPhoto du Mac les réunit donc spontanément ainsi, en plaçant toutes les photos d'une journée dans une collection spécifique. Ne vous souciez pas de ce classement, car vous pouvez facilement répartir les photos autrement, si un mariage et un anniversaire ont été fêtés le même jour dans des lieux différents. Apple nomme automatiquement un événement par sa date, mais vous pouvez la remplacer par un titre plus évocateur, comme « Mariage de Reine et Claude » ou « Anniversaire du hamster ».

✓ **Visages :** il s'agit d'ensembles de photos dont le point commun est la présence, dans chacune d'elles, d'un visage connu et identifié. Bien que très spectaculaire, cette technologie est encore perfectible.

Connecter un appareil photo numérique ou un lecteur de cartes mémoire

Pour autant que nous sachions, tous les appareils photo numériques sont livrés avec un câble USB destiné à transférer les photos vers un ordinateur. Mais l'iPad n'étant pas un ordinateur – c'est une tablette –, il ne possède pas de port USB.

Apple vend cependant un Kit de connexion d'appareil photo iPad (www.apple.com/fr/ipad/accessories/). Voici comment l'utiliser :

1. **Connectez l'appareil photo à l'iPad à l'aide de l'un des deux connecteurs livrés avec le kit.**

   Les deux connecteurs se branchent au connecteur Dock situé sous l'iPad. L'un des connecteurs est doté d'une prise USB, l'autre possède un connecteur pour carte mémoire de type SD.

   Si vous optez pour le transfert USB, vous devrez utiliser le câble USB de votre appareil photo, car le kit n'en possède pas.

2. **Assurez-vous que l'iPad est déverrouillé.**

3. **Mettez l'appareil photo en marche et assurez-vous qu'il est configuré pour le transfert des photos.**

   Consultez au besoin son manuel.

   L'application Photos de l'iPad s'ouvre et affiche les photos à transférer.

4. **Touchez le bouton Tout importer afin de transférer tous les fichiers, ou touchez chacune des photos pour les sélectionner et n'importer qu'elles.**

Une coche signale chaque photo sélectionnée. L'iPad les répartira dans des albums, comme décrit plus loin.

Vous pouvez à présent effacer les photos de votre appareil photo, si vous le désirez.

Le connecteur pour cartes mémoire SD (*Secure Digital*) reçoit une carte mémoire au format SD, compatible avec de nombreux appareils photo. La procédure est la même que celle utilisant le connecteur USB, sauf qu'au lieu de brancher le câble directement à l'appareil photo, vous y insérez une carte mémoire.

Le kit de connexion d'appareil photo iPad accepte les photos aux formats JPEG et Raw. Ce dernier est un format spécial apprécié des photographes exigeants, mais qui est décliné en de nombreuses versions dont il faudra vérifier la compatibilité.

Enregistrer des images depuis les courriers électroniques et le Web

Il est très facile d'enregistrer les images qui se trouvent dans des courriers électroniques ou sur des pages Web : maintenez le doigt dessus puis, dès que le bouton Enregistrer l'image apparaît, une seconde plus tard, touchez-le. Les images sont stockées dans l'album nommé Photos enregistrées.

Enregistrer des photos depuis un courrier électronique ou depuis une page Web

Rien n'est plus facile que d'enregistrer une photo arrivée par le web : touchez continument l'image jusqu'à ce qu'un menu apparaisse. Il contient plusieurs options. Touchez l'option Enregistrer l'image. Et c'est tout. Vous la trouverez dans l'album Photos enregistrées de l'iPad de première génération, ou dans la Pellicule de l'application Photos de l'iPad 2.

Où sont passées toutes mes photos ?

Où donc sont stockées les photos, dans l'iPad ? Comme nous venons de le mentionner à la section précédente, elles résident dans un album nommé Photos enregistrées.

D'autres images se retrouvent dans les mêmes albums que sur l'ordinateur, ou réunies dans des albums de type Événements, Visages et, si les *métadonnées* incorporées dans une photo permettent d'identifier l'endroit où la photo a été prise, elles sont dans un autre album nommé Lieux. Nous y reviendrons d'ici peu.

Maintenant que vous savez où vos photos sont stockées, voyons comment les afficher et les partager, et comment vous débarrasser de celles qui ne correspondent pas à vos exigences.

Les photos peuvent vraiment être manipulées du bout des doigts, et en plus sans les tacher. Voici comment naviguer parmi vos images grâce à l'application Photos :

1. **Touchez l'application Photos, sur l'écran d'accueil.**

   Les vignettes des photos sont affichées sur fond noir, comme le montre la Figure 10.2. L'onglet Photos, en haut de l'écran, est sélectionné. Si la vignette d'une photo que vous recherchez n'est pas visible, effleurez l'écran vers le haut ou vers le bas pour les faire défiler plus ou moins rapidement.

2. **Touchez la photo à afficher ou écartez les doigts dessus.**

   L'effet diffère légèrement selon l'action. Quand vous touchez l'image, elle s'agrandit rapidement comme si elle sautait hors de l'écran. Mais quand vous réunissez le pouce et l'index, puis que vous les écartez en touchant l'image, vous contrôlez plus étroitement la taille de l'affichage. Vous pouvez aussi laisser le doigt en contact avec l'image afin de la déplacer.

Figure 10.2 : C'est là que vos photos sont stockées.

3. Pour naviguer parmi des ensembles de photos, touchez l'onglet Albums, Événements, Visages ou Lieux, en haut de l'écran. Ou alors, pincez-les.

Vous accédez à des tas, ou collections, de photos. Touchez un tas de photos d'un album, d'un événement ou de visages, et toutes se dispersent et se rangent en lignes et en colonnes. Il vous faudra souvent faire défiler une collection pour voir toutes les photos. Comme auparavant, touchez-en une pour l'agrandir.

Que se passe-t-il si vous pincez les doigts sur un tas de photos et que vous les écartez au lieu de les toucher ? Tout dépend de la manière de procéder. Si vous écartez lentement les doigts, les photos se dispersent assez lentement, permettant un aperçu de certaines d'entre elles. Continuez ainsi et toute la pile est dispersée, sauf si vous n'avez pas pincé suffisamment les doigts, auquel cas les photos se remettent aussitôt en tas. Si vous effectuez un écartement ample, l'ensemble de la collection s'ouvre. Comme auparavant, touchez une photo pour l'agrandir.

4. **Une seule photo étant affichée, touchez-la pour faire apparaître des commandes en haut et en bas de l'écran, comme à la Figure 10.3.**

Retour dans l'album ou dans la pellicule

Numéro de la photo dans l'album visionné

Diaporama

Envoi de la photo par courrier, l'utiliser en fond d'écran, l'imprimer, la copier ou l'envoyer vers MobileMe

Effleurer pour parcourir les photos

Figure 10.3 : Les commandes d'une photo.

Nous étudierons ces commandes plus loin, mais il est intéressant de savoir dès maintenant comment les afficher, car à un moment ou à un autre, vous en aurez besoin.

5. **Pour faire disparaître les commandes, touchez de nouveau l'écran ou attendez quelques secondes. Elles s'effaceront d'elles-mêmes.**

6. **Touchez le bouton principal pour quitter l'application Photos.**

Admirer les photos

Les photographies sont prises pour être vues, et non pour être enterrées au fond d'un équivalent de boîte à chaussures. L'iPad permet de manipuler, d'afficher et de partager vos meilleures photos.

Vous avez appris dans les sections précédentes comment accéder aux photos et à les visionner en grand. Mais vous pouvez les manipuler de diverses manières sans faire appel à ces commandes. Voici quelques actions pratiques :

🖛 **Passer à la photo suivante ou revenir à la précédente :** effleurez vers la droite ou vers la gauche.

🖛 **Afficher en mode Portrait ou Paysage :** quand vous pivotez l'iPad pour le mettre en largeur ou en hauteur, un accéléromètre détecte ce mouvement et réoriente l'affichage, comme le révèle la Figure 10.4. Les photos cadrées en largeur emplissent l'écran. Pivotez de nouveau l'iPad pour regarder une photo cadrée en hauteur, et elle s'adapte au mieux à l'écran.

N'oubliez pas que le verrouillage de la rotation de l'écran, décrit au Chapitre 1, doit être désactivé.

Pivotez l'iPad comme bon vous semble, car il sait toujours dans quel sens une photo doit être affichée (NdT : pour connaître ce sens, l'iPad se fie à une métadonnée qui n'est présente dans la photo que si la fonction de détection de l'orientation a été activée dans l'appareil photo).

Figure 10.4 : Une même photo affichée en mode Portrait (à gauche) et en mode Paysage (à droite).

✔ **Zoomer :** double-touchez pour zoomer en avant dans une partie de l'image. Double-touchez de nouveau pour zoomer en arrière. Vous pouvez aussi pincer les doigts et les écarter pour zoomer en avant et en arrière.

✔ **Déplacer l'image :** après avoir zoomé dans une photo, déplacez-la du bout du doigt. Vous pourrez ainsi examiner différentes parties, comme la truffe du chien bien plus adorable que le personnage qui le tient en laisse.

✔ **Parcourir les photos :** une glissière apparaît en bas de l'écran quand les commandes sont affichées. Actionnez-la dans un sens ou dans l'autre pour parcourir rapidement toutes les photos d'un album ouvert.

✔ **Situer la photo sur une carte :** en cliquant sur l'onglet Lieux, l'iPad affiche une carte semblable à celle de la Figure 10.5. Des épingles rouges indiquent les lieux où des photos ont été prises. Touchez-en une et vous voyez apparaître un tas de photos prises à cet endroit, comme sur l'illustration de droite.

Comme auparavant, vous pouvez afficher les photos d'un tas en le touchant ou en écartant les doigts dessus.

Figure 10.5 : Situez vos photos sur une carte.

Les photos prises avec l'iPad sont automatiquement géolocalisées. Il faut toutefois que dans l'application Réglages > Service de localisation, le service de localisation Appareil photo soit activé.

Pincer les doigts sur la carte, ou les écarter, modifie l'échelle, permettant de réduire l'affichage à un pâté de maisons, ou au contraire l'étendre à l'échelle d'un continent.

Démarrer un diaporama

Un diaporama est une succession de photos automatiquement affichées pendant une durée déterminée. Il est très facile d'en créer un sur l'iPad :

1. **Touchez un album afin de l'ouvrir, ou affichez toutes les images dans la vue Photos.**

2. **Touchez le bouton Diaporama, en haut à droite de l'écran.**

   La fenêtre Options de diaporama apparaît (voir Figure 10.6). Nous parcourrons les options dans la prochaine section. Pour le moment, contentons-nous de démarrer le diaporama.

Figure 10.6 : Touchez le bouton Diaporama pour accéder à ces options.

3. **Touchez l'option Démarrer le diaporama.**

   Le spectacle commence.

Les effets spéciaux de diaporama

Les options dans Réglages > Photos, à la rubrique Diaporama, permettent d'ajouter des effets spéciaux à un diaporama. Sous Réglages, vous pouvez modifier la durée d'affichage des photos, choisir une transition et/ou afficher les photos dans un ordre aléatoire. Les options de diaporama permettent d'ajouter des transitions et un accompagnement musical.

Sur l'écran d'accueil, touchez Réglages > Photos. Puis touchez l'une des options suivantes :

- **Afficher chaque photo :** cinq durées sont proposées, soit 2, 3, 5, 10 ou 20 secondes. Cela fait, touchez le bouton Photos pour revenir à l'écran principal des réglages Photos.

- **Boucle :** lorsque cette option est active, le diaporama se répète en boucle.

- **Aléatoire :** cette option affiche les photos dans un ordre aléatoire.

Touchez le bouton principal pour quitter ces réglages et revenir à l'écran d'accueil.

Pour sélectionner les transitions et une musique, touchez le bouton Diaporama, dans l'application Photos, puis configurez les options suivantes :

- **Transition :** modifie l'effet lors du passage d'une photo à la suivante. Cinq effets sont proposés : Cube, Fondu, Onde, Balayage et enfin celui que nous préférons : Origami, qui plie la photo à la manière de cet art japonais du papier plié. Essayez-les tous pour voir leur effet. Votre choix fait, touchez le bouton Photos.

- **Musique :** ajouter un accompagnement musical n'est pas compliqué. Dans le menu Options de diaporama, touchez la partie droite du bouton et choisissez un morceau parmi ceux stockés dans l'iPad.

Regarder les photos sur un téléviseur

La fonction AirPlay permet permet d'acheminer de la musique et de la vidéo de l'iPad jusque vers un Apple TV.

Pour regarder un diaporama ou des photos une par une sur un téléviseur, grâce à un boîtier Apple TV, touchez le bouton AirPlay, en haut à droite de l'écran de l'iPad. S'il n'est pas visible, assurez-vous que l'iPad et lui sont connectés au même réseau sans fil.

Transformer l'iPad en cadre pour photos numériques

Même lorsque l'iPad est verrouillé, il est possible d'en faire quelque chose de très spécial : un cadre photo numérique, une version luxueuse des cadres actuellement très en vogue. Pour activer cette fonction, touchez l'icône Cadre photo, en bas à droite d'un écran verrouillé, comme le montre la Figure 10.7.

Figure 10.7 : L'icône Cadre photo transforme l'iPad en cadre pour photos numériques.

Dans les paramètres de cadre photo, accessibles comme tous les autres réglages en touchant le bouton Réglages sur l'écran d'accueil, vous avez le choix entre deux transitions – dissolution ou origami – le zoom sur des visages (NdT : uniquement si les photos ont été importées depuis iPhoto ou Aperture) et l'affichage aléatoire des photos. Et bien sûr, vous pouvez sélectionner les albums, événements ou visages à inclure dans le diaporama.

Pour exploiter pleinement la fonction de cadre photo, placez l'iPad sur un support incliné comme le Dock iPad vendu par Apple (`www.apple.com/fr/ipad/accessories/`).

Le diaporama peut être mis en pause en touchant l'icône Cadre photo ou en actionnant la glissière pour déverrouiller l'iPad. Pour désactiver complètement cette fonctionnalité, touchez Réglages > Général > Verrouillage par code afin qu'il soit actif (vous devrez saisir votre mot de passe), puis touchez l'option Cadre photo afin que ce réglage soit inactif.

Quelques conseils pas (si) bêtes

Il existe encore d'autres façons de profiter de vos photos stockées dans l'iPad. Dans chacune d'elles, vous touchez la photo pour afficher les commandes. Puis vous touchez l'icône en haut à droite, reconnaissable à la flèche jaillissant hors d'un rectangle. Vous accédez ainsi aux choix de la Figure 10.8, détaillés ci-après :

Figure 10.8 : Voici d'autres actions possibles pour vos photos.

✐ **Envoyer par courrier :** certaines photos sont à ce point réussies que vous tenez absolument à les envoyer à tout le monde. Quand vous touchez l'option Envoyer par courrier, la photo est aussitôt incorporée dans un nouveau message. Saisissez l'adresse du ou des destinataires à l'aide du clavier virtuel, saisissez l'objet du message et ajoutez un petit mot sympa commentant la photo, puis envoyez la sauce, oups, la photo.

✐ **Envoyer à MobileMe :** si vous êtes abonné au service MobileMe (anciennement .Mac et plus anciennement encore iTools), vous pouvez publier vos photos dans votre Galerie MobileMe. La commande Envoyer à MobileMe n'est affichée que si vous avez ouvert un compte. Touchez-la, puis touchez l'album dans lequel vous désirez placer des photos. Saisissez un titre, saisissez éventuellement une description dans l'espace de publication des photos. Vos photos se retrouveront d'ici peu sur Internet.

✐ **Assigner à un contact :** touchez cette commande pour assigner une photo à une personne figurant dans liste de contacts qui apparaît aussitôt. Vous pouvez repositionner la photo et la redimensionner. Touchez ensuite le bouton Valider.

Une photo peut aussi être assignée à un contact à partir de l'application Contacts, comme expliqué au Chapitre 12 : vous sélectionnez la personne, vous touchez le bouton Modifier, puis vous touchez Ajouter une photo. Sélectionnez ensuite un portrait dans votre photothèque, ou à défaut, la tête d'un hamster, d'un goret rose, de Dark Vador ou de toute autre créature, selon la morphologie du contact.

Pour changer la photo d'un contact, touchez son nom dans la liste, touchez Modifier, puis sa photo, elle aussi accompagnée d'un bouton Modifier. Sélectionnez ensuite une autre photo puis repositionnez-la et redimensionnez-la éventuellement. Ou alors, supprimez tout bonnement la photo que vous ne désirez plus utiliser.

✔ **Imprimer :** permet d'imprimer la photo à un ou plusieurs exemplaires sur une imprimante compatible AirPrint, comme expliqué au chapitre 2.

✔ **Utiliser en fond d'écran :** le fond d'écran par défaut de l'iPad est une surface grise mouillée. Peut-être préférerez-vous utiliser une photo de votre conjoint(e), de vos enfants ou de votre animal de compagnie comme arrière-plan, ou encore une photo plus graphique, comme à la Figure 10.9.

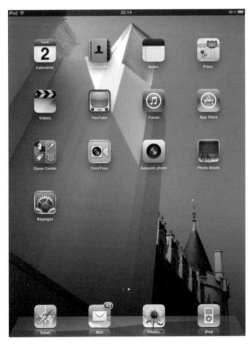

Figure 10.9 : Un fond d'écran personnalisé.

Quand vous touchez la commande Utiliser en fond d'écran, vous voyez aussitôt comment la photo occupe l'arrière-plan. Vous pouvez la repositionner et la redimensionner à votre gré grâce aux actions qui vous sont à présent familières, comme la faire glisser ou la pincer. Dès que le résultat vous convient, touchez le bouton Écran d'accueil pour utiliser la photo comme fond pour l'écran d'accueil, ou Écran verrouillé pour qu'elle n'apparaisse que si l'iPad est verrouillé, ou encore Les deux pour que la photo soit utilisée pour chacun de ces écrans. Nous reviendrons plus longuement sur les fonds d'écran au Chapitre 13.

✏ **Copier la photo :** touchez ce bouton pour copier une photo et la coller ailleurs.

Une autre solution consiste à laisser continûment le doigt sur une photo jusqu'à ce qu'un bouton Copier apparaisse. Touchez-le, vous pourrez ensuite coller la photo dans un courrier électronique par exemple. Pour cela, réparez le message, maintenez le doigt dans la zone de rédaction jusqu'à ce que le bouton Coller apparaisse, touchez-le, et la photo est placée dans le corps du message.

En plus de ces conseils sympas, immédiatement utilisables, nous vous invitons à visiter l'App Store. La rubrique Photographie contient des dizaines d'applications, dont certaines sont gratuites. Vous y trouverez par exemple Reuters Gallery, une application gratuite permettant de regarder les meilleures photos du jour de la prestigieuse agence de presse – un excellent moyen d'éduquer votre regard – ou, dans les applications payantes, PhotoForge for iPad, qui est un logiciel de retouche, de correction des couleurs et de peinture.

Supprimer des photos

Nous nous sommes peut-être avancés en affirmant que les photos sont là pour être vues. Nous aurions dû préciser que *la plupart* des photos sont là pour être vues. Parce qu'en ce qui concerne les autres, celles dont vous n'êtes pas très fiers (NdT : eh oui, la chair est faible et l'art est difficile, et quand ce n'est que du lard c'est du cochon), peut-être vaut-il mieux s'en débarrasser une fois pour toutes. Fort heureusement, c'est facile avec l'iPad :

✔ **Supprimer une photo dans l'album Photos enregistrées :** certaines images, notamment celles arrivées par courrier électronique ou copiées depuis des pages Web, sont immédiatement stockées dans ce bien nommé album. Pour supprimer une photo, touchez-la pour l'ouvrir, puis touchez l'icône en forme de poubelle visible en haut à gauche, quand les commandes sont affichées. Pour terminer la besogne, touchez le gros bouton rouge Supprimer. Ou alors, touchez ailleurs que sur ce bouton si, réflexion faite, vous renoncer à supprimer la photo.

✔ **Supprimer plusieurs photos à la fois dans l'album Photos enregistrées :** l'album Photos enregistrées étant ouvert, touchez l'icône en haut à droite ornée d'un rectangle d'où jaillit une flèche. Le bouton rouge Supprimer apparaît en haut à gauche. Touchez maintenant chacune des photos à supprimer ; elles sont signalées par une coche. Ceci fait, touchez le bouton Supprimer.

✔ **Supprimer des photos synchronisées :** l'icône en forme de poubelle n'apparaît que dans l'album Photos enregistrées. Les autres photos, celles qui sont synchronisées avec un Mac ou un PC, doivent d'abord être supprimées dans l'album présent dans l'ordinateur. À la prochaine synchronisation, elles ne seront plus dans l'iPad.

Le Photomaton de l'iPad

L'iPad 2 est doté d'une application nommée Photo Booth («Photomaton», en français). Elle est une lointaine cousine d'une application du même nom qui existe sur les Mac. Voici comment elle fonctionne sur l'iPad 2 :

1. Touchez l'icône Photo Booth de l'iPad 2.

Un rideau rouge s'ouvre, révélant un ensemble de neuf effets spéciaux que montre la Figure 10.10.

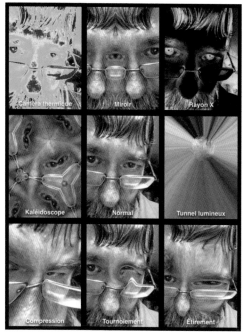

Figure 10.10 : Des effets très spéciaux pour des autoportraits particuliers.

2. **Pointez vers votre visage l'objectif de l'appareil photo situé en façade.**

    Photo Booth contient neuf effets spéciaux : Caméra thermique, Miroir, Rayon X, Kaléidoscope, Normal, Tunnel lumineux, Compression, Tournoiement et Étirement.

3. **Touchez l'un des effets spéciaux, à moins que vous ne préfériez prudemment vous en tenir à la vue Normal.**

4. **Si l'effet ne vous convient pas, touchez l'icône en bas à gauche pour revenir aux choix.**

5. **Après choisi un effet – affiché en plein écran –, vous pouvez le déformer encore plus par des effleurements ou des pincements.**

6. **Touchez le bouton en bas au milieu pour prendre la photo.**

Vos chefs d'œuvres sont enregistrés dans la Pellicule de l'application Photos. Une vignette de chacun d'eux apparaît en bas de l'écran (Figure 10.11).

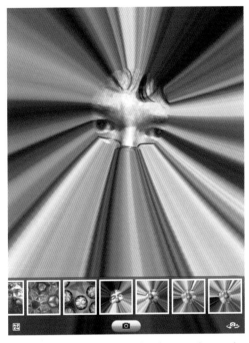

Figure 10.11 : Vos autoportraits s'accumulent en bas de l'écran ainsi que dans la Pellicule de l'application Photos.

Bon, ce n'est pas tout, ça... Redevenons sérieux car Photo Booth, c'est amusant un moment, mais on s'en lasse vite.

Vautré avec un bon livre électronique

Dans ce chapitre :

- Ouvrir un livre électronique.
- Lire un livre.
- Chercher des livres.
- Lire des périodiques électroniques.

*N*e vous étonnez pas si un jour, un gamin haut comme trois pommes vous pose cette question avec insistance : « C'est vrai qu'à une époque, les gens lisaient des livres en papier ? » Et pourquoi pas sur du parchemin ou des feuilles de papyrus, pendant qu'on y est ?

Blague à part, nous adorons les livres qui fleurent bon le papier vélin et l'encre d'imprimerie. Mais il nous faut aussi reconnaître que les efforts consentis depuis quelques années pour proposer des livres électroniques sont méritoires. Une société comme Amazon a réussi à introduire son lecteur Kindle sur le marché (NdT : mais il y a une quinzaine d'années, le lecteur de livres électroniques Cybook, fabriqué par la société française Cytale, avait essuyé un échec malgré l'engagement très actif de l'écrivain Erik Orsenna). Comme vous le découvrirez dans ce chapitre, le Kindle joue un rôle dans l'iPad.

L'iPad est un fabuleux lecteur de livres électroniques, tout en couleurs avec des effets séduisants, comme les pages qui semblent tourner comme celles d'un livre en papier.

Pourquoi des livres électroniques ?

Nous avons rencontré un grand nombre de sceptiques dont la question qui revenait sans cesse était : « Qu'est-ce que vous avez contre le papier que les gens lisent depuis des siècles pour lui préférer le numérique ? » Le fait est que nous n'avons rien contre le papier, hormis qu'à long terme, il se fragilise, et que son poids est gênant pour le voyageur (NdT : sans compter les arbres coupés pour fabriquer la pâte à papier).

Par ailleurs, quand on lui demande pourquoi il préfère les livres en papiers, Bob – le coauteur de ce livre – se contente d'en soulever un à hauteur de ses épaules et le laisser lourdement tomber par terre en demandant : « Et ça, on peut le faire avec votre iPad (ou votre Kindle) ? ». Bob est un grand délicat.

Cela dit, voici quelques avantages du livre électronique :

- **Plus de contrainte de poids :** vous pouvez emporter une bibliothèque entière de gros livres sans vous charger d'un gramme de plus. L'avide dévoreur de livres appréciera. Il pourra se plonger avec délectation dans les 37 énormes volumes de *l'Encyclopédie* d'Alembert et Diderot, qui existent actuellement en version DVD, le jour où ils seront adaptés pour l'iPad.

- **Il favorise l'éclectisme :** vous hésitez entre de la littérature classique, un livre de recettes de cuisine,

les aventures du Marsupilami ou une biographie ?
Emportez-les tous. Et lisez-les tous au gré de vos
envies.

✔ **La typographie est réglable :** dans un livre
électronique, qu'Apple préfère appeler un iBook
(NdT : un clin d'œil sans doute à l'une de ses
anciennes gammes d'ordinateurs portables), vous
pouvez changer la taille des caractères à la volée, ce
qui fera le bonheur des lecteurs dont l'acuité visuelle
n'est plus celle de leur prime jeunesse.

✔ **Le sens d'un mot est vérifiable immédiatement :**
vous avez des velléités de lecture ? «Ah que c'est
quoi ce mot que je sais pas ce que ça veut dire ?» Pas
besoin d'un dictionnaire, vous pouvez obtenir une
définition instantanément.

✔ **La fonction de recherche :** vous recherchez un
terme ? Saisissez-le et vous accéderez à chacune de
ses occurrences dans le livre que vous lisez.

✔ **La lecture dans l'obscurité :** l'écran à haute
résolution rétroéclairé permet de lire sans allumer
la chandelle, ce qui est fort commode lorsque votre
partenaire, au lit, essaye de s'endormir tandis que
vous lisez les pages les plus sensuelles des *Mille et
une nuits.*

À propos de rétroéclairage, sachez que l'encre électronique en noir et blanc du Kindle d'Amazon et d'autres
lecteurs de livres est beaucoup plus confortable et moins
agressive pour les yeux, notamment quand vous lisez
pendant des heures. Ces écrans monochromes exigent un
éclairage d'appoint pour pouvoir lire en lumière faible,
mais sont plus lisibles que l'iPad lorsque vous vous
installez dehors, au soleil.

Accéder aux livres électroniques

Pour lire un livre électronique, vous devez commencer
par aller dans l'App Store, comme expliqué au Chapitre 7,
et choisir l'application iBooks. Comme indiqué précé-

demment, iBooks est le nom donné par Apple aux livres électroniques.

Comme vous vous y attendez, l'application iBooks, conçue exclusivement pour l'iPad, est gratuite. Elle donne accès à la librairie virtuelle ouverte 24 heures sur 24 et 7 jours sur 7 que nous visiterons d'ici peu.

Vous achèterez sans doute d'autres ouvrages. Voici les commandes de base pour feuilleter et lire des livres électroniques :

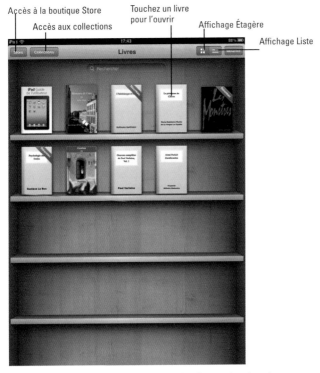

Figure 11.1 : Les livres peuvent être placés sur des étagères.

Figure 11.2 : Triez la liste par étagères, titres, auteurs ou catégories.

> ✔ **Modifier l'affichage :** si vous préférez consulter une liste de vos livres plutôt que de les voir sur des étagères virtuelles, touchez le bouton en haut à droite de l'écran (voir Figure 11.1). La liste peut être triée par titres, auteurs ou catégories, comme le montre la Figure 11.2. Vous pouvez aussi modifier le rangement des livres sur les étagères.
>
> ✔ **Réarranger les livres sur l'étagère :** touchez d'abord le bouton Bibliothèque, puis touchez le bouton Modifier, en haut à droite. Faites ensuite glisser les livres où bon vous semble, en les tirant du bout du doigt (NdT : ou alors, laissez le doigt une seconde sur livre jusqu'à ce qu'il s'agrandisse légèrement, puis tirez-le où bon vous semble).
>
> ✔ **Supprimer un livre :** en mode Liste, touchez sur Modifier puis touchez le rond rouge à barre blanche, à gauche du titre à supprimer. Touchez ensuite

le bouton Supprimer. En mode Étagère, touchez Modifier puis touchez le cercle noir marqué d'un X, en haut à gauche d'une couverture de livre. Touchez ensuite Supprimer.

✔ **Organiser la bibliothèque en collections :** si votre bibliothèque est très fournie, vous voudrez sans doute la ranger par thèmes, par genre, *etc*. Par exemple, vous voudrez créer des collections *Littérature, Sciences et techniques, Pour les Nuls, etc*. Pour cela, touchez le bouton Collections, en haut à droite. Apple en a déjà prévu cinq : Livres (pour vos ouvrages en général), PDF (pour les documents reçus à ce format), Manuels (pour les modes d'emploi, dont celui de l'iPad téléchargeable gratuitement depuis la boutique Store), Documentations et Plans. Pour créer, renommer ou supprimer une de vos collections, touchez le bouton Collections puis procédez comme suit :

- Touchez le nom d'une collection pour accéder à ses étagères.

- Touchez le bouton Nouvelle pour ajouter une collection à la liste. Nommez-la aussitôt.

- Touchez le bouton Modifier. Vous avez le choix entre plusieurs actions : touchez le bouton de suppression à gauche du nom d'une collection pour la supprimer, ou toucher et faire glisser le bouton à barres, à droite d'une collection, pour déplacer dans la liste. Pour changer le nom d'une collection, d'une collection, touchez-le puis saisissez le nouveau nom.

Un livre ne peut se trouver que dans une seule collection à la fois.

Nous venons de vous expliquer comment supprimer un livre avant même de l'avoir lu. Comme c'est bête ! Vous apprendrez à la prochaine section comment le lire d'abord.

Lire un livre électronique

Pour lire un livre électronique, touchez-le. Il quitte son étagère et s'ouvre à la première page (ou à la page où vous aviez cessé la lecture). Dès la page de titre, vous pouvez apprécier le soin apporté par Apple aux outils de navigation, comme le révèle la Figure 11.3.

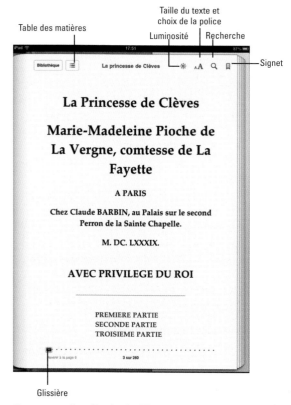

Figure 11.3 : Les iBooks de l'iPad sont dotés d'outils de lecture (en haut à droite) et de navigation (en bas).

Quand vous vous allongez pour lire, il est préférable de verrouiller la rotation de l'écran, comme expliqué au Chapitre 1, afin que l'affichage de l'iPad ne pivote pas intempestivement.

La fonction VoiceOver permet d'écouter le texte au lieu de le lire. La diction n'est pas celle d'un sociétaire de la Comédie-Française, mais elle peut rendre service à un malvoyant. Nous reviendrons sur cette fonction au Chapitre 13.

Tourner les pages

Tourner les pages d'un livre est un geste si naturel depuis des siècles qu'il n'est pas question d'en faire un geste compliqué. Il est heureusement resté simple dans la version électronique, bien qu'il se soit modernisé. Voici les différentes manières de tourner la page :

- **Touchez près de la marge droite ou effleurez-la** : la page est tournée en un clin d'œil.

- **Faites glisser le doigt à proximité de la marge** : la page se plie et tourne comme dans la réalité.

- **Tirez vers le bas à partir du coin supérieur droit du livre** : la page se plie vers le bas à partir de ce coin.

- **Tirez vers le haut à partir du coin inférieur droit du livre** : la page se plie à partir de ce coin.

- **Tirez vers le bas à partir du milieu de la marge droite** : la page toute entière se plie.

Pour aller à la page précédente, agissez de la même façon, mais depuis la marge gauche. Les effets sont identiques, mais à rebours.

Ces actions sont celles qui se produisent par défaut. En touchant l'icône Réglages > iBooks (dans la rubrique Apps), il est possible de choisir l'affichage de la page suivante en effleurant le côté gauche de l'écran.

L'iPad mémorise la page à laquelle vous avez cessé la lecture d'un livre. Quand vous le fermez en touchant le bouton Bibliothèque en haut à gauche, ou en appuyant sur le bouton principal, le livre sera automatiquement rouvert à cette page quand vous reprendrez sa lecture. Il n'est pas nécessaire de placer un signet, bien que ce soit possible comme nous le verrons d'ici peu.

Aller à une certaine page

Lorsque vous lisez un livre, il peut arriver que vous vouliez atteindre une certaine page. Voici comment y parvenir :

1. **Touchez le milieu de la page que vous lisez pour faire apparaître les commandes, si elles ne sont pas visibles actuellement.**

   Ces commandes sont légendées à la Figure 11.3.

2. **Tirez la glissière en bas de l'écran jusqu'à ce qu'apparaissent le numéro du chapitre et celui de la page à atteindre.**

3. **Soulevez le doigt et vous voilà à la page choisie.**

Aller à la table des matières

À l'instar de la plupart des véritables livres, ceux que vous lisez sur votre iPad ont une table des matières. Voici comment l'utiliser :

1. **Le livre ouvert dans l'iPad, touchez le bouton Table des matières, en haut à gauche de l'écran.**

   La table des matières est affichée (voir Figure 11.4).

2. **Touchez un chapitre, un titre ou toute autre entrée pour aller directement à sa page.**

   Toucher le bouton Reprendre, en haut à droite de la page, vous ramène à la page où vous étiez auparavant.

Placer un signet

Aller à telle ou telle page, avec l'iPad, est aussi facile que de feuilleter un livre, comme nous venons de le voir. De plus, l'iPad rouvre le livre à la page où vous l'aviez fermé.

Vous pouvez aussi placer un signet afin de marquer une page à laquelle vous désirez retourner rapidement. Vous avez le choix entre deux techniques :

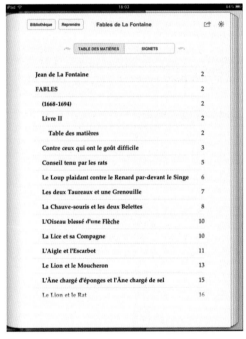

Figure 11.4 : La table des matières d'un livre de Jean de La Fontaine.

✓ Maintenir le doigt appuyé sur une page. Quand vous le relevez, un bouton Signet apparaît, de même que des boutons Copier, Dictionnaire et Rechercher, que nous étudierons d'ici peu. Touchez le bouton Signet pour en placer un. Le mot ainsi marqué est surligné en jaune.

✔ Vous pouvez aussi marquer un passage ou un paragraphe en touchant le texte puis en étendant la partie de texte surlignée grâce à des marqueurs de sélection. Comme auparavant, touchez le bouton Signet pour terminer cette action.

Lorsqu'un signet a été placé, différentes actions sont possibles :

✔ **Revenir ultérieurement au signet :** touchez le bouton Table des matières/Signet puis touchez Signets (si cette option n'est pas déjà sélectionnée). Le signet mentionne le chapitre et le numéro de la page, la date de création du signet ainsi qu'une phrase ou deux, comme le montre la figure 11.5. Touchez un signet pour accéder à la page où il se trouve.

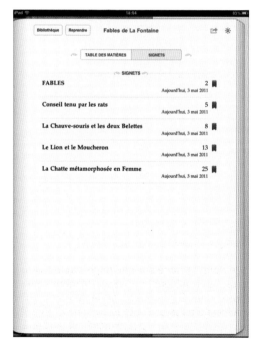

Figure 11.5 : La liste des signets placés dans un livre.

🖙 **Supprimer un signet :** touchez continûment le
mot, puis touchez Supprimer. Ou alors, dans la liste
des signets, effleurez-en un puis touchez le bouton
Supprimer.

Surligner et ajouter des notes

Les signets sont parfaits pour revenir à une page précise,
mais parfois, vous voudrez surligner un passage ou grif-
fonner une note ou un commentaire. Voici comment :

1. **Laissez le doigt un instant en contact avec du texte
   jusqu'à ce qu'une loupe apparaisse, puis relevez-le.**

   Une barre de menus apparaît. Elle contient les
   commandes Copier, Dictionnaire, Surlignage, Note et
   Rechercher. Des repères de sélection se trouvent de
   part et d'autre du mot sélectionné.

2. **(Facultatif) Précisez la sélection en tirant les
   repères au début et à la fin de la zone.**

3. **Touchez le bouton Surlignage ou Note.**

   Lorsque vous touchez le bouton Surlignage, le
   texte sélectionné est surligné en jaune par défaut.
   Un extrait figure dans la page Signet, à la rubrique
   Surlignages et notes. Touchez cet extrait pour
   revenir au texte.

   Lorsque vous choisissez l'option Notes, un petit
   Post-It est affiché. Saisissez vos commentaires avec
   le clavier virtuel.

Voici quelques informations utiles après avoir surligné du
texte ou créé une note :

🖙 **Pour supprimer un surlignage ou une note :**
touchez brièvement le texte puis, dans la barre de
menus, touchez l'option Effacer le surlignage ou
Supprimer la note. Dans la page Signet, effleurer
un surlignage ou une note affiche un bouton rouge
Supprimer. Touchez-le pour faire disparaître
l'élément en question.

✔ **Pour changer la couleur d'un surlignage ou d'une note :** touchez brièvement le texte puis, dans la barre de menus, touchez l'option Couleur. Choisissez ensuite une couleur : jaune, vert, bleu, rose ou violet.

✔ **Pour envoyer les notes par courrier électronique ou pour l'imprimer :** dans le coin en haut à droite de la page Signets, touchez l'icône rectangulaire de laquelle sort une flèche incurvée. Touchez ensuite le bouton Envoyer ou le bouton Imprimer. Rappelez-vous que, comme expliqué au Chapitre 2, l'impression n'est possible qu'avec une imprimante compatible AirPrint.

Modifier la police et sa taille

Voici comment augmenter ou réduire la taille – le corps, en jargon typographique – d'une police :

1. **Touchez le bouton Police, en haut à droite de l'écran.**

   Il est indiqué à la Figure 11.3. Une palette avec un petit A et un grand A apparaît.

2. **Touchez le A de grande taille.**

   Le texte grossit. Répétez au besoin cette opération.

   Pour réduire le corps, choisissez plutôt le A de petite taille.

Pour changer la typographie, touchez le bouton Polices, puis touchez celle que vous désirez utiliser. Vous avez le choix entre les polices Baskerville, Cochin, Palatino, Times New Roman et Verdana. Le changement est immédiatement appliqué. La police actuellement en cours est signalée par une coche.

Rechercher dans et hors d'un livre

Pour trouver un passage dans un livre, effectuez une recherche en procédant ainsi :

1. **Touchez la loupe puis saisissez le mot ou la phrase à l'aide du clavier virtuel qui remonte du bas de l'écran.**

   Toutes les occurrences présentes dans le livre apparaissent dans une fenêtre sous l'icône Recherche.

2. **Touchez l'un des résultats de la recherche pour accéder à son emplacement dans le livre.**

Vous pouvez aussi effectuer une recherche sur Google ou dans l'encyclopédie en ligne *Wikipédia* à l'aide des boutons en bas des résultats. Cette action ferme l'application iBooks et démarre Safari, qui charge la page Google ou *Wikipédia*, selon la recherche.

Quand vous recherchez sur Google ou sur *Wikipédia* de cette manière, l'application iBooks se ferme tandis que Safari est démarré. Pour retourner dans le livre électronique, vous devez de nouveau toucher l'icône iBooks afin de rouvrir l'application. Fort heureusement, le livre s'ouvre à la page que vous aviez quittée.

Acheter des livres électroniques

Bob et moi, nous adorons fouiner dans les librairies (les vraies). Mais, bien que différente, la visite dans l'iBookstore d'Apple est tout aussi plaisante. Trouver un livre est extrêmement facile, et vous pouvez même le feuilleter avant de vous décider à l'acheter. Pour entrer dans la boutique virtuelle, touchez le bouton Store, en haut à gauche de l'étagère ou de la liste de vos livres.

NdT : touchez le bouton Classements, en bas de l'écran, pour accéder à une sélection de livres gratuits.

Parcourir les rayons de livres électroniques

L'iBookstore peut être parcouru de différentes manières. La moitié supérieure de l'écran contient les publicités pour les ouvrages de la catégorie choisie (Figure 11.6).

Vous pouvez aussi parcourir les Nouveautés d'une catégorie en particulier. Les flèches vers la gauche ou vers la
droite pointent vers d'autres parutions récentes. Touchez
Tout afficher pour accéder à d'autres sélections. Si vous
préférez rechercher par «rayons», comme dans une vraie
bibliothèque, touchez le bouton Catégories, en haut à
gauche de l'écran. Les livres sont classés par genres
comme «Entreprise et management», «Arts et spectacles»,
«Biographies et mémoire», «Cuisines et vin», *etc.*

Figure 11.6 : La partie supérieure de la boutique virtuelle contient de la publicité pour les nouveautés.

Examinons maintenant les boutons en bas de l'écran. Ils
portent les mentions suivantes :

✔ **Sélection** : c'est là que nous sommes à ce point de la visite. À peine arrivé dans la boutique, vous avez droit à de la publicité qui fait la promotion des titres du jour.

✔ **Classements :** vous trouvez à cette rubrique les livres qui rencontrent le plus de succès, répartis dans deux catégories : les meilleurs livres gratuits, les meilleurs livres vendus. Touchez le lien En afficher plus, en bas de la liste, pour voir davantage que les dix meilleurs titres de chaque catégorie.

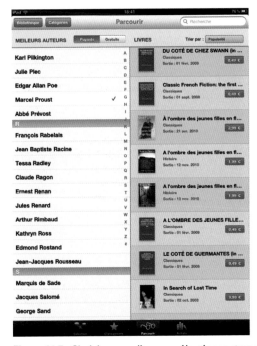

Figure 11.7 : Choisissez un livre en sélectionnant un auteur.

✔ **Parcourir :** la sélection s'effectue par auteur (Figure 11.7) après voir touché le bouton Payants ou Gratuits. Touchez l'une des lettres de l'alphabet, à droite de la liste de noms, pour accéder plus rapidement à un auteur. Remarquez le prénom qui précède le nom servant au tri, ce qui n'est pas très convivial. Notez aussi que la liste n'est pas exhaustive. Maurice Barrès figure dans la liste Meilleurs auteurs, mais si vous préférez Michel Bakounine, vous devrez taper son nom dans le champ Recherche en haut à droite.

✔ **Achats :** toucher ce bouton affiche les livres que vous avez déjà achetés. Vous pouvez aussi vérifier les informations de compte d'iTunes, touchez un bouton qui vous mène au service clients d'iTunes, et utiliser vos cartes cadeaux.

Rechercher dans l'iBookstore

Un champ Recherche, semblable à celui d'iTunes, se trouve en haut à droite de l'iBookstore. Saisissez le nom d'un auteur ou d'un titre pour trouver le livre que vous recherchez.

Pour lister tous les ouvrages qui ne coûtent rien, tapez « gratuit » dans le champ Recherche. Vous trouverez notamment des classiques que vous ne serez peut-être même pas obligé d'importer. Reportez-vous à la section « Trouver des livres gratuits hors de l'iBookstore », plus loin dans ce chapitre.

Évaluer un livre électronique

Pour en savoir plus sur un livre de l'iBookstore, consultez sa description, l'avis des lecteurs ou lisez quelques pages. Voici comment obtenir des informations :

1. **Touchez la couverture du livre.**

   Un descriptif semblable à celui de la Figure 11.8 apparaît.

2. **Touchez le lien L'auteur pour connaître les autres livres du même écrivain disponibles dans l'iBookstore.**

3. **Si vous touchez Partager, l'iPad démarre l'application Mail et affiche un message vide avec, dans le champ objet, la mention «Découvrez [titre du livre]».**

Une photo de la couverture, la date de publication et sa note, ainsi qu'un lien Afficher cet article sont placés dans le corps du message.

4. **Lisez les avis des lecteurs et voyez les notes attribuées.**

Vous pouvez aussi donner votre propre avis en touchant Soyez le premier à donner votre avis, ou Donnez votre avis, si vous avez acheté le livre.

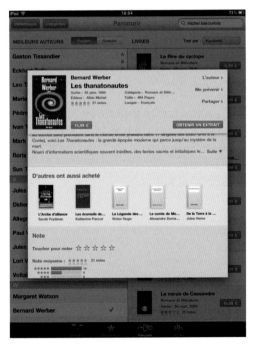

Figure 11.8 : Informez-vous sur le livre que vous comptez lire.

Le meilleur moyen de se forger sa propre opinion sur un livre est d'en lire des extraits. Touchez Obtenir un extrait, et le livre s'envole vers votre étagère virtuelle. Un bandeau Extrait est affiché sur la couverture afin de vous rappeler que ce livre ne vous appartient pas encore. Vous pouvez le lire comme n'importe quel autre livre électronique, mais seulement jusqu'à la page où l'extrait prend fin. Un bouton Acheter, dans les pages du livre, permet de l'acheter aussitôt si vous êtes séduit.

Acheter un livre électronique dans l'iBookstore

Voici comment acheter le livre qui vous plaît à tel point que vous ne sauriez pas vous en passer :

1. **Touchez le bouton gris mentionnant le prix du livre.**

   La valeur en euros disparaît. Le bouton devient vert et porte la mention Acheter. Si le livre est gratuit, la mention Obtenir le livre est affichée.

2. **Touchez le bouton Acheter ou Obtenir le livre.**

3. **Saisissez votre mot de passe pour iTunes Store afin de finaliser la transaction.**

   Le livre apparaît instantanément sur l'étagère, prêt à être lu.

Si vous achetez un autre livre dans le quart d'heure, iTunes ne vous redemande pas le mot de passe.

Acheter des livres ailleurs que chez Apple

Quand l'iPad fut dévoilé, en avril 2010, il fut aussitôt comparé au Kindle d'Amazon, qui était le *leader* sur le marché des lecteurs de livres électroniques. L'écran de l'iPad est certes plus grand et en couleurs, mais le Kindle a lui aussi des atouts, notamment une autonomie plus importante, d'environ deux semaines au lieu de seulement dix heures pour l'iPad, une plus grande légèreté et un plus grand nombre de titres.

Mais Amazon avait affirmé de longue date que les livres électroniques pour le Kindle seraient déclinés pour plusieurs sortes de lecteurs, dont l'iPad, et bien avant, l'iPhone et l'iPod Touch. C'est pourquoi nous recommandons de télécharger l'application Kindle pour iPad, notamment si vous avez déjà acheté un certain nombre de livres sur le Kindle Store d'Amazon et que vous désirez accéder à un choix d'ouvrages plus vaste.

Vous trouverez dans la rubrique Livres de l'App Store quantité d'applications téléchargeables permettant de lire des livres électroniques dans d'autres formats que ceux des iBooks. Citons par exemple :

- ✏ Stanza, de Lexcycle, un lecteur pour livres au format eBook, développé pour iPhone, iPod Touch, mais utilisable avec l'iPad. Une des rares applications proposant de nombreux livres pour les lecteurs francophones, et qui plus est, gratuitement.

- ✏ Kindle, d'Amazon, déjà mentionné précédemment, dont le défaut majeur est sa grande pauvreté de titres en français.

- ✏ CloudReaders, de Satoshi Nakajima, une application gratuite permettant de lire des livres électroniques aux formats PDF, CBZ et CBR.

- ✏ eBooks, de Kodo HD, une autre application gratuite permettant d'accéder à plus de deux millions de titres, essentiellement en anglais.

Trouver des livres électroniques gratuits hors de l'iBookstore

L'iPad reconnaît le format ePub (*electronic Publication*), un standard ouvert pour la publication de livres électroniques, utilisé par des milliers de livres appartenant au domaine public, et donc gratuits. Vous pouvez les importer dans l'iPad sans passer par l'iBookstore.

Pour importer des titres ePub, vous devez d'abord les transférer dans le Mac ou dans le PC, puis les synchroniser avec l'iPad grâce à iTunes. Vous trouverez des livres électroniques en français dans bon nombre de sites dont :

✔ eBooks libres et gratuits (www.ebooksgratuits.com/).

✔ Feedbooks (www.feedbooks.com).

✔ Google Books (http://books.google.fr).

✔ immatériel.fr (http://librairie.immateriel.fr/).

Cette liste est bien sûr loin d'être exhaustive, et le nombre d'ouvrages en français devrait s'accroître rapidement.

Lire des journaux et des magazines

Internet est devenu un support d'information aussi important, voire davantage, que le papier. La presse quotidienne et magazine, qui connaît depuis longtemps une crise endémique, compte beaucoup sur les lecteurs de livres électroniques, et notamment sur l'iPad.

Ce que nous pouvons affirmer, c'est que la lecture d'un périodique sur l'iPad n'a rien à voir avec la lecture d'un journal ou d'un magazine sur les autres supports électroniques. Elle est vraiment très astucieuse sur l'iPad, mais c'est à vous de décider si vous êtes disposé à payer pour ce service.

La rubrique Actualités de l'App Store contient des applications permettant de lire la presse quotidienne (*Le Figaro, Le Monde, Le Parisien, Les Échos, Libération...*) ou des magazines (*Géo, Paris Match...*). Vous pouvez vous abonner ou acheter un titre au numéro.

Travailler avec l'iPad

Dans ce chapitre :

- Le calendrier de l'iPad.
- Prendre des notes.
- Gérer les contacts.
- Présenter avec Keynote.
- Traiter du texte avec Pages.
- Jongler avec les chiffres avec Numbers.

L'iPad ne sert pas qu'à s'amuser. Il a aussi des aspects plus sérieux. Il peut vous rappeler un rendez-vous, garder le contact avec vos collègues et, si vous achetez l'application iWork, vous pourrez faire du traitement de texte, utiliser un tableur ou créer des présentations.

Prendre des notes

Notes est une application de création de notes que vous pouvez enregistrer ou envoyer par courrier électronique. Voici comment créer une note :

1. **Touchez le bouton Notes, sur l'écran d'accueil.**

2. **Touchez le bouton « + », en haut à droite, pour prendre une nouvelle note.**

   Le clavier virtuel apparaît.

3. **Saisissez la note, comme le montre la Figure 12.1.**

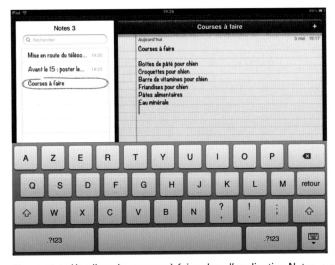

Figure 12.1 : Une liste de courses à faire, dans l'application Notes, ou comment frimer dans la supérette du quartier.

✔ Après avoir enregistré une note, vous pouvez :

✔ Toucher le bouton Notes, en haut à gauche, pour afficher la liste de toutes les notes. Touchez ensuite l'une d'elles pour la lire.

✔ Toucher un bouton fléché pointant vers la droite ou vers la gauche, en bas de l'écran, pour afficher la note suivante ou précédente.

✔ Toucher l'icône en forme d'enveloppe, en bas de l'écran, pour envoyer la note à l'aide de l'application Mail.

✔ Toucher l'icône en forme de poubelle pour supprimer la note.

Nous nous en voudrions de ne pas vous signaler que les notes peuvent être synchronisées avec votre ordinateur.

Et voilà, vous savez tout ce qu'il faut savoir sur la prise et la gestion des notes.

Le calendrier de l'iPad

L'application Calendrier (Figure 12.2) permet de gérer vos rendez-vous et de ne pas oublier les dates et événements importants, comme les anniversaires. Vous y accédez bien entendu en touchant le bouton Calendrier, sur l'écran d'accueil. Remarquez combien il est astucieux et pratique : il affiche en permanence le jour de la semaine et la date.

Les utilisateurs de Mac peuvent synchroniser leurs calendriers avec iCal ou Microsoft Entourage. Les utilisateurs de PC peuvent le faire avec Microsoft Outlook (NdT : ce logiciel est livré avec certaines versions de la suite bureautique Office ; il n'est hélas pas possible de synchroniser Calendrier avec Windows Mail ou Windows Mail Live, ni avec leur ancêtre, Outlook Express).

Vous ne pouvez pas créer de calendriers (NdT : il s'agit de calendriers spécifiques, réservés à des domaines particuliers, comme Privé, Professionnel…) dans l'iPad. Ils doivent l'être dans le Mac ou le PC puis être synchronisés. Reportez-vous au Chapitre 3 pour les détails.

Le calendrier peut être présenté de quatre manières : par jour, par semaine, par mois et sous forme de liste. Il suffit de toucher le bouton correspondant, en haut de l'écran. Quel que soit l'affichage, il est possible de revenir à tout moment à la date du jour en touchant le bouton Auj., en bas à gauche.

Figure 12.2 : Le calendrier est un véritable agenda permettant de gérer votre temps.

Choisir l'affichage du calendrier

À partir d'un seul affichage du calendrier, vous pouvez consulter les rendez-vous d'un seul calendrier, consolider plusieurs calendriers (privé, professionnel, activités des enfants…) en procédant comme suit :

1. **Touchez le bouton Calendriers, en haut à gauche de l'écran.**

   Cette action affiche le panneau Afficher les calendriers.

2. **Touchez chacun des calendriers désirés en touchant l'entrée correspondante.**

   Une coche apparaît. Touchez de nouveau une entrée afin qu'un calendrier donné n'apparaisse pas, et la coche disparaît. Pour voir tous les calendriers, touchez l'option Tout. Pour ne plus les voir, touchez de nouveau Tout.

Les tâches à effectuer, créées dans les calendriers d'un Mac ou d'un PC, ne sont pas affichées dans l'iPad.

Vous pouvez aussi choisir de présenter un ou plusieurs calendriers de différentes manières :

✓ **Affichage par liste :** une liste (voir Figure 12.3) présente, à gauche, la liste des rendez-vous du jour en cours et des jours à venir et à droite, le détail de la journée, heure par heure. Environ huit heures sont affichées en mode Paysage, environ dix en mode Portrait. Faites défiler la liste du bout du doigt pour voir les autres plages horaires. Pour changer de jour, appuyez sur l'un des boutons fléchés, en bas de l'écran, ou actionnez la glissière chronologique.

Figure 12.3 : L'affichage par liste.

Figure 12.4 : L'affichage par jour.

✔ **Affichage par jour :** cette présentation (Figure 12.4) montre tous les rendez-vous sur les 24 heures de la journée (vous devrez faire défiler la page vers le haut et vers le bas pour voir toutes les heures). Là encore, vous pouvez parcourir les jours en touchant l'une des touches fléchées ou en actionnant la glissière chronologique.

✔ **Affichage par semaine :** il montre les jours de la semaine (Figure 12.5). Remarquez le changement de la chronologie : flèches et glissières parcourent à présent des semaines, et non plus des jours.

✔ **Affichage par mois :** à chaque journée, un point coloré permet de savoir à quel calendrier se rapporte le bref descriptif des rendez-vous et des événements (Figure 12.6).

Figure 12.5 : L'affichage par semaine.

Retrouver un rendez-vous

Supposons que vous ayez fixé un rendez-vous avec un médecin il y a plusieurs mois – un délai qui n'a hélas rien d'imaginaire pour certaines spécialités très demandées – et que vous ne savez plus du tout à quel jour et à quelle heure il doit avoir lieu. Vous pourriez certes parcourir le calendrier en mode Liste, mais ce n'est pas très rationnel. Il est plus rapide de saisir le nom du médecin dans le champ Recherche en haut à droite. Vous parvenez ainsi directement au rendez-vous, dans le mode d'affichage en cours.

Figure 12.6 : L'affichage par mois.

Prendre un rendez-vous ou noter un événement

Vous avez appris au Chapitre 3 l'essentiel de ce qu'il faut savoir pour synchroniser votre iPad, y compris les calendriers provenant d'Ical ou Entourage (Mac) ou d'Outlook (Windows).

En règle générale, vous noterez les rendez-vous à la volée, de même que les événements comme un anniversaire, de la manière suivante :

1. **Touchez le bouton Calendrier, sur l'écran d'accueil, puis touchez le bouton Jour, Semaine, Mois ou Liste.**

2. **Touchez le signe « + », en bas à droite de l'écran.**

Le panneau Événement apparaît (voir Figure 12.7), ainsi que le clavier virtuel.

Figure 12.7 : Prêt à noter un événement dans l'iPad.

3. **Touchez les champs Titre et Lieu afin de saisir les informations utiles.**

4. **Indiquez l'heure de début et de fin en touchant les champs Commence et Se termine, et en procédant ensuite ainsi :**

S'il s'agit d'un événement qui commence et/ou se termine à un moment précis :

- Dans l'écran Commence/Se termine (Figure 12.8), choisissez la date et l'heure du début puis la date et l'heure de fin.

- Actionnez les molettes des dates, heures et minutes (graduées par intervalle de 5 minutes).
- Touchez le bouton Terminé.

Figure 12.8 : Les molettes de réglage de la date et de l'heure rappellent celles d'un cadenas à code.

Si l'événement est une date de naissance, un anniversaire ou toute autre date :

- Touchez le bouton Jour entier afin que le commutateur indique que l'option est active. Touchez ensuite OK.

Comme le réglage de l'heure ne s'impose pas pour un événement comme un anniversaire, seules les molettes du jour de la semaine, de la date du jour et du mois sont visibles, et non celles de l'heure et de la minute.

5. **Si l'événement est répétitif, touchez la fenêtre Récurrence. Choisissez l'intervalle de temps puis touchez OK.**

    Vous avez le choix entre Tous les jours, Toutes les semaines, Toutes les deux semaines, Tous les mois ou Tous les ans.

6. **Pour définir une alerte ou un rappel, touchez le bouton Alarme, réglez l'heure, puis touchez OK.**

Une alerte peut être configurée pour se déclencher à la date de l'événement, deux jours avant, la veille, deux heures avant, une heure avant, ou bien 30, 15 ou 5 minutes avant. Un petit panneau semblable à celui de la Figure 12.9 apparaît au milieu de l'écran tandis qu'une alarme retentit. Touchez le bouton Afficher pour obtenir les détails à propos de ce rendez-vous, ou touchez Fermer si le seul rappel du rendez-vous vous suffit.

Figure 12.9 : Le rappel de l'heure du rendez-vous.

Si vous êtes du genre à oublier le rappel d'un rendez-vous sitôt qu'il vous a été notifié, définissez un autre rappel en touchant le champ Deuxième alarme. Il n'apparaît que si une première alerte a déjà été définie.

7. **Si vous utilisez plusieurs calendriers, touchez le bouton Calendrier pour affecter cet événement à un calendrier en particulier, puis touchez celui que vous estimez approprié (Privé, Professionnel…) Touchez ensuite OK.**

8. **Pour ajouter des remarques ou des commentaires à un rendez-vous ou à un événement, touchez Notes. Saisissez votre texte avec le clavier virtuel puis touchez OK.**

9. **De retour dans le panneau Événement, touchez OK pour valider vos saisies.**

Voici quelques informations supplémentaires à propos des calendriers :

🖊 Désactivez l'alerte d'un calendrier en touchant Réglages > Général > Sons. Assurez-vous que le bouton Alertes de calendrier est désactivé.

✔ Pour modifier un rendez-vous ou un événement, touchez-le, touchez Modifier puis effectuez les changements.

✔ Pour supprimer un rendez-vous ou un événement, touchez-le, touchez Modifier > Supprimer l'événement. Confirmez ensuite la suppression.

✔ Les rendez-vous et événements créés dans l'iPad sont synchronisés avec le calendrier spécifié dans le panneau Infos d'iTunes.

Choisir le calendrier par défaut et le fuseau horaire

Choisissez le calendrier par défaut en touchant Réglages > Mail, Contacts, Calendrier. Faites ensuite défiler la page jusqu'à ce que la rubrique Calendrier apparaisse. Touchez Calendrier par défaut puis sélectionnez celui dans lequel les nouveaux événements créés hors d'un calendrier spécifique seront placés d'office.

Si vous voyagez loin, vous pouvez faire en sorte qu'un événement soit affiché en fonction du fuseau horaire associé à vos calendriers. Dans le réglage Calendrier, touchez Heure locale afin d'activer cette fonction, puis touchez Fuseau horaire. Saisissez ensuite le nom d'une grande ville.

Quand la fonction Heure locale est désactivée, les événements sont enregistrés selon l'actuel fuseau horaire.

La fonction Push du calendrier

Si votre entreprise utilise Microsoft Exchange ActiveSync, les rendez-vous, événements et invitations à des réunions provenant de vos collègues peuvent être acheminés dans votre iPad avec la fonction Push afin qu'ils y apparaissent quelques instants seulement après avoir été créés. Configurer un compte facilitant le «poussage», dans l'iPad, des informations issues d'un calendrier est facile, mais vous devez néanmoins obtenir l'autorisation du service informatique de l'entreprise. Suivez ensuite ces étapes, qui ressemblent beaucoup à celles de la configuration d'un compte de messagerie :

1. **Touchez Réglages.**

2. **Touchez Mail, Contacts, Calendrier.**

3. **Dans la liste Ajouter un compte, touchez Microsoft Exchange.**

Un seul compte exploitant Microsoft Exchange ActiveSync peut être configuré pour travailler avec votre iPad.

4. **Saisissez l'adresse de messagerie, le nom d'utilisateur, le mot de passe et la description, puis touchez Suivant.**

5. **Dans l'écran qui vient d'apparaître, saisissez l'adresse du serveur. Les autres champs contiennent déjà l'adresse de messagerie, le nom d'utilisateur et le mot de passe que vous venez d'indiquer. Touchez Suivant.**

Si votre entreprise utilise Microsoft Exchange 2007, vous n'avez pas à saisir l'adresse du serveur Exchange, car l'iPad est capable de la déterminer automatiquement.

6. **Activez le commutateur de tous les types d'information – Mail, Contact et/ou Calendrier – que vous désirez synchroniser avec Microsoft Exchange.**

L'iPad devrait maintenant être configuré, bien que certaines sociétés puissent exiger un mot de passe supplémentaire afin de mieux protéger les données sensibles de l'entreprise.

Si votre iPad professionnel est perdu ou volé, ou s'il s'avère que vous êtes une taupe travaillant pour la concurrence, le responsable du service informatique peut effacer l'iPad à distance. C'est aussi possible si vous avez souscrit un abonnement au service MobileMe. Il vous permet de plus de recourir au service Localiser mon iPad décrit au prochain chapitre.

Répondre à une invitation, à une réunion

Un bouton intéressant se trouve en bas à droite de l'écran, mais il n'est visible que si la fonction de synchronisation du calendrier Exchange est activée, et si vous avez reçu une invitation à participer à une réunion organisée par quelqu'un de votre entreprise. Le bouton Invitations est représenté par une icône en forme de flèche pointée vers le bas, dans une sorte de bac. L'invitation que vous recevez est entourée d'une ligne en pointillé dans le calendrier. Une connexion Internet est nécessaire pour répondre :

1. **Touchez le bouton Invitations pour accéder aux invitations en attente.**

2. **Touchez un élément de la liste pour en apprendre davantage.**

   Supposons que l'invitation émane de votre chef. Vous pouvez savoir qui d'autre est convié à participer en touchant Invités. Envoyez-leur un courrier électronique, si nécessaire. Vérifiez d'éventuels conflits de planning, entre autres options.

3. **Touchez Accepter pour indiquer à l'organisateur de la réunion que vous serez présent. Si vous avez mieux à faire que de céder à la réunionite ambiante (encore une réunion préliminaire à la conférence de préparation du préprojet de communication), touchez le bouton Refuser. Ou alors, si vous ne savez pas encore (il y a un pot ou un buffet ou non ?) touchez Peut-être.**

Vous pouvez choisir d'être alerté chaque fois que quelqu'un vous envoie une invitation. Dans les réglages du calendrier, touchez Alerte nouvelle invitation.

Les abonnés à MobileMe peuvent synchroniser le contenu de leur calendrier entre l'iPad et leur ordinateur. Dès que le planning est changé sur l'iPad, il est automatiquement mis à jour sur l'ordinateur et inversement. Choisissez MobileMe, dans le panneau Ajouter un compte, pour commencer la configuration.

S'abonner à des calendriers

Vous pouvez vous abonner à des calendriers adhérant aux standards *CalDAV* et iCalendar (.ics) utilisés par les calendriers de Google et Yahoo! ainsi que par l'application iCal, sur le Mac. Il est possible de lire les rendez-vous et événements avec l'iPad, mais il n'est pas possible de les modifier ni d'en créer de nouveaux depuis l'iPad.

Voici comment s'abonner à l'un de ces calendriers extérieurs :

1. **Touchez Réglages > Mail, Contacts, Calendrier > Ajouter un compte > Autres.**

2. **Choisissez Ajouter un compte CalDAV ou S'abonner à un calendrier.**

3. **Saisissez l'adresse Web (URL) du calendrier auquel vous désirez vous abonner.**

4. **Si cela vous est demandé, saisissez votre nom d'utilisateur, mot de passe ainsi que, éventuellement, une description.**

   Les calendriers auxquels vous êtes abonnés apparaissent dans l'iPad comme n'importe quel autre calendrier.

   Les calendriers auxquels vous êtes abonnés sont en lecture seule. Autrement dit, vous pouvez les consulter, mais vous ne pouvez pas modifier les rendez-vous et événements, ni en ajouter d'autres.

Les contacts

Vous avez appris au Chapitre 3, consacré à la synchro-nisation, comment transférer dans l'iPad les adresses électroniques, les adresses postales et les numéros de téléphone qui se trouvent dans votre Mac ou dans votre PC. Si vous avez déjà synchronisé vos données, toutes ces informations sont réunies à un seul endroit, accessible en touchant l'icône Contacts sur l'écran d'accueil.

Ajouter et afficher des contacts

Pour ajouter des contacts à partir de l'application Contacts, touchez le bouton « + » en bas de l'écran, puis saisissez les informations concernant la personne. Touchez Ajouter une photo puis sélectionnez une photo parmi vos albums. Les informations peuvent être modifiées par la suite en touchant le bouton Modifier lorsque le nom d'un contact est sélectionné.

La liste des contacts apparaît dans la page de gauche (voir Figure 12.10). La page de droite contient les détails à propos de la personne sélectionnée (adresses électronique et postale, numéro de téléphone, date de naissance…). Des notes peuvent être ajoutées.

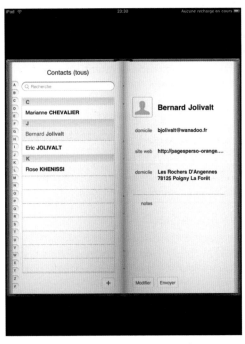

Figure 12.10 : Les contacts se trouvent dans un carnet d'adresses virtuel.

Trois actions permettent de localiser un contact :

🖝 **Effleurer la liste pour la faire défiler vers le haut ou vers le bas.** Ce n'est pas forcément le moyen le plus rapide, mais il est efficace lorsque la liste n'est pas trop longue.

🖝 **Toucher une lettre du bord gauche du carnet.** Les onglets rappellent un classique carnet d'adresses avec ses onglets alphabétiques.

🖝 **Saisir le nom du contact dans le champ Recherche, en haut de la liste, ou le nom de l'entreprise où il travaille.** Dès que le contact recherché apparaît, mettez fin au défilement en touchant l'écran.

Quand vous touchez l'écran pour arrêter le défilement, le toucher en question ne sélectionne rien. Cela peut sembler gênant de prime abord, mais vous verrez à l'usage que c'est finalement une bonne solution.

La manière d'afficher les contacts est modifiable. Touchez Réglages > Mail, Contacts, Calendrier. Faites ensuite défiler jusqu'à la rubrique Contacts, à droite de l'écran, si cette option n'est pas visible. Touchez Ordre d'affichage et choisissez l'une des options : Prénom Nom, ou alors Nom Prénom.Rechercher un contact

Un contact peut être recherché en saisissant son nom ou son prénom dans le champ Recherche, ou en saisissant le nom de l'entreprise.

Vous pouvez retrouver un nom, dans votre iPad, sans recourir à l'application Contacts. Commencez à le saisir dans le champ de recherche Spotlight (décrit au Chapitre 2) puis touchez le nom dans la liste des résultats. Si la recherche est effectuée à partir d'un compte Microsoft Exchange, vous devriez pouvoir rechercher dans la liste d'adresses Globale, de l'une des deux façons suivantes :

🖝 Touchez le bouton Groupes, puis touchez le nom du serveur Exchange pour voir la liste des contacts. Les groupes peuvent contenir les différents services de l'entreprise, ou des noms regroupés par affinités, *etc.*

🖙 Ou alors, recherchez un serveur LDAP (*Lightweight Directory Access Protocol,* protocole léger d'accès aux annuaires).

Écrire à vos contacts et les partager

Un courrier électronique peut être initié depuis la fiche d'un contact en touchant son adresse électronique. Cette action démarre l'application Mail et place spontanément le nom du contact dans le champ À. Reportez-vous au Chapitre 5 pour en savoir plus sur le courrier électronique.

Les informations à propos d'un contact – son profil, si vous préférez – peuvent être diffusées. Touchez le bouton Envoyer, et c'est une fois de plus l'application Mail qui réagit. Cette fois, c'est la carte de visite virtuelle du contact, c'est-à-dire un fichier au format vCard, dont l'extension est .vcf, qui est placée dans le corps du message. Envoyez ce dernier normalement.

Enfin, toucher l'adresse postale d'un contact démarre l'application Plans et montre où se trouve cet endroit.

Supprimer un contact

Vous avez cessé de collaborcr avec un contact professionnel. Ou alors, si c'est un contact personnel, voire plus si affinités, c'est le désamour. Vous voulez rayer cette personne, non seulement de votre mémoire, mais aussi de celle de l'iPad.

Quoi qu'il en soit, rien n'est plus simple que d'éliminer cette personne (de l'iPad bien sûr, pas physiquement…). Touchez le contact puis le bouton Modifier. Touchez Supprimer le contact. L'iPad vous laisse une chance de renoncer à cette funeste action.

Travailler avec iWork

Apple a toujours eu le souci de créer des produits très *design* et de soigner le *look* de ses logiciels, surtout les applications audiovisuelles. À tel point que l'on oublierait presque que bon nombre de logiciels servent d'abord à travailler. C'est le cas d'iWork, complètement refondu pour l'iPad.

iWork est ce que l'on appelle une «suite bureautique», autrement dit un ensemble de logiciels conçus dans le même esprit, destinés aux tâches de bureau grâce aux applications Pages (traitement de texte), Keynote (réalisation de présentations) et Numbers (tableur).

Chacune des applications peut être achetée séparément pour 7,99 euros. C'est beaucoup moins cher que la version d'iWork '09 pour Mac OS X, vendue uniquement dans sa totalité au prix de 79 euros.

Bien conçue et facile à utiliser, la version pour l'iPad ne possède évidemment pas toutes les fonctionnalités de la version pour Mac. C'est cette dernière que vous utiliserez pour du travail intensif sur votre ordinateur de bureau ou portable. Les applications iWork pour l'iPad n'en sont pas moins intéressantes. Nous avons été séduits, dans Keynote, par le déplacement des objets du bout du doigt.

Présentation de Keynote

Keynote sert à créer de belles présentations que vous montrerez à vos collègues, clients ou à vos proches.

Lorsque vous démarrez Keynote pour la première fois, un didacticiel vous propose aussitôt de vous montrer son fonctionnement. Il en va de même pour les deux autres applications de la suite iWork.

Voici le principe : à gauche de l'application, se trouve le navigateur, une colonne contenant une miniature de chacune des diapositives de la présentation. Pour les voir toutes, faites défiler la colonne, le cas échéant. Les diapositives peuvent être repositionnées les unes par rapport aux autres en les faisant glisser. Touchez-en une pour la couper, la copier, la coller, la supprimer ou la masquer. En bas du navigateur, le bouton « + » sert, comme vous l'avez sans doute deviné, à ajouter une nouvelle diapositive.

Il est bon de noter que, contrairement à Pages, Numbers et la plupart des applications pour l'iPad, Keynote ne fonctionne qu'en mode Paysage, sans doute pour des raisons esthétiques.

Vous trouverez les commandes suivantes (voir Figure 12.11) sur la barre d'outils de Keynote :

Figure 12.11 : Les commandes de Keynote.

✔ **Mes présentations :** touchez ce bouton, en haut à gauche de l'écran, pour accéder à toutes les présentations que vous avez créées ou qui sont en cours de réalisation.

✔ **Annuler :** en cas d'erreur, touchez ce bouton pour annuler la commande que vous venez d'effectuer.

✔ **Infos :** touchez ce bouton pour modifier les propriétés d'un objet ou d'un texte (par exemple, pour ajouter une ombre ou un reflet à un objet).

- **Insérer :** cette commande sert à placer une photo, un tableau, un graphique ou une forme dans la diapositive.

- **Animations :** plusieurs choix sont proposés, comme Cube, Échelle, Glissé entrant, Tournoiement, *etc.*

- **Outils :** ils permettent de vérifier l'orthographe, de numéroter les diapositives, d'afficher des repères, d'accéder à l'aide en ligne et de recourir à la commande Rechercher pour atteindre tel ou tel mot dans une présentation.

- **Lecture :** touchez ce bouton pour visionner votre présentation.

Voici à présent comment mettre toutes ces notions en pratique :

1. **Touchez le bouton Nouvelle présentation.**

2. **Choisissez un thème.**

   Au nombre de douze – la Figure 12.12 en montre une partie –, les thèmes sont un excellent point de départ pour une création. Ils contiennent du texte et des illustrations de substitution que l'on peut remplacer par les siens.

3. **Si vous le désirez, importez une présentation Keynote ou Powerpoint depuis votre ordinateur.**

   Connectez l'iPad à l'ordinateur, démarrez iTunes puis, sous Matériels, choisissez iPad. Dans la page Résumé, cliquez sur l'onglet Applications, faites défiler le panneau et, dans la liste Applications de la section Partage de fichiers, sélectionnez Keynote. Cliquez sur Ajouter puis, dans le sélecteur, choisissez le fichier de la présentation à transférer dans l'iPad, sélectionnez-le puis cliquez sur le bouton Ouvrir.

Le transfert de documents pour Pages et Numbers est à peu près similaire.

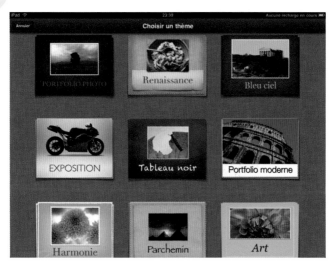

Figure 12.12 : Choisissez un thème.

L'exportation des documents iWork de l'iPad vers l'ordinateur s'effectue de la même manière. Une présentation Keynote peut être exportée au format .key ou .pdf, mais pas dans le format .ppt propre à PowerPoint. Cette limitation est regrettable, car PowerPoint se taille la part du lion dans le domaine des présentations.

Pour imprimer les diapositives, vous devez exporter la présentation vers l'ordinateur avec iTunes, Mail ou avec préversion d'iWork.com, accessible si vous avez un identifiant Apple (qui est facile à obtenir).

Au moment où ces lignes sont écrites, il n'existe malheureusement aucun moyen d'imprimer une présentation Keynote ou tout autre document iWork directement à partir de l'iPad.

Pages de texte

La barre d'outils du traitement de texte Pages (Figure 12.13) ressemble à celle de Keynote. Un bouton Mes documents/Nouveau document se trouve en haut à gauche, à côté du bouton Annuler. À droite se trouvent les familiers boutons Infos (pour choisir la police et son style), Insérer (pour ajouter une image, un tableau, un graphique, *etc.*) et Outils, ainsi qu'un bouton Plein écran.

Figure 12.13 : Les commandes de Pages.

Comme son *alter ego* du Mac, Pages permet de créer un document à partir d'un modèle prédéfini, bien que la page blanche convienne à la plupart des utilisateurs. Il existe des modèles pour le courrier, des CV, des rapports, des invitations, *etc.*

Voici quelques recommandations pour travailler avec Pages :

  ✔ Double-toucher un mot affiche une règle en haut du document. Utilisez-la pour modifier le style des caractères (gras, italique, soulignement), l'alignement du texte et les sauts de page.

- Comme dans Keynote, des objets peuvent être déplacés, redimensionnés et pivotés, et vous pouvez en ajouter d'autres.

- Pour connaître le sens d'un mot, double-touchez-le, touchez le bouton Autre puis Définition.

- Touchez continûment le bord droit de l'écran pour afficher le Navigateur de pages. Tirez-le vers haut ou vers le bas pour voir un aperçu du document. Le chiffre à droite est le numéro de la page.

- Si vous pensez écrire beaucoup, envisagez l'acquisition du Dock avec clavier iPad, ou d'un clavier sans fil Bluetooth.

- Touchez Mes documents > Partager pour envoyer un document Pages par courrier électronique, le partager *via* iWork.com ou l'exporter au format de fichier .pages, .pdf ou .doc (le format de Word).

La mise en pages des documents importés dans Pages – mais aussi dans les autres applications iWork – n'est pas toujours fidèle à l'original. Des polices peuvent être manquantes et de ce fait remplacées par d'autres, les en-têtes et pieds de page peuvent avoir disparu ou être faussés, *etc*. Un message vous informe des problèmes d'importation. Espérons que ces incompatibilités seront résolues dans une version ultérieure d'iWork.

Les chiffres avec Numbers

De toutes les applications, le tableur Numbers est sans doute celle qui exploite le mieux la fonction Multi-Touch et permet de devenir en un rien de temps un as de la moulinette à chiffres. Sa barre d'outils supérieure est similaire à celle de Keynote et Pages ; selon l'affichage, le bouton à gauche est nommé Nouvelle feuille de calcul ou Mes feuilles de calcul.

Numbers contient 16 modèles qui apparaissent après avoir touché le bouton Nouvelle feuille de calcul. Vous avez le choix entre divers modèles, comme Calculateur de l'emprunt, Épargne personnelle, Note de frais, Voiture, *etc*.

Voici quelques recommandations pour travailler avec Numbers :

✏ Vous pouvez importer des feuilles de calcul créées avec la version pour Mac de Numbers, de même que des dossiers Excel créés sur un PC ou sur un Mac. Et bien sûr, vous pouvez démarrer sur une feuille de calcul vierge.

✏ Pour saisir des données dans une cellule, double-touchez-la pour afficher le clavier virtuel approprié au format de cellule (nombres, texte, date et heure, durée).

✏ De nombreuses fonctions et formules (arithmétique, statistiques, finance, ingénierie…) sont intégrées dans l'application.

✏ Tableaux et graphiques sont tout aussi attrayants que dans les versions pour Mac.

✏ Une feuille de calcul peut être exportée *via* iWork. com ou envoyée par courrier électronique. Touchez l'icône en bas à droite (la flèche pointant hors d'un rectangle), visible à la Figure 12.14.

Numbers ne peut être exporté qu'aux formats .numbers et .pdf, mais hélas pas au format .xls d'Excel.

Voilà donc pour le travail avec l'iPad. Ce n'est pas si mal, et c'est même presque amusant.

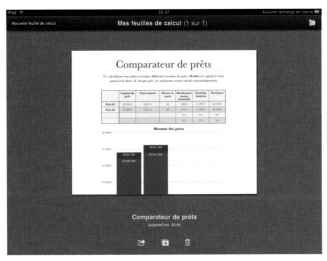

Figure 12.14 : Quelques commandes de Numbers.

Quatrième partie
L'iPad personnalisé

« Ce que je vais faire devrait vous dégager
les sinus, vous libérer de votre migraine
et mettre de l'ordre dans votre iPad... »

*V*ous découvrirez ici ce qui se cache dans votre iPad et comment le configurer selon vos préférences. Puis nous verrons comment ramener un iPad récalcitrant à de meilleurs sentiments.

Le Chapitre 13 fait le tour de tous les réglages qui n'ont pas été étudiés en profondeur auparavant dans ce livre. L'iPad est truffé de dizaines de réglages et de préférences qui le personnalisent. À la fin de ce chapitre, ils n'auront plus de secret pour vous.

L'iPad est une brave bête, sauf lorsqu'il fait des siennes. Comme une jolie petite fille aux boucles blondes, elle peut être adorable et se transformer soudainement en horrible petite chose pleine de caprices qui dit non à tout. Le Chapitre 14 est une sorte de guide de dépannage de l'iPad. Vous apprendrez ce qu'il faut faire quand (presque) rien ne va plus. Vous n'aurez peut-être jamais besoin de le lire – nous l'espérons du moins – mais il est bon de savoir qu'il existe.

Étui de transport, clavier réel, *etc.*, le Chapitre 15 présente quelques accessoires intéressants. Bien qu'ils ne soient pas livrés avec l'iPad, ils nous paraissent cependant fort utiles.

Réglages et préférences

Dans ce chapitre :

- Quelques généralités.
- Activer le mode Avion.
- Préparer les réseaux.
- Les statistiques d'utilisation.
- Configurer les notifications.
- La localisation.
- Son et luminosité.
- La connexion Bluetooth.
- Retrouver un iPad perdu.

*V*ous adorez personnaliser tous vos appareils ? Les configurer à votre manière ? Vous êtes à la bonne adresse, ou plutôt, au bon chapitre.

Les réglages de l'iPad servent à le personnaliser. Pour y accéder, touchez le bouton Réglages, sur l'écran d'accueil et, à partir de là, vous pourrez modifier divers éléments comme le fond d'écran ou choisir Google ou Yahoo! comme moteur de recherche de prédilection. Vous pourrez aussi modifier les paramètres de sécurité de Safari et configurer Mail, notamment ses fonctions Push et de récupération.

Les réglages de l'iPad ressemblent un peu aux préférences du Mac et au Panneau de configuration de Windows.

Nous ne reviendrons pas sur les réglages abordés par ailleurs dans ce livre. Il reste bien suffisamment à découvrir pour justifier le présent chapitre.

Le panneau Réglages

Toucher l'icône Réglages affiche un panneau similaire à celui de la Figure 13.1. Les différents réglages se trouvent dans la liste de gauche, les paramètres liés à l'option sélectionnée se trouvent à droite.

Notez qu'un chevron (>) placé à droite d'un paramètre signale qu'il comprend un certain nombre d'options. Dans ce chapitre, vous devrez souvent toucher ce chevron.

Faites défiler la liste de gauche pour voir, tout en bas, les réglages des applications tierces que vous avez téléchargées et installées dans l'iPad (voir Chapitre 7). Comme chaque utilisateur a ses propres applications, cette partie des réglages diffère forcément d'un iPad à l'autre.

Les réglages de haut vol

L'iPad est doté de réglages permettant de l'utiliser conformément au règlement du voyage aérien. Ceux de l'iPad Wi-Fi + 3G de première génération diffèrent cependant des réglages de l'iPad uniquement Wi-Fi. Le premier est en effet équipé d'un mode Avion, couvert au prochain chapitre, inexistant sur le second. En revanche, tous les modèles d'iPad 2 sont dotés d'un mode Avion.

Il est rigoureusement interdit d'utiliser un téléphone mobile en vol, mais rien n'interdit d'écouter de la musique, de regarder des vidéos ou des photos, du moins une fois que l'avion a atteint son altitude de croisière.

Figure 13.1 : Le premier niveau de l'application Réglages de l'iPad 2.

Comment profiter des avantages de l'iPod intégré à l'iPad – entre autres fonctionnalités – quand on est à 10 000 mètres d'altitude, tout en désactivant les fonctions de télécommunication ? En activant tout simplement la fonction Avion. Il suffit pour cela de toucher Réglages > Mode Avion afin que la mention Inactif soit affichée, au lieu de Actif.

Toutes les communications radio de l'iPad – Wi-Fi, EDGE, 3G et Bluetooth – sont coupées. La navigation sur le Web est bien sûr impossible, de même que l'envoi ou la réception du courrier électronique, l'accès aux vidéos de YouTube, aux boutiques iTunes Store et App Store, la synchronisation des contacts, bref tout ce qui passe par une connexion Internet. L'avantage est l'amélioration de l'autonomie de la batterie, ce qui est appréciable lors d'un vol intercontinental.

L'affichage de l'icône en forme d'avion, dans la barre d'état en haut de l'écran, indique que le mode Avion est actif. Pensez à le désactiver après l'atterrissage.

Si votre modèle d'iPad est uniquement Wi-Fi, vous devrez désactiver manuellement la Wi-Fi dans l'application Réglages avant le décollage, comme expliqué à la prochaine section.

Contrôler la connexion Wi-Fi

Comme mentionné au Chapitre 4, le réseau Wi-Fi est le plus rapide sur l'iPad. Vous l'utilisez pour surfer sur le Web, échanger du courrier ou exécuter d'autres tâches liées au Web. Les réglages Wi-Fi permettent de connaître les réseaux disponibles, la force de leur signal, et choisir celui auquel vous désirez vous connecter.

Touchez Réglages > Wi-Fi puis le commutateur Wi-Fi afin que cette fonctionnalité soit active. Tous les réseaux à portée sont affichés, ainsi que le montre la Figure 13.2. Notez que ce panneau est aussi accessible en touchant Réglages > Général > Réseau > Wi-Fi.

Figure 13.2 : Les options de la Wi-Fi.

Touchez le commutateur Wi-Fi pour la désactiver lorsque vous êtes en avion ou si aucun réseau Wi-Fi ne se trouve dans les parages. Vous économiserez ainsi la batterie.

Un indicateur de force du signal permet de choisir le réseau le plus performant, si plusieurs sont disponibles. Un cadenas signale les réseaux protégés par un mot de passe.

Vous pouvez aussi activer ou désactiver l'option Confirmer l'accès (ou Rejoindre, sur les iPad de première génération). L'iPad se connecte automatiquement aux réseaux qui lui sont familiers, quel que soit celui que vous avez choisi. Si la fonction Confirmer l'accès (ou Rejoindre) est déconnectée et qu'aucun réseau reconnu n'est à portée, vous devrez sélectionner un réseau manuellement. Si elle est active, l'iPad vous demandera votre accord pour établir la connexion avec un nouveau réseau. Dans les deux cas, la liste des réseaux Wi-Fi à portée est affichée.

Si vous ne voulez plus que l'iPad se connecte à un réseau que vous utilisiez précédemment, touchez le bouton à chevron bleu (>) à côté du réseau en question, dans le réglage Wi-Fi, puis touchez l'option Oublier ce réseau. L'iPad est très doué pour l'amnésie sélective.

Il peut arriver que vous deviez fournir des informations techniques à propos du réseau auquel vous désirez vous connecter. Vous serez alors confronté à des termes aussi sibyllins que DHCP, BootP, adresse IP statique, masque de sous-réseau, routeur, DNS, domaine de recherche, identifiant client, Proxy HTTP, bail de renouvellement (rien à voir avec l'immobilier ou l'automobile), *etc.* Il se peut que ces termes ne vous disent absolument rien. Ce n'est pas grave. Finalement, c'est peut-être une bonne chose de ne pas être obligé de connaître tout cela. Et si vous devez configurer l'un de ces paramètres, l'administrateur de réseau du service informatique ou quelqu'un qui s'y connaît en informatique vous aidera sans doute.

Parfois, vous voudrez vous connecter à un réseau qui est fermé et n'apparaît pas dans la liste Wi-Fi. Dans ce cas, touchez Autre puis saisissez le nom du réseau avec le clavier virtuel. Sélectionnez ensuite le type de clé de sécurité utilisé par ce réseau, si cela vous est demandé. Les choix sont WEP, WPA, WP2, WPA Entreprise et WPA2

Entreprise. Là encore, cette terminologie n'est pas des plus claires, mais il y aura sûrement quelqu'un pour vous aider.

Si aucun réseau Wi-Fi n'est à portée ou accessible, vous devrez vous connecter au réseau 3G ou EDGE, si votre iPad est un modèle Wi-FI + 3G. Si le lieu où vous vous trouvez n'est couvert par aucun de ces réseaux, l'accès au cyberespace vous sera fermé.

Les options de données cellulaires

Les options de données cellulaires n'ont rien à voir avec les prisons, maisons d'arrêt et autres bagnes. Ce sont des options de connexion au réseau d'un opérateur de télécommunication qui n'existent que dans l'iPad Wi-Fi + 3G :

- **Données à l'étranger :** les échanges de courrier, le surf sur le Web avec Safari ou autres activités de réseau risquent d'être taxées au prix fort, voire très fort, lorsque vous utilisez la fonction d'itinérance. Désactivez cette option pour éviter ces surcoûts (NdT : notamment lorsque vous vous trouvez dans une région frontalière).

- **Données cellulaires :** désactivez cette option si vous savez que vous n'utiliserez pas le réseau 3D ou EDGE. L'autonomie de la batterie de l'iPad n'en sera que meilleure.

- **Visualiser le compte :** touchez cette option pour connaître les informations de compte (ou plus exactement, où vous en êtes de vos dépenses de connexion).

- **PIN de la carte SIM :** la minuscule carte SIM (*Subscriber Identity Module,* module d'identité de l'abonné), dans l'iPad, contient des données importantes à propos de votre compte. Pour ajouter un mot de passe afin de verrouiller votre carte SIM, touchez PIN de la carte SIM. Si quelqu'un vous vole votre carte SIM, il ne pourra pas l'utiliser dans un autre iPad sans le mot de passe.

Quand vous attribuez un code PIN à la carte SIM afin de la protéger, vous devez le saisir pour allumer et éteindre l'iPad, ce qui n'est pas très gênant.

Les notifications

Grâce au service de notifications Push d'Apple les développeurs d'applications peuvent envoyer des alertes à propos des programmes que vous avez installés sur l'iPad. Ces messages sont textuels, mais ils peuvent aussi être sonores, et ils vous parviennent même si l'application n'est pas en cours d'utilisation. Les notifications peuvent aussi apparaître sous la forme d'une pastille numérotée sur l'icône concernée, sur l'écran d'accueil.

L'inconvénient de l'activation du service de notifications est la réduction de l'autonomie de la batterie. Elles peuvent aussi être gênantes à la longue.

Pour désactiver l'ensemble des notifications sur l'iPad, touchez Notifications, dans le volet de gauche du panneau Réglages, puis touchez le commutateur Notifications (voir Figure 13.3) afin de les désactiver. Touchez de nouveau le commutateur pour les réactiver.

Figure 13.3 : Choisissez de recevoir des notifications ou non.

Les notifications peuvent être désactivées pour des applications spécifiques. Il existe deux moyens de le faire. Nous vous recommandons de les essayer chacun, car différentes notifications sont prises en charge par chaque méthode.

↳ **Méthode 1 :** touchez l'option Notifications, dans le volet de gauche, afin de la sélectionner, puis touchez une application dans la liste à droite. Pour chaque application, il est possible d'activer ou désactiver le son, le message textuel ou la pastille numérotée.

↳ **Méthode 2 :** allez à la rubrique Apps, dans le volet de gauche, puis touchez l'application possédant les notifications à modifier. Notez que toutes les applications n'apparaissent pas dans le volet de gauche. Seules celles pour lesquelles des notifications Push ont été programmées sont visibles.

L'application Facebook est truffée de notifications. Vous en trouverez pour les messages, les publications sur le mur, les invitations ou les confirmations d'amis, *etc*. Activez l'une ou l'autre notification ou la totalité. Cela n'est possible qu'avec la seconde méthode, car la première n'autorise que la modification des sons, des messages et des pastilles.

Lors de la rédaction de ce livre, l'iPad n'était pas capable de gérer le multitâche tiers, autrement dit l'exécution de certaines applications tierces en tâche de fond pendant que vous faites autre chose. Par exemple, pour écouter de la musique avec Pandora Internet Radio, vous devez ouvrir cette application. Mais si vous désirez surfer sur le Web, vous devez fermer Pandora – et donc vous passer de musique – avant de démarrer Safari.

En avril 2010, Apple avait annoncé que le multitâche tiers serait intégré à l'iPad au cours de l'année, dans le système d'exploitation iPhone OS 4. Il reste à savoir comment il fonctionnera. Dans ces deux paragraphes, je tenais simplement à préciser que le multitâche est prévu dans une prochaine version.

Les services de localisation

L'application Plans, mais aussi bon nombre d'autres applications, préfèrent savoir où vous êtes. L'iPad équipé d'un GPS exploite cette fonctionnalité pour vous localiser. Un iPad équipé uniquement de la Wi-Fi se base sur les antennes de téléphonie mobile et les réseaux Wi-Fi environnants pour déterminer votre position par triangulation.

Ne vous inquiétez pas pour votre vie privée. Afin de la protéger, l'iPad affiche un message, similaire à celui de la Figure 13.8, qui vous demande si vous acceptez que l'application en cours utilise votre localisation actuelle. Vous pouvez désactiver le service de localisation directement dans le panneau Réglages (reportez-vous à la Figure 13.4). En procédant ainsi, vous préservez non seulement votre vie privée, mais aussi la durée de la batterie, d'où une meilleure autonomie.

Figure 13.4 : Une application de cartographie désire savoir où vous vous trouvez.

Les réglages audiovisuels

Nous verrons dans cette section comment régler l'affichage et le son de l'iPad.

La luminosité de l'écran

Qu'y a-t-il de plus séduisant qu'un écran lumineux, bien contrasté et resplendissant de couleurs vives ? Augmenter la luminosité de l'écran a hélas une dure contrepartie : une consommation électrique qui draine plus rapidement la batterie. Pensez-y avant d'actionner la glissière que montre la Figure 13.5. Cette commande apparaît lorsque Réglages > Luminosité et fond d'écran est sélectionné.

Figure 13.5 : Cette glissière règle la luminosité du fond d'écran.

Nous recommandons d'activer l'option Réglage automatique. La luminosité est ainsi automatiquement réglée en fonction de l'éclairage ambiant, ce qui optimise en plus la consommation électrique.

Changer le fond d'écran

Changer le fond d'écran est un excellent moyen d'habiller l'iPad à votre manière, selon vos préférences. Vous pouvez choisir une image parmi celles que l'iPad vous propose, ou une photo que vous avez prise, en procédant de cette manière :

1. **Touchez la vignette affichée après avoir sélectionné le réglage Luminosité et fond d'écran (reportez-vous à la Figure 13.4).**

2. **Choisissez une image.**

   Vous pouvez en sélectionner une dans vos albums de photos ou parmi celles livrées avec l'iPad (voir Figure 13.6).

Figure 13.6 : Les fonds d'écran fournis avec l'iPad.

3. **Touchez l'une des options suivantes pour choisir l'écran sur lequel l'image sera affichée :**

   - Écran verrouillé : l'image sélectionnée est affichée seulement quand l'iPad est verrouillé.

   - Écran d'accueil : l'image sélectionnée est à l'arrière-plan de l'écran d'accueil.

   - Les deux : l'image sélectionnée est affichée dans l'écran d'accueil, y compris quand l'iPad est verrouillé.

L'iPad peut aussi être transformé en cadre photo numérique, comme expliqué au Chapitre 10.

Les sons

Les réglages Sons, auxquels vous accédez après avoir touché Réglages > Général, permettent d'activer ou de désactiver les alertes audio de quantité de fonctions, comme l'arrivée d'un courrier électronique, l'envoi d'un courrier et les alertes et rappels du calendrier, ainsi que le son lors du verrouillage et les clics des touches du clavier virtuel.

L'iPad 2 permet de modifier la sonnerie associée à FaceTime (NdT : par synchronisation des sonneries) et même d'acheter des sonneries supplémentaires si celles livrées avec l'iPad ne vous plaisent pas.

Tirez la glissière vers la droite pour augmenter le son, vers la gauche pour le réduire.

Un autre moyen de régler le volume sonore – l'iPad offre souvent des alternatives – consiste à appuyer sur les boutons réels, du moins tant que vous n'utilisez pas l'iPad pour écouter de la musique ou regarder des vidéos.

Du Général en particulier

Certains paramètres d'ordre général sont difficiles à placer à bon escient. C'est pourquoi Apple les a fort judicieusement réunis dans une catégorie spéciale opportunément nommée Général. Examinons-la de près.

Informations

La rubrique Informations (Figure 13.7) contient quantité d'informations à propos de votre iPad, notamment :

- **Le nombre de morceaux.**
- **Le nombre de vidéos.**
- **Le nombre de photos.**
- **Le nombre d'applications installées.**

Figure 13.7 : Tout ce que vous voulez savoir sur votre iPad se trouve là (les informations sont un peu plus nombreuses sur un iPad Wi-FI + 3G).

> ✔ **La capacité de stockage** utilisée et la capacité disponible. En raison du formatage de la mémoire, la capacité de stockage réelle est inévitablement inférieure à celle annoncée par le fabricant, Apple en l'occurrence.

> ✔ **La version du logiciel.** Le numéro de version (3.2 lors de la rédaction de ce livre) évolue au gré des mises à jour. Un changement du premier chiffre indique une évolution majeure du système d'exploitation, le second chiffre des perfectionnements mineurs. Le chiffre entre parenthèses, en notation hexadécimale, indique encore plus précisément la version installée. Il change à chaque mise à jour du logiciel.

✔ **Les adresses de données cellulaires.** Elles ne sont fournies que pour l'iPad Wi-Fi + 3G. En France, les opérateurs de télécommunication sont Orange et SFR.

✔ **Le numéro de série et de modèle.**

✔ **L'adresse Wi-Fi** (en notation hexadécimale).

✔ **L'adresse Bluetooth** (en notation hexadécimale).

✔ **Les mentions légales et les informations réglementaires.** La lecture d'un jargon procédurier et technique aussi insipide est méritoire.

Les paramètres d'utilisation

Le panneau Informations en dit long sur l'iPad. Mais en revenant au panneau Général, vous trouvez d'autres réglages et statistiques :

✔ **Pourcentage de la batterie :** une jauge de charge de la batterie est affichée en permanence en haut à droite de l'écran. Si vous désirez afficher en plus la charge en pourcentage, activez l'option Niveau de la batterie, en bas du panneau.

✔ **Données du réseau cellulaire :** ces statistiques, disponibles uniquement pour l'iPad Wi-Fi + 3G, indiquent la quantité de données envoyées et reçues au travers des réseaux 3G et EDGE. Vous pouvez les réinitialiser en touchant le bouton Réinitialiser les statistiques. Si vous avez souscrit un abonnement indexé sur la quantité de données téléchargées, vous saurez ici si vous avez crevé ou non le plafond de votre forfait.

Les paramètres VPN

Après avoir choisi Réglages > Général > Réseau, deux options sont proposées : Wi-Fi et VPN. Nous avons déjà étudié la Wi-Fi au Chapitre 10 ; voyons à présent ce qu'il en est du VPN.

Un réseau virtuel privé (VPN sont les initiales de *Virtual Private Network*) est un moyen, pour vous, d'accéder en toute sécurité au réseau de votre entreprise situé derrière un pare-feu grâce à une connexion Internet chiffrée qui achemine les données au travers d'un «tunnel».

La configuration d'un réseau privé virtuel s'effectue comme suit sur l'iPad :

1. **Touchez Réglages > Général > Réseau > VPN > Ajouter une configuration VPN.**

2. **Touchez l'une des options de protocole.**

    L'iPad reconnaît les protocoles L2TP (*Layer 2 Tunneling Protocol,* protocole de tunnellisation de niveau 2), PPTP (*Point-to-Point Tunneling Protocol,* protocole de tunnellisation point à point) ainsi que IPSec, de la société Cisco, qui fournit apparemment le genre de sécurité qui satisfait les administrateurs de réseau.

3. **Entrez les réglages préconisés par votre entreprise, saisissez les informations de serveur requises, comptes, mot de passe,** *etc.*

4. **Choisissez d'activer ou non l'authentification SecurID RSA.**

    Mieux encore : confiez votre iPad à un technicien pour lequel tout ce jargon n'a pas de secret.

Après avoir configuré l'iPad pour se connecter à un réseau VPN, vous pourrez désactiver et réactiver cette fonctionnalité en touchant le commutateur VPN dans le panneau Réglages.

Bluetooth

De tous les termes techniques qui pullulent dans le monde informatique, *Bluetooth* est l'un de mes préférés. Ce nom provient d'un monarque danois du Xe siècle, Harald Blåtand, qui unifia la Scandinavie. Son surnom, Blåtand, «dent bleue» provient quant à lui de la couleur que donnaient à ses dents les myrtilles dont il raffolait.

Comme la technologie en question a été initialement développée par la société suédoise Ericsson, et qu'elle est censée unifier les échanges avec toutes sortes d'appareils, il était normal de la baptiser du nom de l'illustre unificateur myrtillophage.

Harald Blåtand était assurément en avance sur son époque. Il n'a certes jamais pianoté sur le clavier d'un ordinateur, mais quantité d'appareils et de périphériques portent son surnom. Sur l'iPad, Bluetooth permet de communiquer sans fil avec un casque-microphone compatible ou avec le clavier optionnel. Ces accessoires peuvent être fabriqués par Apple, mais aussi être d'une autre marque. Pour que la communication puisse être établie, il faut coupler, ou plus exactement jumeler l'iPad et le périphérique. Si vous utilisez un appareil d'une autre marque qu'Apple, consultez son manuel pour savoir comment le rendre détectable. Ensuite, activez la fonction Bluetooth, sous Réglages > Général, afin que l'iPad recherche le matériel Bluetooth présent dans les environs. À la Figure 13.8, un clavier sans fil Apple vient d'être découvert. La portée de Bluetooth est d'environ 10 mètres.

Figure 13.8 : Jumelage d'un clavier sans fil Apple et de l'iPad.

La petite icône Bluetooth, dans la barre d'état indique que la fonction Bluetooth est active. Si elle est blanche, cela signifie que la connexion avec un appareil sans fil est établie. Si elle est grise, Bluetooth est activé sur l'iPad, mais aucun appareil jumelé n'est à portée. Si l'icône Bluetooth n'est pas affichée, cela signifie que la fonction n'est pas active.

Pour supprimer le jumelage avec un appareil, sélectionnez-le dans la liste des appareils, puis touchez Oublier cet appareil.

L'iPad gère la stéréophonie, lorsqu'un casque Bluetooth est jumelé. Vous bénéficiez ainsi d'un son de qualité pour écouter de la musique.

Il existe d'autres moyens, pour l'iPad, d'utiliser Bluetooth. Il peut, par exemple, exploiter la connectivité pair-à-pair, autorisant ainsi le jeu en réseau avec tous les autres iPad, iPhone et iPod Touch situés à portée. Bluetooth permet aussi d'échanger des cartes de visite, des photos et de brèves notes. Il n'est pas même nécessaire de jumeler ces équipements, contrairement aux casques et claviers.

Vous ne pouvez pas utiliser Bluetooth pour échanger des fichiers ou effectuer une synchronisation entre l'iPad et l'ordinateur. Vous ne pouvez pas non plus utiliser une imprimante Bluetooth. Pourquoi ? Parce que l'iPad ne reconnaît aucun des profils – ou spécifications – exigés par ces équipements pour gérer les fichiers, du moins pas lorsque ces lignes sont rédigées. Ce qui est carrément une honte !

Verrouillage automatique

Touchez Verrouillage auto., dans le panneau Général, puis choisissez la durée d'inactivité après laquelle l'iPad se verrouille ou éteint l'écran : 15, 10, 5, ou 2 minutes. Vous pouvez aussi faire en sorte que l'iPad ne se verrouille jamais automatiquement.

Si vous travaillez pour une entreprise qui vous oblige à protéger l'iPad par un mot de passe, l'option Jamais n'est pas affichée dans les options de verrouillage automatique.

Un iPad verrouillé peut néanmoins recevoir les alertes de notifications et le volume reste réglable.

Le mot de passe

Un mot de passe peut être défini afin d'empêcher quelqu'un ou pire, n'importe qui, de déverrouiller votre iPad. Touchez Verrouillage par code, saisissez un code à quatre chiffres, puis saisissez-le une seconde fois pour le confirmer.

Vous pouvez aussi indiquer si le mot de passe est requis immédiatement, ou après 1, 5 ou 15 minutes d'inactivité de l'iPad (qui se met en veille au terme de ce délai). L'iPad peut être réglé pour effacer automatiquement toutes les données qu'il contient après un certain nombre de codes erronés saisis.

Le mot de passe peut être désactivé ou modifié (à moins que votre employeur en ait décidé autrement). L'actuel mot de passe vous sera cependant d'abord demandé. Si vous l'avez oublié, vous devrez restaurer le logiciel de l'iPad, comme décrit au prochain chapitre.

La mise en veille avec Smart Cover

Lorsque l'iPad 2 est protégé par une protection d'écran Smart Cover, vous pouvez choisir de le mettre en veille automatiquement quand vous fermez cette protection, puis de le faire sortir de la veille quand vous relevez la protection. Un mot de passe peut être appliqué.

Restrictions

Les parents et les chefs d'entreprise adorent l'outil Restrictions, mais pas les enfants et les employés. L'usage du navigateur Safari, l'accès à YouTube, iTunes ou au service de localisation peuvent, entre autres, être empêchés par des restrictions. Vous pouvez aussi empêcher l'installation d'applications, ou les achats à partir d'une application. Lorsque des restrictions ont été établies, les icônes des applications ou fonctions interdites ne sont plus visibles. Touchez Activer les restrictions, définissez ou entrez le mot de passe – vous devrez le ressaisir afin de le confirmer – puis, dans les listes Autoriser ou Contenu autorisé, touchez chacun des éléments à interdire. Le commutateur indique clairement l'état de chacun d'eux.

Aux États-Unis, les parents bénéficient de possibilités d'interdictions supplémentaires. Ils peuvent autoriser leurs enfants à regarder des films sur l'iPad, mais pas

ceux qui sont classés R ou interdits aux moins de 17 ans.
Ils peuvent aussi restreindre l'accès à certaines émissions
de télévision ainsi qu'aux chansons et podcasts signalés
par l'étiquette rouge «explicit» dans iTunes.

Par défaut, aucune restriction n'est définie. Mais si vous
en avez créé et que vous désirez les supprimer, accédez
au réglage Restrictions en saisissant le mot de passe, puis
touchez Désactiver les restrictions.

Le bouton latéral

Il peut avoir deux usages : verrouiller la rotation de
l'écran afin de ne plus avoir le mal de mer chaque fois que
le bateau penche (ou que vous inclinez l'iPad), ou couper
le son. À vous de choisir...

Date et heure

Vous pouvez choisir l'affichage sur 12 heures au lieu de
24 en choisissant Réglages > Général > Date et heure.
En règle générale, l'affichage sur 24 heures, usuellement
utilisé en France, est le plus commode.

Le réglage de la date et de l'heure permet aussi de
changer de fuseau horaire en procédant ainsi :

1. **Touchez Date et heure.**

   Les champs de réglage du fuseau horaire, de la date
   et de l'heure apparaissent.

2. **Touchez le champ Fuseau horaire.**

   Le fuseau horaire courant est affiché, ainsi que le
   clavier virtuel.

3. **Saisissez le nom de la grande ville ou du pays,
   jusqu'à ce que le nom désiré apparaisse dans la
   liste des suggestions. Touchez ensuite ce nom.**

   Le nom sélectionné apparaît dans le champ Fuseau
   horaire.

4. Touchez le champ Régler la date et l'heure afin que l'heure soit affichée. Réglez ensuite l'heure avec les molettes.

5. Touchez la date afin que les molettes du jour, du mois et de l'année soient visibles. Réglez-les ensuite.

6. Touchez le bouton Date et heure pour revenir au panneau de réglage principal.

Clavier

Le réglage Clavier contient les options suivantes :

- ✔ **Majuscules auto.** : vous pouvez désactiver la mise en majuscule du premier caractère d'une phrase.

- ✔ **Correction auto.** : lorsque cette fonction est active, l'iPad analyse les mots que vous saisissez et propose de les corriger ou de les compléter.

- ✔ **Orthographe** : cette option active la prédiction des mots que vous êtes en train de saisir, ainsi que la vérification orthographique.

- ✔ **Maj. verrouillées** : double-touchez la touche Majuscule ET TOUT CE QUE VOUS SAISISSEZ APPARAÎTRA EN MAJUSCULES, COMME ICI.

- ✔ **Raccourci « . »** : double-toucher la barre Espace insère un point suivi d'une espace (eh oui, en typographie, l'espace est féminin).

Vous pouvez aussi choisir d'utiliser un clavier international, comme expliqué au Chapitre 2. Il se trouve dans le réglage International étudié ci-après.

International

L'iPad étant destiné à un marché international, il aurait pu être décliné en plusieurs langues. Apple a trouvé plus astucieux de le rendre polyglotte en incluant toutes les versions linguistiques dans la même machine.

Vous trouverez donc sous International les claviers en
différentes langues, ainsi que le choix du format de date,
d'heure et de numéro de téléphone.

Accessibilité

Les fonctions d'accessibilité qui suivent sont destinées à
faciliter l'usage de l'iPad par les personnes handicapées.

VoiceOver

VoiceOver, littéralement « la voix par-dessus », est un
lecteur qui dit à voix haute ce qui est affiché à l'écran.
Il lit les courriers électroniques, les pages Web, et bien
d'autres éléments. Lorsque VoiceOver est actif, il suffit
de toucher un élément à l'écran pour le sélectionner.
VoiceOver l'entoure d'un rectangle blanc, puis il énonce
le nom de l'élément ou le décrit. Par exemple, si vous
touchez le bouton Date et heure, VoiceOver dit « Date
et heure ». Il indique même si l'écran est orienté en
mode Portrait ou Paysage, ou si l'écran est verrouillé ou
déverrouillé.

Le réglage VoiceOver est doté de plusieurs options.
Par exemple, si vous avez activé Énoncer les conseils,
VoiceOver vous dira ce qu'il faut faire, comme « Touchez
deux fois pour ouvrir ». Une glissière permet de régler le
débit de la voix. Vous pouvez aussi demander à VoiceOver
d'épeler les mots, de les prononcer, de faire les deux à la
fois ou rien du tout. D'autres commandes changent le ton
de la voix ou utilisent les touches phonétiquement (« a »
comme Anatole, « b » comme Berthe…).

La langue utilisée par VoiceOver est celle définie dans le
panneau International.

Vous devrez apprendre quantité de gestes, avec
VoiceOver, ce qui n'est pas évident, surtout lorsque vous
débutez. Ils permettent notamment d'obtenir une description vocale de ce qui est affiché avant de toucher tel ou
tel bouton. Les gestes en question sont effectués avec
différents doigts. Voici les principaux :

✔ **Toucher :** dit l'élément à haute voix.

✔ **Effleurer vers la droite ou vers la gauche :** sélectionne l'élément suivant ou précédent.

✔ **Effleurer vers le haut ou vers le bas :** l'effet varie selon le rotor de contrôle. Ce dernier est une sorte de molette : vous pivotez deux doigts sur l'écran. Elle sert à passer d'un ensemble de commandes ou de fonctionnalités à un autre. Cela nous amène à l'effleurement vers le haut ou vers le bas. Supposons que vous désiriez lire un courrier électronique. En actionnant le rotor, vous pourrez passer de la lecture mot par mot à l'épellation caractère par caractère. Après avoir défini ce paramètre, effleurez vers le haut ou vers le bas pour réentendre ce qui a été dit. L'effet de ce geste est différent quand vous rédigez un courrier électronique : il déplace le curseur vers la gauche ou vers la droite, dans le texte.

✔ **Toucher avec deux doigts :** met fin à la lecture vocale.

✔ **Effleurer vers le haut avec deux doigts :** lit tout depuis le haut de l'écran.

✔ **Effleurer vers le bas avec deux doigts :** lit tout de la position courante jusqu'en bas de l'écran.

✔ **Effleurer vers le haut ou vers le bas avec trois doigts :** fait défiler la page.

✔ **Effleurer vers la droite ou vers la gauche avec trois doigts :** passe à la page suivante ou précédente.

✔ **Toucher avec trois doigts :** indique le statut du défilement (page ou lignes visibles).

✔ **Effleurer vers le haut ou vers le bas avec quatre doigts :** va au premier ou au dernier élément de la page.

✔ **Effleurer vers la droite ou vers la gauche avec quatre doigts :** affiche la section suivante ou précédente (d'une page Web, par exemple).

✓ **Double-toucher** : active une icône ou un bouton sélectionné afin de démarrer l'application, basculer l'état d'un commutateur, *etc.*

✓ **Toucher un élément avec un seul doigt tout en touchant brièvement l'écran avec un autre :** appelée aussi «geste en deux temps», cette action identifie ce que vous avez touché («bouton Safari» ou «Bouton Notifications actif»). Un toucher avec le deuxième doigt sélectionne ce qui a été identifié par le premier. Double-touchez ensuite pour démarrer ce qui a été sélectionné.

✓ **Double-toucher maintenu pendant une seconde, suivi d'un geste standard :** indique à l'iPad qu'il doit utiliser la gestuelle standard pour la prochaine action. Vous pouvez aussi utiliser un geste standard avec VoiceOver en double-touchant et maintenant le doigt sur l'écran. Un indicatif sonore vous informe que la gestuelle standard est de nouveau en vigueur. Elle l'est jusqu'à ce que vous releviez le doigt.

✓ **Double-toucher à deux doigts :** lecture ou pause. Vous utiliserez ce geste dans les applications iPod, YouTube et Photos.

✓ **Double-toucher à trois doigts :** réduit la voix au silence ou la fait réentendre.

✓ **Triple-toucher à trois doigts :** éteint et rallume l'écran.

Après ça, vous vous direz que pour être digital, on peut dire que l'iPad est digital! Et numérique en plus! Plus sérieusement, mémoriser toute cette gestuelle risque de paraître d'autant plus long et compliqué qu'il en existe beaucoup d'autres, décrites dans le *Guide de l'utilisateur de l'iPad*. Il n'en est rien, et l'iPad facilite même cet apprentissage grâce au bouton Apprentissage des gestes.

Le zoom

La fonction Zoom est une loupe qui facilite la lecture. Pour zoomer à 200 %, double-touchez l'écran avec *trois* doigts. Déplacez l'écran en le tirant avec trois doigts. Pour augmenter le rapport d'agrandissement, touchez et tirez vers le haut avec vos trois doigts. Faites de même, mais en tirant vers le bas, pour le réduire.

Quand l'écran est agrandi, les caractères deviennent légèrement flous et seulement une partie de la page est affichée.

Blanc sur noir

Les tonalités et les couleurs de l'écran sont inversées, comme s'il était en négatif. Le contraste est ainsi accentué, facilitant la lecture pour les malvoyants.

Audio mono

À l'intention des personnes malentendantes d'une seule oreille, l'iPad permet de combiner le son des deux canaux stéréophoniques en un seul afin d'être écouté dans une seule des deux oreillettes ou dans un seul des deux écouteurs d'un casque.

Contrairement à ses cousins l'iPhone et l'iPod, l'iPad n'est pas livré avec des oreillettes ou un casque. Vous devrez les acheter à part.

Énonciation

Quand cette fonction est active, l'iPad dit à haute voix ses suggestions lors de la saisie, et dit également les corrections apportées à du texte.

Triple-clic sur le bouton principal

Quand cette fonction est active, appuyer trois fois, rapidement, sur le bouton principal active ou désactive VoiceOver, ou active ou désactive l'inversion de l'écran (blanc sur noir). Vous pouvez définir une invite demandant laquelle de ces deux actions doit être entreprise.

Sous-titrage codé

Pour afficher ou non les sous-titres d'un film ou d'une vidéo qui en possède, touchez Vidéo > Sous-titres codés.

Réinitialiser

La réinitialisation de l'iPad ne doit pas être faite inconsidérément. Cela dit, vous pourriez avoir de bonnes raisons de le faire, comme vous le découvrirez au prochain chapitre. Voici les options de réinitialisation :

- **Réinitialiser tous les réglages :** tous les paramètres sont remis à leur configuration d'usine, mais aucun contenu vous appartenant n'est supprimé.

- **Effacer contenus et réglages :** tous les paramètres sont remis à leur configuration d'usine et tout le contenu que vous avez importé dans l'iPad est effacé.

- **Réinitialiser les réglages réseau :** efface toutes les configurations de réseau et rétablit les paramètres d'usine.

- **Réinitialiser le dictionnaire clavier :** supprime tous les mots que vous avez ajoutés, et qui sont suggérés lors de vos saisies.

- **Réinitialiser l'écran d'accueil :** repositionne les icônes telles qu'elles étaient à la sortie de l'usine.

- **Réinitialiser alertes de localisation :** rétablit les paramètres par défaut.

Retrouver un iPad égaré

Nous espérons que vous n'aurez jamais à utiliser la fonction Localiser mon iPad. Elle vous permettra cependant de le retrouver si vous l'avez oublié par mégarde dans un restaurant ou dans un taxi, ou chez quelqu'un.

Voici comment préparer votre iPad si vous n'avez pas de compte MobileMe :

1. **Si vous n'êtes pas abonné à MobileMe, vous devrez d'abord créer un compte gratuit à ce service en choisissant Réglages > Mail, Contact, Calendrier > MobileMe.**

   Si vous êtes déjà abonné à MobileMe, reportez-vous à la prochaine section.

2. **Saisissez l'adresse Internet et le mot sous lesquels l'App Store vous connaît.**

   Suivez les instructions. À la fin de la procédure, autorisez MobileMe à utiliser la position géographique de l'iPad (eh oui…) puis touchez le bouton Enregistrer.

   Un compte MobileMe/Localiser mon iPad est ajouté dans Mail, Contacts, Calendrier, à la rubrique Comptes (Figure 13.9).

Figure 13.9 : Le compte gratuit MobileMe sert uniquement à localiser votre iPad.

La localisation de l'iPad expliquée ici vaut aussi pour l'iPhone 4 et l'iPod Touch, s'ils possèdent un compte MobileMe/Localiser mon iPhone/iPod Touch.

Localiser l'iPad

Comment retrouver l'iPad égaré ? Rien de plus facile, à condition toutefois qu'un compte MobileMe ait été configuré comme expliqué précédemment

Vous avez le choix entre deux techniques : à partir de votre ordinateur ou à partir d'un autre iPad, d'un iPhone 4 ou d'un iPod Touch de quatrième génération.

À partir d'un ordinateur

1. **Démarrez le navigateur Web de votre Mac ou PC.**

2. **Allez sur le site www.mobileme.com.**

3. **Saisissez l'identifiant MobileMe et le mot de passe, puis cliquez sur le bouton Se connecter.**

   Une carte est aussitôt affichée, montrant l'emplacement de l'iPad égaré (Figure 13.10).

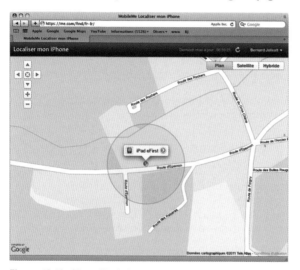

Figure 13.10 : Votre iPad vient d'être localisé par mobileme.com.

4. **Touchez le bouton bleu à droite de l'étiquette.**

   Trois options sont proposées :

   - Afficher un message ou faire sonner : saisissez un message – n'oubliez pas d'indiquer un numéro de téléphone – puis touchez le bouton Envoyer. L'iPad se met aussitôt à émettre des bips en affichant le message (Figure 13.11).

   - Verrouiller à distance : l'iPad est aussitôt bloqué, empêchant de consulter son contenu.

- Effacer : tout le contenu de l'iPad est effacé. Il se retrouve dans le même état qu'à la sortie d'usine. Vous devrez restaurer son contenu depuis l'ordinateur, avec iTunes, pour retrouver vos applications, photos, musiques, vidéos et autres éléments.

Figure 13.11 : L'iPad se signale à la personne chez qui vous l'avez oublié.

5. **Touchez l'un des boutons Afficher un message, ou Verrouiller, ou Effacer.**

À partir d'un iPhone 4

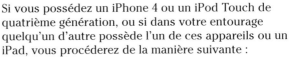

Votre iPad n'est pas localisable s'il est éteint.

Si vous possédez un iPhone 4 ou un iPod Touch de quatrième génération, ou si dans votre entourage quelqu'un d'autre possède l'un de ces appareils ou un iPad, vous procéderez de la manière suivante :

1. **Assurez-vous que l'application gratuite Localiser mon iPhone a été téléchargée sur l'iPhone, l'iPod Touch ou l'iPad.**

   Si ce n'est pas le cas, installez cette application à partir de l'App Store.

2. **Dans l'interface de l'application Localiser mon iPhone, saisissez l'identifiant MobileMe et le mot de passe.**

3. **Touchez le bouton Accéder, à droite dans le clavier.**

   L'iPhone localise aussitôt l'iPad, comme le montre la Figure 13.12.

Figure 13.12 : Votre iPad vient d'être localisé par un iPhone 4.

4. **Touchez le bouton bleu à droite de l'étiquette.**

   Les trois options décrites précédemment à l'étape 4, lors de la localisation avec un ordinateur, sont affichées.

5. **Touchez l'un des boutons Afficher un message, Verrouiller ou Effacer, puis suivez les instructions.**

 Faire sonner l'iPad est commode pour le retrouver lorsqu'il est égaré quelque part dans une chambre.

 Localiser un iPad, un iPod Touch ou un iPhone 4 peut mettre un conjoint volage dans une situation délicate lorsqu'il est localisé sur le lieu de ses méfaits par son partenaire légitime.

Quand l'iPad fait
des siennes

Dans ce chapitre :

- Corriger quelques problèmes.
- Les problèmes de réseau.
- Les misères de la synchronisation.
- Parcourir les sites Web et les forums.
- Renvoyer l'iPad à un Apple Store.

ous n'avons pas eu l'occasion d'évaluer l'iPad au long cours car, au moment où ce livre est écrit, il vient à peine d'être commercialisé. Mais d'après notre expérience, les appareils d'Apple basés sur le système d'exploitation de l'iPhone – autrement dit, les iPhone et iPod Touch – sont généralement fiables. Nous n'en attendons donc pas moins de l'iPad.

La plupart des utilisateurs que nous avons contactés nous ont répondu qu'ils n'avaient pas de problème avec leur iPad.

Remarquez les mots «la plupart» car, de temps en temps, l'iPad peut dysfonctionner. Nous espérons que cela arrive rarement, mais cela peut se produire. C'est pourquoi, dans ce chapitre, nous aborderons quelques problèmes et nous verrons comment les résoudre.

De quels problèmes s'agit-il? Il s'agit essentiellement :

- ✓ Du blocage de l'iPad ou de l'iPad qui ne réagit plus à rien.
- ✓ Des problèmes de réseau.
- ✓ De la synchronisation défaillante avec iTunes, sur Mac ou sur PC.

Après ces dépannages, nous vous dirons où trouver de l'aide. Et enfin, si l'iPad est si mal en point qu'il faut le renvoyer chez Apple pour être réparé, nous vous expliquerons comment procéder avec un minimum de stress et de complications.

Réanimer un iPad cataleptique

La première série de techniques de dépannage s'applique à un iPad qui est bloqué ou ne réagit plus. La procédure recommandée est une succession d'opérations simples :

1. **Recharger l'iPad.**

2. **Le redémarrer.**

3. **Le réinitialiser.**

4. **Supprimer son contenu.**

5. **Réinitialiser les réglages et le contenu.**

6. **Restaurer.**

7. **Activer le mode Récupération.**

Mais avant de lancer ces opérations, Apple recommande d'effectuer ces étapes :

1. **Assurez-vous que la version la plus récente d'iTunes est installée.**

Vous pouvez la télécharger gratuitement à cette adresse : www.apple.com/fr/itunes/.

2. Assurez-vous que l'iPad est directement connecté à l'ordinateur par un port USB 2.0.

NdT : quasiment tous les ordinateurs sont équipés exclusivement de ports USB 2.0. Cette norme dite *High Speed* est apparue en l'an 2000. Dans le doute, consultez le manuel.

3. Assurez-vous que le logiciel de l'iPad est à jour.

Connectez l'iPad à l'ordinateur, démarrez iTunes – s'il n'apparaît pas spontanément –, puis cliquez sur iPad, dans le volet de gauche. Cliquez ensuite sur l'onglet Résumé, puis sur le bouton Rechercher les mises à jour.

Pas de panique si ces quatre étapes faciles ne réveillent pas l'iPad, ne le débloquent pas ou ne fonctionnent pas correctement. Le reste de cette section explique ce que vous pouvez faire, dans l'ordre que nous et Apple recommandons.

Si la première technique ne donne rien, essayez la deuxième, la troisième, et ainsi de suite.

Recharger l'iPad

Quand l'iPad dysfonctionne de quelque manière que ce soit, la première chose à faire est de recharger complètement sa batterie.

Ne connectez pas le câble USB de l'iPad à un concentrateur USB, ou à un port USB situé sur un clavier ou sur un écran. Vous devez le brancher à un port USB situé sur l'ordinateur lui-même, car il est mieux alimenté en courant électrique. Les ports à éviter peuvent parfois faire l'affaire, mais il est préférable de s'en tenir aux ports intégrés.

Si votre ordinateur est vraiment vieux, il se peut que même le port USB intégré soit incapable d'assurer la connexion avec l'iPad. Si la mention «Aucune recharge en cours » est affichée près de l'icône de la batterie, en haut de l'écran, rechargez l'iPad directement sur le secteur à l'aide de l'adaptateur fourni (NdT : même des ordinateurs récents ont du mal à alimenter l'iPad. Le chargeur est souvent la seule solution).

Si vous êtes pressé, chargez l'iPad pendant au moins 20 minutes. Une charge complète est préférable, mais une bonne vingtaine de minutes, c'est mieux que rien.

Redémarrer l'iPad

Si l'iPad dysfonctionne malgré la recharge de la batterie, essayez de le redémarrer. C'est souvent suffisant pour corriger un problème. Voici comment procéder :

1. **Appuyez continûment sur le bouton Marche/Veille.**

2. **Dès que la glissière rouge apparaît, actionnez-la pour éteindre l'iPad puis attendez quelques secondes.**

3. **Appuyez de nouveau continûment sur le bouton Marche/Veille jusqu'à ce que le logo d'Apple soit affiché.**

4. **Si l'iPad est toujours bloqué, se comporte bizarrement, ou ne démarre pas, maintenez le bouton principal enfoncé pendant 6 à 10 secondes afin d'obliger toutes les applications bloquées à quitter.**

5. **Répétez de nouveau les Étapes 1 à 3.**

Réinitialiser l'iPad

Pour réinitialiser l'iPad, il suffit de maintenir le bouton Marche/Veille et le bouton principal continûment enfoncés pendant au moins 10 secondes. Dès que le logo Apple apparaît, relâchez les deux boutons.

La réinitialisation de l'iPad équivaut à redémarrer après un plantage. Vos données ne devraient pas être affectées et dans bien des cas, ce traitement de choc vient à bout de ce qui aurait pu affecter votre iPad. N'hésitez pas à recourir à cette technique. Il n'en faudra souvent pas plus pour que l'iPad revienne à la normale.

Il peut arriver que vous soyez obligé de maintenir la touche Marche/Veille enfoncée *avant* d'appuyer continûment sur le bouton principal. La raison est qu'en appuyant simultanément sur les deux touches, vous procédez à une capture d'écran de ce qui est affiché : le contenu de l'écran est enregistré dans un fichier stocké dans l'application Photos, sous l'onglet Albums de l'album Photos enregistrées. Nous y reviendrons à la fin du Chapitre 17. La capture d'écran se produit seulement quand vous appuyez puis relâchez les deux boutons en même temps. Mais elle se produit parfois intempestivement, alors que vous vouliez redémarrer l'iPad.

Le redémarrage de l'iPad ne résout parfois pas le problème. Des mesures plus radicales s'imposent alors.

Supprimer le contenu

Chacune des opérations entreprises jusqu'ici n'a pas dû vous prendre plus d'une minute ou deux. Ce sera cette fois un peu plus long.

Vous devrez synchroniser votre iPad et le reconfigurer en excluant de l'iPad quelques fichiers, ou la totalité des fichiers, afin qu'ils ne soient *pas* synchronisés. En effet, la source du problème peut se trouver parmi les contacts, les données du calendrier, les morceaux de musique, les photos, les vidéos ou les podcasts. Vous avez le choix entre deux stratégies pour ce dépannage :

✓ **Si vous suspectez un type de données particulier d'être à l'origine du problème** – les photos par exemple parce que l'iPad se bloque chaque fois que vous touchez l'application Photos sur l'écran d'accueil –, commencez par supprimer ce type de données.

✔ **Si vous n'avez aucun doute,** désélectionnez chaque élément puis synchronisez. Cela fait, toutes vos données ont disparu de l'iPad.

Si l'une de ces techniques a résolu le problème, restaurez vos données, à raison d'un seul type à la fois. Si le problème réapparaît, vous devrez procéder par élimination pour savoir quel type de données en particulier, voire quel fichier, est incriminé.

L'iPad est toujours rétif ? Rgngngnghhhh ! Il va falloir réinitialiser ses paramètres.

Réinitialiser les réglages et le contenu

La réinitialisation s'effectue en deux phases. La première, la réinitialisation des paramètres de l'iPad, rétablit tous les réglages tels qu'ils étaient à la sortie de l'usine. Cette opération n'efface aucun de vos fichiers. Le seul inconvénient étant l'obligation de tout reconfigurer manuellement selon vos convenances, par la suite, vous pourrez réinitialiser sans crainte. Pour ce faire, touchez Réglages, sur l'écran d'accueil, puis Général > Réinitialiser > Réinitialiser tous les réglages.

Veillez à ne pas toucher par inadvertance l'option Effacer contenu et réglages (du moins, pas maintenant). L'effacement de tout le contenu implique une durée de la restauration plus importante parce que la prochaine synchronisation sera forcément longue. C'est pourquoi, il vaut mieux commencer avec l'option Réinitialiser tous les réglages.

Si la réinitialisation de tous les réglages n'a pas remis l'iPad en bon état, essayez l'option Effacer contenu et réglages (sous Réglages > Général > Réinitialiser).

L'option Effacer contenu et réglages efface tout de votre iPad : tous les fichiers et données audiovisuels et tous les réglages. Comme tous ces éléments se trouvent aussi dans votre ordinateur – en principe, du moins –, vous devriez les récupérer lors de la prochaine synchronisation. Sachez toutefois que vous perdrez tous les contacts, événements notés dans le calendrier, liste de lecture et captures d'écran créés ou modifiés depuis la dernière synchronisation.

Voyez si l'iPad fonctionne correctement après avoir effacé tout le contenu et les réglages. Si ce n'est pas le cas («on voyait à son air féroce qu'il tombait sur un os», comme dans *La java des bombes atomiques* de Boris Vian), la restauration de l'iPad à partir d'iTunes, devrait marcher.

La restauration de l'iPad

Il reste encore un recours pour sauver votre malheureux iPad. Connectez-le à l'ordinateur comme pour une synchronisation. Mais dès que l'iPad apparaît dans le volet de gauche d'iTunes, cliquez sur le bouton Restaurer, sous l'onglet Résumé. Cette action efface tous vos fichiers et données et réinitialise tous les paramètres.

Comme toutes les données et fichiers existent dans votre ordinateur – excepté les contacts, événements notés dans le calendrier, liste de lecture et captures d'écran créés ou modifiés depuis la dernière synchronisation – la restauration ne devrait rien vous faire perdre. La prochaine synchronisation sera plus longue que d'habitude et vous devrez rétablir manuellement tous les paramètres que vous aviez changés depuis l'achat de votre iPad. Hormis ces menus inconvénients, la restauration devrait se dérouler sans problème.

Le mode Récupération

Si vous avez essayé toutes les opérations préconisées, ou s'il est impossible d'appliquer certaines d'entre elles parce que l'iPad est vraiment mal en point, il reste une dernière solution : le mode Récupération. Voici comment le mettre en œuvre :

1. **Débranchez le câble USB de l'iPad, mais laissez l'autre extrémité connectée au port USB de l'ordinateur.**

2. **Éteignez l'iPad en maintenant le bouton Marche/ Veille enfoncé pendant quelques secondes, jusqu'à ce que la glissière rouge soit affichée, puis actionnez-la.**

   Attendez que l'iPad soit éteint.

3. **Le bouton principal enfoncé, rebranchez le câble USB à l'iPad.**

   L'iPad se remet en marche.

Si vous voyez apparaître le dessin d'une batterie à fine bande rouge à sa base ainsi que l'icône d'une prise de courant et celle d'un éclair, vous devez laisser l'iPad en charge pendant au moins 10 à 15 minutes. Dès que le dessin de batterie aura disparu ou si la bande est devenue verte, recommencez à l'Étape 2.

4. **Laissez le bouton principal enfoncé jusqu'à ce que l'écran de connexion à iTunes apparaisse. Relâchez le bouton.**

   Si l'écran de connexion à iTunes n'est pas visible, répétez les Étapes 1 à 4.

   Si iTunes n'a pas démarré spontanément, lancez-le manuellement. Un message vous informe que l'iPad est en mode de récupération et que vous devez le restaurer avant de pouvoir l'utiliser avec iTunes.

5. **Utilisez iTunes pour restaurer l'iPad comme expliqué à la section précédente.**

Eh bien voilà, nous avons fait le tour de ce qu'il est possible de faire lorsque l'iPad devient rétif. Si vous avez essayé toutes les solutions proposées jusqu'ici, parcourez le restant de ce chapitre pour voir si une autre intervention pourrait résoudre le problème. Le cas échéant, vous devrez probablement confier l'iPad au service après-vente (SAV).

Ne vous découragez jamais. Ne manquez pas de lire la dernière section de ce chapitre, «Si rien ne va plus». Votre iPad est certes mal en point, mais il reste peut-être encore un petit quelque chose à faire.

Les problèmes de réseau

Si la connexion Wi-Fi ou la connexion au réseau 3G (iPad Wi-Fi + 3G seulement) pose problème, vous trouverez dans cette section des techniques pour le résoudre. Elles sont faciles et rapides, sauf la dernière, la restauration. Décrite à la section précédente, elle est peu commode à mettre en œuvre et prend du temps, car il s'agit d'effacer puis de réintroduire tout le contenu de votre iPad.

Mais d'abord, voici quelques étapes simples qui peuvent vous aider :

- **Assurez-vous que le signal de la Wi-Fi ou de la 3G est suffisamment puissant (voir Figure 14.1).**

- **Déplacez-vous quelque peu avec votre iPad.**

    Changer de place de quelques pas peut parfois faire la différence entre un signal faible et un signal fort. Se rapprocher d'une fenêtre est souvent profitable.

- **Redémarrez l'iPad.**

    Comme nous l'avions mentionné précédemment, un redémarrage vient souvent à bout de nombreux dysfonctionnements.

    Si votre iPad est un modèle Wi-Fi + 3G, essayez ces deux points :

- **Vérifiez si vous n'avez pas laissé l'iPad en mode Avion par mégarde.**

    Dans ce mode, qui n'existe que sur les iPad Wi-Fi + 3G, toutes les fonctions de réseau sont désactivées. Il vous est impossible de recevoir ou d'envoyer du courrier électronique, ni d'utiliser les applications exigeant une connexion Wi-Fi ou réseau, autrement dit, Mail, Safari, Plans, YouTube, iTunes et App Store.

- **Activez le mode Avion en touchant Réglages > Avion. Attendez 15 à 20 secondes, puis désactivez le mode Avion.**

    Activer puis désactiver le mode Avion équivaut à réinitialiser à la fois la connexion Wi-Fi et la connexion 3G. Si c'est cette dernière qui posait problème, cette manipulation peut le corriger.

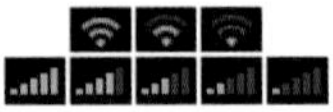

Figure 14.1 : La force d'un signal Wi-Fi (en haut) et 3G (en bas), du plus puissant (à gauche) au plus faible (à droite).

TRUC

Apple a publié deux excellents articles – hélas uniquement en anglais – sur les problèmes rencontrés avec la Wi-Fi. Vous les trouverez aux adresses http://support.apple.com/kb/TS3237 et http://support.apple.com/kb/HT1365.

Si aucune des suggestions ci-dessus ne résout le problème, envisagez la restauration de l'iPad comme expliqué précédemment.

Problèmes de synchronisation, d'ordinateur ou avec iTunes

La dernière catégorie de techniques de dépannage s'applique aux problèmes liés à la synchronisation et à la liaison entre l'ordinateur et l'iPad.

Là encore, nous vous recommandons d'essayer les procédures dans l'ordre proposé ici :

1. **Rechargez l'iPad.**

   Si vous ne l'avez pas encore fait, faites-le maintenant, comme expliqué à la section «Réanimer un iPad cataleptique», au début de ce chapitre.

2. **Connectez l'iPad à un autre port USB de l'ordinateur, ou utilisez un autre câble USB si vous en avez un.**

   Cela arrive rarement, mais il se peut parfois qu'un port USB ou le câble soit détérioré, provoquant des problèmes de connexion lors d'une synchronisation. Vérifiez toujours le bon état du câble.

3. **Redémarrez l'iPad puis réessayez de synchroniser.**

Le redémarrage de l'iPad a été décrit en détail précédemment dans ce chapitre.

4. **Réinstallez iTunes.**

Même si iTunes ne pose pas de problème, vous devriez néanmoins visiter le site Web d'Apple (www. apple.com/fr/itunes) et télécharger la version d'iTunes la plus récente.

De l'aide sur les sites Web

Vous trouverez une aide efficace, en français, sur le site Web d'Apple, plus précisément à cette adresse : www. apple.com/fr/support/ipad/getstarted/ (voir Figure 14.2). Vous pouvez la parcourir par catégories, en cliquant sur les titres dans le volet de gauche, ou rechercher par mots-clés. À la rubrique Principes de base (non visible dans la Figure 14.2 parce qu'elle est en bas de la page), plusieurs liens donnent accès à des pages consacrées au dépannage de l'iPad.

Dans la catégorie Bienvenue, le lien Modes d'emploi permet de télécharger des manuels de tous les équipements fabriqués par Apple (iPad, mais aussi iPhone, iPod, ordinateur, périphériques…), dans de nombreuses langues, dont le français. Notez aussi qu'il existe un livre électronique intitulé *iPad, Guide de l'utilisateur,* téléchargeable depuis l'application iBooks.

Un autre site Web, à l'adresse http://discusssions.apple. com, est un forum d'utilisateurs d'iPad, d'iPhone et d'iPod, mais il est exclusivement anglophone. Vous trouverez cependant des sites Web et des forums consacrés à l'iPad à l'aide d'un moteur de recherche. Vous y trouverez souvent une solution ou des pistes qui vous feront gagner beaucoup de temps.

Figure 14.2 : Le site Web d'Apple est une intéressante source d'aide et d'informations.

Si rien ne va plus

Si toutes les pistes et recommandations que nous venons de proposer ne dépannent pas votre iPad, vous devrez sans doute l'envoyer au service après-vente d'Apple. La réparation est bien sûr gratuite s'il est sous garantie.

Pour 99 euros, la garantie de l'iPad peut être étendue à deux ans grâce à la formule AppleCare Protection Plan. Visitez le site http://store.apple.com/fr/browse/home/applecare pour connaître les détails de ce service.

Voici deux points importants à prendre en compte lorsque votre iPad doit être réparé :

🖰 *Il est fort possible que tout le contenu de l'iPad soit effacé.* Si son état le permet, procédez à une synchronisation avant de l'apporter au SAV. Dans le cas contraire, toutes les données entrées depuis la dernière synchronisation risquent d'être perdues.

🖰 Ôtez tous les accessoires, comme l'étui ou le protège-écran.

Ne confiez la réparation de votre iPad qu'à un service agréé par Apple. Renseignez-vous sur le service après-vente d'Apple à l'adresse www.apple.com/fr/support/ipad/. Vous y trouverez les propositions de souscription à l'AppleCare Protection Plan pour l'iPad, des questions et réponses concernant la réparation de l'iPad, le suivi de la réparation, le service de remplacement de la batterie, *etc.*

Des accessoires pour l'iPad

Dans ce chapitre :

- Les étuis, claviers et chargeurs.
- Les options de connexion (appareil photo, téléviseur et vidéoprojecteur).
- Les écouteurs, oreillettes, casques et microphones.
- Les enceintes.
- Les protections.
- Les accessoires divers.

*Q*uiconque a acheté une voiture neuve sait qu'il est difficile de quitter le hall du concessionnaire sans que le vendeur tente de nous faire acheter des accessoires forcément «indispensables». C'est ainsi que l'on repart avec un coffre de toit, un GPS, un lecteur de DVD pour les sièges arrière, une machine à café, *etc*.

Vous ne courrez certes pas ce risque en achetant votre iPad sur le site Web d'Apple, mais Apple et d'autres fabricants se font un plaisir de vous proposer quantité d'accessoires, des claviers sans fil

aux chargeurs de batterie, en passant par les étuis et les coques.

L'iPad est doté du connecteur à 30 broches que connaissent bien les utilisateurs d'iPod et d'iPhone. Si vous possédez déjà l'un de ces deux appareils, vous savez qu'il s'adapte parfaitement à la prise. Vous pourriez même être tenté d'utiliser son chargeur pour l'iPad. Rien ne garantit qu'il fonctionne avec l'iPad, mais c'est peut-être le cas.

Une chose est sûre : si un emballage porte la mention «Conçu pour l'iPad», l'accessoire électrique est spécifiquement destiné à l'iPad et il est conforme à tous les standards imposés par Apple.

Quantité d'accessoires ne devraient pas tarder à déferler dans les semaines et les mois à venir. Ils s'ajouteront à ceux décrits ici. Nous commencerons cette présentation par les accessoires arborant le célèbre logo Apple, et nous finirons par des accessoires non estampillés Apple, fabriqués par des sociétés tierces.

Les accessoires signés Apple

Nous attendons l'excellence dans le matériel que produit Apple, et il ne saurait en être autrement pour les accessoires. Vous vous ferez votre propre opinion, mais vous trouverez des avis des utilisateurs dans la boutique en ligne d'Apple, à l'adresse http://store.apple.com/fr.

Glisser l'iPad dans un étui

L'inconvénient majeur d'un accessoire, c'est d'être optionnel. Il serait si agréable de l'obtenir avec l'appareil lui-même. Entre autres, nous aurions aimé que l'iPad soit livré avec un étui de protection. Ce n'est hélas pas le cas.

Vous devrez donc acheter à part l'étui iPad Apple, vendu 39 euros. Noir, fabriqué en microfibres, il est très classe. Mais si vous désirez vraiment frimer, vous pouvez opter pour l'étui en croco brun à 689 dollars, fabriqué et vendu par le maroquinier italien Orbino. (NdT : à propos de gros sous, notez que dans le domaine des accessoires comme dans certains autres, Apple instaure systématiquement un taux de change qui l'avantage énormément, à savoir que 1 euro vaut 1 dollar, soit un surcoût important, d'autant plus élevé que l'euro est fort. Vérifiez également le délai de livraison par l'Apple Store. Il peut atteindre plusieurs semaines)

L'accessoire que montre la Figure 15.1, poétiquement appelé Smart Cover est plus une sorte de capot qu'un étui. Réalisé tout spécialement pour l'iPad 2, il est ultra-fin et tient grâce à des aimants. Plaquez le Smart Cover contre l'iPad 2 et il se met en veille. Soulevez-le ne serait-ce qu'un tout petit peu, et il se réveille. Le modèle en polyuréthane de diverses couleurs est vendu 39 euros et, si vous vous vautrez sans vergogne et avec volupté dans le luxe et le bling-bling, offrez-vous le modèle en cuir pour 69 euros.

Figure 15.1 : Le Smart Cover pour l'iPad 2 (document Apple).

Le Smart Cover et d'autres étuis Apple peuvent servir de support afin que l'iPad soit présenté incliné à 30 degrés, ce qui facilite la saisie avec le clavier virtuel. En orientant l'iPad en largeur ou en hauteur, l'iPad devient un cadre photo ou une visionneuse pour regarder des films.

Un étui, c'est bien. Mais si vous voulez placer l'iPad sur le Dock présenté plus loin dans ce chapitre, vous devez l'ôter de son étui, ce qui peut s'avérer quelque peu fastidieux à la longue.

Les alternatives au clavier virtuel

Le clavier virtuel qui apparaît au moment même où vous en avez besoin est parfait pour les saisies assez courtes, comme la rédaction d'un courrier électronique ou une prise de notes. Mais pour des tâches plus longues, un véritable clavier sera sans doute beaucoup plus confortable.

Il est heureusement très facile d'utiliser un véritable clavier avec l'iPad. Apple propose deux modèles, vendus chacun 69 euros.

Le Dock avec clavier iPad

Cet accessoire est un hybride de clavier en aluminium anodisé et de station d'accueil appelée Dock, utilisable pour synchroniser et charger l'iPad, ou pour connecter d'autres accessoires. En fait, ce clavier possède deux connecteurs de Dock, l'un près de la rangée de touches supérieure dans lequel vous insérez l'iPad, un autre sur la face arrière auquel vous branchez d'autres accessoires. Il est aussi équipé d'un jack audio de 3,5 mm pour y brancher des enceintes.

Les enceintes connectées au Dock sont intéressantes pour les utilisateurs désireux d'écouter de la musique en stéréo autrement qu'avec un casque (n'oubliez pas que le haut-parleur intégré est monophonique).

Le clavier, confortable, possède des touches de fonctions qui affichent l'écran d'accueil, lancent une recherche avec Spotlight, augmentent ou réduisent la luminosité de l'écran, démarrent un diaporama, affichent le clavier virtuel et verrouillent ou déverrouillent l'écran. Vous trouverez aussi des commandes Lecture, Muet et Volume pour l'application iPod.

Outre l'impossibilité de laisser l'iPad dans un étui, le Dock livré avec le clavier présente un autre inconvénient :

l'excroissance qu'il forme à l'arrière du clavier rend son transport peu commode. Mais autrement plus gênante est l'obligation de connecter l'iPad orienté en hauteur, en mode Portrait. Il est en effet impossible de le connecter en largeur, en mode Paysage.

Le Dock peut être acheté à part, sans clavier, pour 29 euros. Il offre les mêmes avantages (essentiellement la connectique et le support vertical de l'iPad), mais présente aussi les mêmes inconvénients que ceux mentionnés au chapitre précédent.

Le clavier sans fil Apple

Le clavier sans fil Apple (Figure 15.2) est idéal pour pianoter sur un beau clavier en aluminium, sans fil à la patte. Il est en effet utilisable jusqu'à 10 mètres de l'iPad grâce à la connexion Bluetooth, la technologie par ondes radio présentée au Chapitre 13. Pour utiliser ce clavier Bluetooth, vous devrez le jumeler avec l'iPad. L'écran est-il encore lisible à dix mètres ? Certes non, mais pouvoir manipuler le clavier en toute liberté, y compris vautré sur la moquette, est bien agréable.

Figure 15.2 : Le clavier Bluetooth compact (contrairement à la version USB, il est dépourvu de pavé numérique).

Le clavier Bluetooth est alimenté par deux piles AA. Pour les ménager, il se met en veille lorsque vous cessez de taper un certain temps, et se réveille sitôt que vous appuyez de nouveau sur une touche.

Ce clavier conçu tout d'abord pour des ordinateurs comme le Mac mini est bien sûr dépourvu de toute la connectique pour l'iPad. Mais comme il est particulièrement mince et compact, il est facile de l'emporter partout, avec l'iPad. Il trouvera toujours sa place dans un attaché-case, une mallette, un sac à dos, *etc*.

Bien que nous ne l'ayons pas testé, il semblerait que n'importe quel clavier Bluetooth d'une autre marque fonctionne, pour peu qu'il soit conforme au standard Bluetooth 2.1 + EDR (NdT : tous ces claviers non Apple étant conçus pour les PC, des touches comme Cmd, Alt, les opérateurs arithmétiques, la barre inclinée, l'arobase et quelques autres ne seront pas situées au même endroit).

Connecter un appareil photo

L'iPad n'est pas équipé de port USB ni d'un lecteur de cartes mémoire SD, qui sont les moyens de transfert de photos numériques vers l'ordinateur les plus usités actuellement. Et, pour le moment, l'iPad n'est pas non plus équipé d'un appareil photo.

L'iPad est cependant une magnifique visionneuse. C'est pourquoi, si vous prenez beaucoup de photos, le kit de connexion d'appareil photo, vendu 29 euros et décrit au Chapitre 10, mérite votre attention. Rappelons qu'il est composé de deux adaptateurs distincts, comme le montre la Figure 15.3 : un adaptateur femelle pour connecteur USB, et un lecteur dans lequel vous insérez la carte mémoire au format SD (*Secure Digital*). Chacun de ces adaptateurs se branche au connecteur 30 broches situé sous l'iPad.

Figure 15.3 : Le connecteur pour câble USB (à gauche) et le lecteur de cartes SD (à droite).

Bien que, selon Apple, l'adaptateur USB du kit est censé fonctionner avec le câble USB livré avec votre appareil photo numérique, nous avons testé la connexion avec d'autres périphériques, notamment un vieux clavier USB de marque Dell qui a été reconnu. Il est possible de connecter d'autres appareils, y compris des lecteurs de cartes mémoire autres que SD (par exemple, des cartes CompactFlash, Memory Stick, xD…). Mais n'espérez pas que la totalité des périphériques USB fonctionnent, d'une part à cause de leur consommation électrique, et d'autre part, parce qu'ils nécessitent des pilotes.

Le kit de connexion d'appareil photo est un accessoire fort utile en attendant – on peut rêver… – qu'Apple agrémente un jour l'iPad d'un appareil photo, d'un connecteur USB et d'un lecteur de cartes mémoire SD.

Connecter l'iPad à un téléviseur ou à un vidéoprojecteur

L'écran de l'iPad est assez vaste, ce qui apparente presque cette tablette à un ordinateur. Mais il n'est, bien sûr, pas aussi grand que celui d'un téléviseur à écran plat, ou d'un écran comme ceux que l'on voit dans des salles de conférence ou dans un auditorium.

La possibilité de visionner en plus grand ce que montre l'écran de 1024 × 768 pixels de l'iPad est l'une des raisons d'être du câble Adaptateur iPad Dock Connector vers VGA (29 euros). Il sert à connecter l'iPad à un téléviseur, à un vidéoprojecteur ou à un écran d'ordinateur, plat ou à tube cathodique.

Le standard VGA (*Video Graphic Array,* matrice graphique vidéo) est aujourd'hui réservé aux affichages en basse résolution, contrairement au standard HDMI (*High-Definition Multimedia Interface,* interface multimédia à haute définition) autorisant des résolutions plus importantes.

Vous obtiendrez un meilleur résultat pour vos films lus sur l'iPad, mais visionnés sur un écran de télévision en utilisant le câble Component AV vendu 49 dollars. Doté de câbles vidéo rouge, bleu et vert et de câbles audio rouge et blanc, il permet de brancher l'iPad à un *home cinema* ou à une chaîne stéréo. Attention toutefois : les premiers acheteurs ont été déçus par ce câble, car il ne restitue pas exactement ce qui est affiché sur l'iPad. L'application utilisée doit avoir été conçue pour prendre en charge un affichage vidéo externe, ce qui n'est pas toujours le cas. Sont notamment incriminés : les applications Vidéos, Photos et YouTube de l'iPad, les présentations Keynote, et Safari, dont certaines vidéos sont transmises par le câble Component AV, mais pas toutes.

Le câble Apple Digital AV Adapter est un câble HDMI, mais il est capable d'afficher l'écran de l'iPad sur l'écran plat d'un téléviseur et d'être connecté à un vidéoprojecteur, ce qui est un énorme avantage, notamment pour des présentations ou des démonstrations. Ed s'en sert pour jouer à *Angry Birds* sur son immense écran de télévision.

Le chargeur supplémentaire

L'autonomie d'environ 10 heures de la batterie de l'iPad est plus que suffisante pour une journée d'utilisation, mais sait-on jamais… Emporter un chargeur supplémentaire qui sert en plus d'alimentation sur secteur peut s'avérer utile : celui livré avec l'iPad restera à la maison, le chargeur supplémentaire USB 10 W iPad restera au bureau. Il est vendu 29 euros et la longueur du câble est de 1,80 m.

Écouteurs, oreillettes, casques et microphones

Vous avez sans aucun doute remarqué que l'iPad est livré sans oreillettes ni écouteurs. C'est peut-être mieux ainsi, car ceux qui sont vendus depuis toujours avec les iPod et les iPhone ne sont pas très bons. En fait, Bob les qualifie de « médiocres et quelque peu inconfortables » dans tous ses articles sur les iPod et les iPhone.

En l'absence d'écouteurs, vous voilà libre de choisir le matériel qui correspondra à votre budget et fera le bonheur de vos oreilles.

Le fil à l'oreille

Faites une recherche dans les boutiques en ligne, ou écumez les rayons des magasins spécialisés, et vous découvrirez quantité d'écouteurs, d'oreillettes, de casques et de casques-microphone, à des prix allant de quelques euros à plus d'un millier d'euros pour le très haut de gamme. Mais vous trouverez du bon matériel à partir d'une cinquantaine d'euros.

Nous adorons farfouiller dans l'Apple Store, Bob et moi, mais ce n'est pas là que vous trouverez des affaires. Il ne contient en effet que des articles estampillés Apple, et Apple n'a pas l'habitude de brader ses prix. Pour cela, il vaut mieux chercher ailleurs.

Étant donné le nombre de marques et de modèles de tout ce qui sert à écouter de la musique, il nous a été impossible de tout essayer. Cela dit, nous en avons essayé beaucoup, sans doute plus que le commun des mortels, et nous avons nos préférences.

Dans le domaine des casques, Bob ne jure que par son Grado SR60i (www.gradolabs.com), bien connu pour offrir une étonnante qualité audio à un prix abordable d'environ 100 euros. Nous avons testé des casques deux ou trois fois plus chers, et même davantage, qui n'étaient pas aussi bons (NdT : la marque allemande Sennheiser, www.sennheiser.com, propose elle aussi d'excellents modèles).

Si vous en avez les moyens, offrez-vous pour 400 euros le QuietComfort 3 de Bose à réduction du bruit ambiant (www.bosefrance.fr).

L'écoute sans fil

Nous n'avons pas une grande expérience des casques et écouteurs Bluetooth, Bob et moi, mais il n'est jamais trop tard pour s'y mettre. Ils permettent d'écouter de la musique jusqu'à dix mètres de distance de l'iPad, sans être entravé par un fil.

Les enceintes

N'importe quels haut-parleurs peuvent être connectés à l'iPad, mais si vous voulez un son correct, nous vous recommandons de n'opter que pour les enceintes *alimentées* et non pour des enceintes passives (non alimentées). La différence réside dans le fait que les premières contiennent leur propre amplificateur et délivrent ainsi un son meilleur et plus fort que les secondes.

Le prix des enceintes va de quelques dizaines d'euros à des centaines, voire des milliers d'euros. La plupart des enceintes conçues pour les ordinateurs, l'iPod ou l'iPhone fonctionnent très bien tant qu'une entrée auxiliaire ou un connecteur de Dock permettent de les utiliser avec l'iPad (à vrai dire, nous n'avons pas encore vu d'enceintes à connecteur iPad, mais elles seront certainement disponibles d'ici peu).

Les enceintes Bluetooth

Comme les casques et les écouteurs, les enceintes Bluetooth restent en liaison avec l'iPad jusqu'à 10 mètres. C'est parfait pour écouter de la musique autour de la piscine ou sous la douche, des lieux que l'iPad ne prise guère.

À l'instar des casques et des écouteurs Bluetooth, nous n'avons pas une grande expérience de ces équipements, mais nous nous en serions voulu de ne pas les mentionner.

D'autres accessoires

Avant de clore ce chapitre qui, lui, n'est pas accessoire, nous voudrions vous présenter quelques produits, notamment des films de protection qui maintiendront votre iPad à l'abri des agressions extérieures sans pour autant augmenter ses dimensions.

Protéger l'écran avec un film

Certaines personnes préfèrent ne pas glisser leur iPad dans un étui, et c'est très bien ainsi. Pour le protéger, elles préfèrent recouvrir l'écran, voire tout l'appareil, d'une pellicule ou d'un film spécial. Nous avons déjà testé des produits de ce genre sur nos iPhone, et ils ont tenu leurs promesses. Appliqués dans les règles de l'art, ils sont quasiment invisibles et protègent efficacement l'iPad contre les rayures et les abrasions.

Bob a testé la pellicule Invisible Shield fabriquée par Zagg (www.zagg.com), le film BodyGuardz (www.bodyguardz et en français sur le site www.geekpremium.com/) et la pellicule Best Skins Ever (wwwbestskinsever.com). Tous ces produits se ressemblent. La première, Invisible Shield, est la plus chère et elle est peut-être de meilleure qualité. La pellicule BodyGuardz est 25 % moins chère et sa qualité semble comparable. Toutes deux sont garanties à vie. La pellicule Best Skins Ever est encore meilleur marché et, contraire- ment à ses concurrents, elle ne nécessite pas l'application préalable d'un liquide. Elle n'est pas garantie à vie, mais seulement 30 jours. Les trois sociétés proposent des pellicules qui protègent entièrement l'iPad (façade, dos et côtés) ou qui ne protègent que la façade et le dos.

Ces pellicules peuvent s'avérer délicates à appliquer. Respectez scrupuleusement le mode d'emploi, regardez les vidéos sur le site Web du vendeur ou sur YouTube.

Enfin, RadTech (www.radtech.us) propose une double protection de l'écran – contre les rayures et contre les reflets – grâce à un film en Mylar. Il est semi-rigide, contrairement aux pellicules précédemment décrites, mais il peut être nettoyé et réutilisé sans perte de qualité. La surface dure du Mylar résiste aux rayures et aux abra- sions et sa qualité optique est irréprochable. Il est vendu par deux au prix de 19,95 dollars.

Un support pour iPad

Le support A-Frame fabriqué par Griffin Technology est si original que nous nous en serions voulu de ne pas le mentionner. Comme le montre la Figure 15.4, il s'agit d'un support en aluminium massif prévu pour tenir l'iPad debout, soit en largeur, soit en hauteur, ce qui est parfait pour les vidéos ou pour la fonction Cadre photo décrite au Chapitre 10, soit en hauteur pour lire. L'A-Frame est le parfait compagnon du clavier Bluetooth d'Apple. La patte arrière peut être repliée. Dans ce cas, l'iPad est posé presque à plat, incliné juste ce qu'il faut pour utiliser confortablement son clavier virtuel.

Figure 15.4 : Le support A-Frame présente l'iPad à plat ou debout (document Griffin Technology).

Des patins antidérapants en silicone mou empêchent l'iPad de glisser ou d'être rayé. La partie inférieure du support ne gêne pas le câble USB mais lorsque l'iPad est posé en hauteur. Elle s'accommode même d'autres étuis tiers notamment les modèles rigides et souples fabriqués par Griffin.

Écouter l'iPad en amoureux

Quand vous voyagez à deux en avion, en train, en autocar ou dans le métro, un dédoubleur de jack sera fort utile.

Ce petit accessoire peu coûteux, en vente dans tous les magasins de hi-fi, possède une prise stéréo mâle de 3,5 mm que vous branchez dans la prise audio de l'iPad et, à l'opposé, deux prises stéréo femelles auxquelles chacun connecte son casque ou ses écouteurs. C'est une solution idéale pour profiter de l'iPad en couple sans gêner les voisins.

Assurez-vous que le dédoubleur est bien un modèle stéréo, et non mono.

Et surtout, après le bisou au moment de prendre chacun sa route, pensez à débrancher l'écouteur de celui qui n'emporte pas l'iPad. Autrement, la séparation serait aussi déchirante pour le couple que pour le fil électrique.

Cinquième partie
Les dix commandements

« C'est une station d'accueil pour iPad
qui comprend trois chambres à coucher,
deux salles de bain et un garage. »

Dans cette partie...

Les dix commandements sont
une véritable institution dans
la collection Pour les Nuls. Nous ne
dérogerons évidemment pas à cette
tradition. Vous trouverez donc dans
cette partie une liste de dix applications,
la plupart gratuites, qui méritent d'être
installées dans votre iPad. Le choix
est évidemment personnel, et d'autres
applications non mentionnées ici vous
paraîtront sans doute indispensables.
C'est pourquoi, ne manquez pas de
visiter régulièrement l'App Store pour
vous tenir au courant des applications
disponibles et des nouveautés.

Nous conclurons par l'un de nos sujets
préférés : les trucs, astuces et raccourcis
qui facilitent l'existence avec l'iPad. Vous
découvrirez différents moyens de vérifier
la capacité du petit joujou, de partager
des pages Web, de mieux utiliser le
clavier virtuel, *etc.*

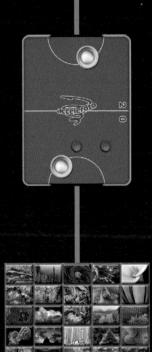

16

« Apps » olument génial !

Dans ce chapitre :

- Calculatrice.
- Météo.
- Presse écrite.
- Radio.
- DailyMotion.
- Mappy.
- Google Earth.
- Alarm Clock.
- Wireless Disk.
- Jeux.

*R*appelons que les applications peuvent être téléchargées, soit directement sur l'iPad à partir de l'application App Store, soit dans l'ordinateur, après quoi vous devrez synchroniser vos applications avec l'iPad, comme expliqué au Chapitre 3.

Rappelons que deux applications gratuites doivent absolument être installées sur l'iPad :

- ✔ **iBooks :** décrite au Chapitre 11, elle est indispensable pour la principale fonction de la liseuse qu'est l'iPad, à savoir l'accès et l'affichage des livres numériques.

- ✔ **Localiser :** cette application décrite au Chapitre 13 sert à retrouver un iPad, un iPhone 4 ou un iPod Touch de quatrième génération égaré, oublié ou volé.

Localiser ne sert pas à retrouver votre propre iPad, mais l'iPad, l'iPhone ou l'iPod Touch de quelqu'un d'autre. Pour que votre iPad à vous puisse être localisé, vous devez d'abord créer un compte MobileMe en touchant Réglages > Mail, Contacts, Calendrier > Ajouter un compte > MobileMe.

Calculatrice

Pourquoi est-ce qu'Apple n'a pas cru bon de placer la calculette de l'iPhone dans l'iPad ? Mystère. Les applications de calcul ne manquent heureusement pas.

Nous avons retenu Calculator parmi toutes celles que l'on trouve dans l'App Store. À l'instar de l'application Calculette de l'iPhone, elle se présente sous deux formes, comme le montre la Figure 16.1 : une calculatrice «quatre opérations» à mémoire lorsque l'iPad est tenu en hauteur, et une calculatrice scientifique lorsque l'iPad est tenu en largeur.

Quelques fonctions, comme la conversion degrés/radians, sont bridées. Pour y accéder et mettre fin à l'affichage de la publicité en bas de l'écran, l'achat de la version payante (0,79 euro) est nécessaire.

Cette calculatrice n'est pas la seule. Parcourez la catégorie Productivité de l'App Store (ou faites une recherche sur «Calc» pour en trouver d'autres).

Figure 16.1 : L'application Calculator en mode « quatre opérations » à gauche et, à droite, le mode « scientifique ».

Météo

Encore une fonctionnalité qu'Apple a zappé sur l'iPad. De surcroît, il n'existe aucune application météorologique gratuite pour l'iPad. Vous avez le choix entre deux solutions :

- Télécharger une application gratuite pour iPhone compatible iPad, comme Météo-France ou La chaîne météo, mais l'écran de votre iPad ne sera pas totalement exploité.

- Télécharger une application payante comme Météo sur iPad (0,79 euro) qui s'affichera en beauté sur tout l'écran, avec les prévisions pour les jours à venir.

Presse

L'application iBooks est parfaite pour la littérature, mais si vous désirez vous tenir au courant de l'actualité grâce à la presse écrite, téléchargez l'une des nombreuses applications développées par les journaux et les magazines.

La plupart des journaux ont un site Web auquel vous pouvez accéder avec le navigateur Safari. Les apps sont une commodité, pas une nécessité.

C'est bien sûr dans la catégorie Actualités que vous trouverez les titres les plus connus comme :

- **Le Figaro :** l'application donne accès à la vente au numéro (0,79 euro) ou à l'abonnement mensuel (15 euros). Il existe aussi une application Le Figaro Magazine

- **Le Monde :** ce journal propose trois applications : Le Monde.fr (gratuit) qui informe succinctement sur les grands événements du jour, Le Monde (0,79 euro l'édition du jour) qui est un *fac-similé* du journal et Le Monde.fr Sport (gratuit).

- **Le Parisien :** vous avez le choix entre une apps gratuite mais «allégée», et une apps payante (0,79 euros) avec du contenu multimédia.

- **Libération pour iPad :** *fac-similé* du journal. Il est gratuit pendant six jours. Ensuite, il faut acheter chaque numéro pour 0,79 euros.

De nombreux titres de la presse magazine – hebdomadaire et mensuelle – proposent également des applications pour iPad (ou pour iPhone, mais compatible iPad).

Radio

Vous préférez la radio ? Votre station préférée a sans doute développé une application pour iPhone. Le seul inconvénient est l'interface minuscule, prévue pour le petit écran de l'iPhone. Frustrant sur un iPad...

Il reste alors le recours à une application générique comme LiveRadio pour iPad (Figure 16.2), qui a l'avantage d'être gratuite. Elle donne accès à toutes les grandes stations comme Europe1, France Info, RMC, RTL, Skyrock et bien d'autres. La base de données mondiale contient plus de dix mille radios !

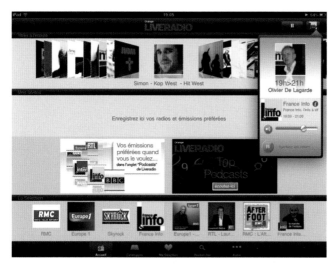

Figure 16.2 : Toutes les radios de France et du monde sur votre iPad.

Dailymotion

YouTube, c'est bien, mais Dailymotion, c'est tout aussi bien et, comme son nom ne l'indique pas, c'est français.

Si vous adorez visionner des vidéos, cette application est incontournable. Les vignettes des vidéos sont présentées sur des rubans thématiques (Musique, Cinéma, Humour, Actu et Politique, Sports et Extrême, Arts, Amis et Famille, Jeux, Expression libre, Vie pratique, Auto-moto, Technique et Science, Animaux, Voyages, Campus) que l'on fait défiler horizontalement pour les découvrir.

Mappy

L'iPad n'est pas fait pour être trimballé dans la rue, mais si vous avez besoin de consulter rapidement un plan, de connaître l'état de la circulation avant de prendre la route, de trouver un distributeur automatique de billets, un bureau de poste, une pharmacie ou d'autres services encore, Mappy vous sera très utile. Cette application de cartographie vous indiquera même l'itinéraire pour arriver jusqu'au service choisi.

Google Earth

C'est l'application de cartographie la plus spectaculaire du moment. Après avoir localisé votre iPad, un impressionnant zoom commence par une vue du globe terrestre tout entier suivi d'une descente vertigineuse jusqu'à votre petit « chez vous ». Des photos, des références sur Wikipédia, les routes et frontières peuvent être affichées.

Horloge

L'iPad indique l'heure mais de manière très discrète, en tout petits caractères dans la barre de titre.

Plusieurs applications permettent de transformer l'écran en horloge plus lisible. Alarm clock affiche l'heure en grands caractères numériques, et indique l'état du ciel et la température actuelle, ainsi que la maximale et la minimale du jour.

Toucher le bouton « *i* », en bas à droite, permet de configurer des alarmes, avec possibilité de la répéter à intervalles réguliers et de choisir le son du réveil (classique, coucou, chants d'oiseaux…).

Figure 16.3 : L'iPad vous donne l'heure et la météo.

Wireless Disk

Cette application gratuite transforme l'iPad en clé USB (voir Figure 16.4) dans laquelle vous pouvez placer n'importe quels types de fichiers, y compris de grande taille. Wireless Disk ne comporte que deux inconvénients. Le premier est qu'il est impossible de créer des dossiers ; tous les fichiers s'accumulent en vrac, dans l'ordre où ils ont été transférés. Le second est qu'il est en anglais et dépourvu de mode d'emploi.

Voici comment transférer un fichier dans l'iPad avec Wireless Disk :

1. **Assurez-vous que l'iPad est connecté à un réseau Wi-Fi.**

   L'icône Wi-Fi à gauche dans la barre de titre de l'iPad doit être visible et indiquer un signal exploitable.

2. **Touchez l'icône WirelessDISK. Dans la boîte de dialogue qui apparaît, touchez Cancel (Annuler),**

à moins que vous ne préfériez acheter la version sans publicité (touchez alors OK).

Figure 16.4 : L'iPad peut aussi être une clé USB.

Remarquez l'adresse affichée en bas de Wireless Disk. Elle est visible à la Figure 16.4 est ressemble à celle-ci : http://192.168.1.66:51235/.

3. **Démarrez le navigateur Web sur l'ordinateur où se trouvent les fichiers à transférer.**

4. **Dans la barre d'adresse du navigateur Web de l'ordinateur, saisissez l'adresse mentionnée à l'étape 2 et appuyez sur la touche Entrée (PC) ou Retour (Mac).**

Un double point (:) précède le nombre final à cinq chiffres. Ce dernier change à chaque connexion avec l'iPad.

L'interface de la Figure 16.5 apparaît.

Figure 16.5 : Un transfert de fichiers à partir d'un PC sous Windows.

5. **Cliquez sur le bouton Parcourir et naviguez jusqu'au fichier à transférer. Cliquez dessus puis sur le bouton Ouvrir.**

6. **Dans l'interface de Wireless Disk, cliquez sur le bouton Submit (soumettre).**

   Le fichier est envoyé vers l'iPad par la liaison Wi-Fi et son nom apparaît dans la liste File Name (nom de fichier).

7. **Si le fichier n'est pas visible dans l'iPad, touchez le bouton Reload (recharger), en haut à droite.**

   Le fichier apparaît dans Wireless Disk.

Pour lire le fichier, touchez le chevron à droite de son nom. La page de téléchargement n'indique pas la liste complète des fichiers lisibles. Les documents aussi classiques que PDF, DOC (Word) ou XLS (Excel) le sont. Les feuilles de calcul d'un classeur Excel sont préservées, même si les onglets se trouvent curieusement tout en haut.

Un mot de passe peut être défini pour protéger le contenu de Wireless Disk (touchez l'icône en forme de roue dentée, en bas à gauche).

Pour supprimer un fichier dans Wireless Disk, effleurez son nom puis touchez le bouton Delete (supprimer).

Jeux

Pour finir ce chapitre (et la journée) de manière ludique, pourquoi ne pas télécharger un jeu, histoire de tuer le temps ?

Vous trouverez des jeux d'échecs et de dames dont certains sont gratuits, comme Chess Knight ou Jeu de dame. Et bien sûr, la catégorie Jeux de l'App Store regorge de jeux vidéo. Il y en a pour tous les goûts, des grands classiques que furent Pac Man ou Arkanoid, ou les flippers, comme Pinball Ride Free, jusqu'aux jeux les plus récents. L'iPad n'est certes pas une console de jeux, mais elle offre largement de quoi s'amuser.

17

Dix trucs, astuces et raccourcis

Dans ce chapitre :

- Accélérer la saisie avec le glisser et la correction automatique.
- Vérifier la capacité de l'iPad.
- Régler la vitesse du défileur.
- Partager les liens et des pages Web.
- Définir la page de démarrage dans Safari.
- Optimiser la mémoire.
- Utiliser l'iPad en tant que téléphone.
- Effectuer des captures d'écran.

près avoir tripoté l'iPad dans tous les sens, nous avons fini par trouver bon nombre de trucs, d'astuces et de raccourcis. Dans ce chapitre, nous vous livrons ceux que nous préférons.

Glisser pour mieux saisir

L'astuce qui suit accélérera vos saisies à deux niveaux : la commodité d'abord, car vous ne ferez plus de fautes de frappe, et la saisie plus rapide de la ponctuation et des chiffres.

Au fil des pages de ce livre, vous avez appris le toucher, le double-toucher et même le double-toucher à deux doigts. Vous allez maintenant découvrir le glisser.

Pour cela, vous commencez comme pour un toucher, sauf que vous laissez le doigt sur l'écran. Sans perdre le contact, vous amenez le doigt jusqu'à la touche à saisir. Au fur à mesure que le doigt glisse sur les touches, elles s'agrandissent. Relevez le doigt lorsque vous avez ainsi sélectionné celle que vous désirez saisir.

Essayez d'abord avec une saisie normale : touchez une lettre et, si ce n'est pas la bonne, glissez le doigt jusqu'à celle que vous vouliez effleurer. Quand vous vous y serez fait, vous constaterez que cette technique fait économiser énormément de temps, tout en améliorant votre précision.

Voici à présent le meilleur : cette technique fait aussi gagner beaucoup de temps avec les chiffres et la ponctuation. Procédez comme suit la prochaine fois que vous devrez saisir un nombre ou un signe de ponctuation :

1. **Démarrez un glisser en posant le doigt sur la touche 123, en bas à gauche du clavier virtuel.**

   Nous effectuons un glisser. Laissez le doigt sur l'écran.

2. **Quand le clavier des chiffres et de la ponctuation apparaît, glissez le doigt jusqu'à la touche voulue.**

3. **Relevez le doigt.**

Ce qui est sympa avec cette technique, c'est que le clavier des chiffres et signes de ponctuation disparaît aussitôt, sans que l'on soit obligé d'effleurer la touche ABC.

Adoptez cette technique et, en quelques jours, vos saisies seront rapides et précises.

La correction automatique

La correction automatique est extrêmement pratique.
Voici quelques-unes de ses fonctionnalités qui faciliteront
vos saisies.

Oubliez les apostrophes

Quand vous saisissez des notes, ne vous laissez pas
ralentir par les apostrophes, car la correction automatique de l'iPad s'en charge. Elle corrige aussi des
contractions. Bref, laissez autant que possible l'iPad
travailler pour vous.

Par exemple, au lieu de taper «C'est l'été», tapez tout
bonnement «cest lete». Chaque fois que vous toucherez la
barre Espace, l'iPad convertira «cest» en «c'est» et «lete»
en «l'été».

Vous venez de découvrir une nouvelle forme grammati-
cale : la grammaire concise et évolutive de l'iPad.

Rejetez avec désinvolture

Au cours d'une saisie, la correction automatique suggère
les mots que, selon elle, vous êtes en train de taper. Si une
suggestion ne vous convient pas, touchez le petit bouton
X pour rejeter, avant de taper un autre mot. Ce faisant,
l'iPad sera plus enclin à accepter le mot en cours la
prochaine fois que vous le saisirez, et évitera de proposer
de nouveau la même suggestion inappropriée.

Si vous utilisez un véritable clavier, comme celui du Dock
avec clavier ou encore le clavier sans fil, vous pouvez
rejeter la suggestion automatique en appuyant sur la
touche Esc.

Trois moyens de connaître la capacité de l'iPad

Quand l'iPad est sélectionné dans le volet de gauche d'iTunes, une jauge multicolore s'affiche en bas de son écran. Elle indique l'utilisation de l'espace de stockage par les différents types de fichiers et autres données.

Par défaut, la jauge montre l'espace occupé par les fichiers audio, les fichiers vidéo, les photos et les fichiers autres, exprimé en mégaoctets (Mo) ou en gigaoctets (Go). Mais ça, vous le savez. En revanche, ce qui vous est peut-être inconnu, c'est la possibilité d'afficher plusieurs versions de la jauge. Le premier clic remplace l'espace occupé par le nombre d'éléments, le second clic indique le nombre d'éléments stockés dans l'iPad et le troisième clic affiche la durée totale de lecture des fichiers audio et vidéo, comme le montre la Figure 17.1.

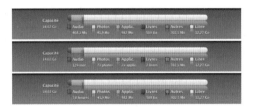

Figure 17.1 : Cliquez sur la jauge, dans iTunes, et elle libellera différemment ce qui se trouve dans l'iPad.

Accélérer le défileur

Supposons que vous écoutiez un podcast ou un livre audio, et que vous essayiez de trouver le début d'une partie en actionnant le curseur de défilement vers la gauche ou vers la droite. Le problème est qu'il n'est pas très précis et que, si vous avez de gros doigts boudinés, il partira rapidement vers l'une ou l'autre extrémité de la barre.

Longue vie à la batterie

Ce chapitre étant consacré à des trucs et astuces, et comme il nous paraît important que vous ne tombiez jamais en panne de batterie, nous nous en voudrions de ne pas vous indiquer quelques moyens d'étendre son autonomie. D'abord et avant tout : si l'iPad est dans un étui, le charger pendant qu'il est dedans risque de produire une surchauffe préjudiciable à la fois pour la capacité de la batterie et sa durée de vie. C'est pourquoi, ôtez toujours l'iPad de son étui avant de le charger, surtout s'il chauffe.

Les réseaux Wi-Fi, EDGE et 3G, ainsi que la connexion Bluetooth, consomment de l'électricité même quand ils ne sont pas utilisés. Si vous ne vous en servez pas, désactivez-les au travers de l'écran Réglages.

Le réglage Luminosité ajuste la luminosité de l'écran en fonction de la lumière ambiante. Il offre un autre avantage, à savoir une légère augmentation de l'autonomie de la batterie. Pour activer cette fonctionnalité, touchez Réglages > Généraux > Luminosité, et mettez le commutateur sur Actif.

Enfin, l'égaliseur évoqué au Chapitre 8 améliore le rendu sonore, mais il oblige aussi le processeur à travailler davantage. Le désactiver augmentera l'autonomie de la batterie. Si vous avez égalisé des morceaux dans iTunes au travers de la commande Obtenir des infos, et que vous désirez conserver l'égalisation dans iTunes, mettez celle de l'iPad sur Plat. Comme l'égalisation n'a pas été désactivée, la batterie sera un peu mise à contribution, mais vous entendrez le morceau exactement comme vous l'avez voulu. Pour modifier les paramètres d'égalisation, touchez l'icône Réglages > iPod > Égaliseur.

Appuyez le doigt sur le curseur arrondi mais, au lieu de tirer vers la droite ou vers la gauche, tirez vers le bas. En procédant ainsi, la vitesse du défileur – mentionnée au-dessus de la barre – change, comme à la Figure 17.2. Par défaut, elle est rapide, mais en faisant glisser le doigt vers le bas, elle passe à mi-vitesse puis au quart de la vitesse, et enfin au réglage fin.

Durée écoulée
Barre de défilement
Défileur
Durée restante

Vitesse de défilement

Tirez le doigt jusqu'ici pour le quart de vitesse

Tirez le doigt jusqu'ici pour la demi-vitesse

Tirez le doigt jusqu'ici pour le réglage fin

Figure 17.2 : Faites glisser le doigt vers le bas pour ralentir la vitesse de défilement.

Tout en faisant glisser le doigt, gardez un œil sur la durée écoulée et la durée restante, car ces deux indications, de part et d'autre de la barre de défilement, donnent une idée précise du défilement du curseur.

Essayez cette astuce. Elle est plus rapide à mettre en œuvre qu'à expliquer.

Liens adresses de courrier électronique

L'iPad réagit d'une façon particulière lorsqu'il rencontre une adresse de courrier électronique ou une adresse Web (URL). Il sait qu'une succession de caractères comme « http://www.siteweb.nom.com » ou « www.siteweb.fr » est une adresse Web et qu'une suite comme « prenom.nom@fai.fr » est une adresse de messagerie. Il les transforme en liens qu'il fait apparaître en bleu et souligné.

Quand vous touchez l'un de ces liens, l'iPad démarre Safari afin d'accéder au site indiqué par l'adresse Web, ou bien il ouvre un nouveau message vide dans lequel il a déjà placé l'adresse du destinataire, c'est-à-dire celle que vous venez de toucher.

Voici une autre astuce sympa de Safari, mais cette fois pour les liens hypertextes : maintenez le doigt deux ou trois secondes sur un lien, et un cartouche indique l'URL à laquelle ce lien est associé, avec en prime trois options :

- ✒ **Ouvrir :** Safari ouvre la page Web.

- ✒ **Ouvrir dans une nouvelle page :** Safari ouvre le lien dans une nouvelle page, tout en plaçant la page actuelle dans l'un des neuf emplacements accessibles par l'icône Signets, comme expliqué au Chapitre 4.

- ✒ **Copier :** copie l'URL dans le Presse-papiers afin qu'elle puisse être collée dans un message, dans Notes ou ailleurs.

L'adresse Web complète d'un lien est affichée lorsque vous touchez continûment une URL dans Mail ou Texte. Cela permet de détecter des liens douteux avant de démarrer Safari et de s'y rendre réellement.

Et pour finir, une dernière astuce pour Safari : quand vous maintenez le doigt appuyé sur une image, touchez le bouton Enregistrer l'image et elle sera placée dans l'album Photos enregistrées, dans l'application Photos. Touchez Copier, et elle sera stockée dans le Presse-papiers.

Faire connaître une page Web

Vous avez trouvé une page Web que vous aimeriez bien faire connaître à quelqu'un d'autre ? Rien de plus facile avec l'iPad. Depuis le site en question, touchez le signe « + » en bas du navigateur. Dans le menu qui apparaît, choisissez Envoyer cette adresse URL. Ce faisant, un message apparaît avec, dans le champ Objet, le nom du site Web déjà inscrit, et son adresse Web. Ajoutez éventuellement un commentaire de votre cru puis touchez le bouton Envoyer.

Choisir une page de démarrage pour Safari

Vous avez sans doute remarqué que, contrairement aux versions de Safari pour Mac OS et Windows, la version pour iPad n'a pas de page de démarrage. Quand vous touchez l'icône Safari, c'est la page du dernier site visité qui est affichée.

L'astuce, pour créer une page de démarrage, consiste à recourir à ce que l'on appelle *un clip Web* de la page en question. Voici comment procéder :

1. **Ouvrez la page Web dont vous désirez faire la page de démarrage puis touchez le bouton « + ».**

2. **Touchez le bouton Ajouter à l'écran d'accueil.**

   Une icône pointant vers cette page Web sera placée dans l'écran d'accueil de l'iPad (ou dans l'un des écrans si vous en avez défini plusieurs).

3. **Touchez cette nouvelle icône, au lieu de celle de Safari, chaque fois que vous désirez accéder directement au site en question.**

Vous pouvez même redisposer les icônes afin que l'icône de votre site perso se trouve dans le Dock, comme à la Figure 17.3. Reportez-vous au Chapitre 1 pour savoir comment redisposer les icônes de l'écran d'accueil.

Figure 17.3 : L'icône du site perso (la troisième à partir de la gauche, tout en bas) a été placée dans le Dock.

Optimiser la mémoire

Le système d'exploitation iOS de l'iPad gère parfaitement la mémoire vive (celle qu'il utilise lors du traitement des données, pas la mémoire de stockage où vous engrangez vos photos, musiques, vidéos et autres éléments). Si vous avez l'impression que votre tablette réagit plus lentement, voici deux moyens de libérer de la mémoire :

- **Arrêter l'iPad :** la mémoire vive est vidée de tout son contenu chaque fois que l'iPad est éteint.

- **Supprimer les applications fonctionnant en multitâche :** toutes les applications que vous utilisez et quittez restent plus ou moins en mémoire. Pour faire le ménage, double-cliquez sur le bouton principal. Les icônes des applications mémorisées apparaissent en bas de l'écran. Touchez continûment l'une d'elles jusqu'à ce que toutes les icônes se mettent à vibrer et arborent un bouton rouge. Touchez le bouton rouge des applications à effacer de la mémoire (elles ne sont évidemment pas supprimées de l'iPad) puis cliquez avec le bouton principal.

Téléphoner depuis l'iPad

Beaucoup de gens – y compris nous-mêmes – ont comparé l'iPad à un iPhone surdimensionné. À ce détail près que l'iPad n'est pas un téléphone.

Ce n'est pas ça qui nous empêchera de téléphoner avec un iPad.

Ah bon ?

Eh oui, vous avez bien lu. Il est possible de communiquer par téléphone à partir de votre iPad. Car, après tout, il contient les deux éléments indispensables à cette fin : un haut-parleur et un microphone. Il ne manque qu'un seul élément pour tirer parti de ce que l'on appelle la VoIP (*Voice over Internet Protocol,* voix par le protocole Internet). En langage courant, cela signifie que nous transformerons l'iPad en gros iPhone. Les applications ne manquent pas pour cela.

Nous avons essayé Skype et Line2, qui sont toutes deux des applications pour iTunes lorsque ces lignes sont écrites, ainsi que Truephone, pour lequel il existe une version véritablement pour iPad. Ces applications sont gratuites, bien que vous puissiez être amené à payer pour les appels. Voici ce que nous en pensons :

- **Line2 :** nous l'aimons bien malgré l'abonnement de 15 dollars par mois. Cette application fonctionne avec la Wi-Fi et la 3G (NdT : elle semble cependant ne plus être proposée sur l'App Store).

- **Truphone :** cette application autorise les appels *via* Truphone et vers les utilisateurs de Google Talk. Les coûts en dehors de ces destinations sont faibles.

- **Skype :** le célébrissime Skype permet de communiquer gratuitement avec d'autres utilisateurs de Skype. En revanche, l'appel vers des téléphones fixes est facturé à un prix assez modique.

Effectuer une capture d'écran

Un aveu : nous avons placé cette astuce tout à la fin car elle aide surtout les gens comme nous : auteurs, traducteurs, journalistes et webmestres, qui ont tous besoin d'illustrer leurs livres – dont celui-ci – et leurs pages Web avec ce que l'on appelle des «captures d'écran», un anglicisme pour «recopies d'écran».

Pour obtenir une photo de ce qui se trouve à l'écran, maintenez la touche Arrêt/veille enfoncée et appuyez brièvement sur le bouton principal. L'iPad enregistre aussitôt un instantané de ce qui se trouve à l'écran.

Cet instantané est placé dans l'album Photos enregistrées, dans l'application Photos. Vous pourrez le transférer dans votre ordinateur avec toutes les autres photos lors de la prochaine synchronisation. Vous en ferez ensuite ce que vous voudrez.

Index

3

3G, 21, 23, 78, 290

A

Accéléromètre, 10
Accessibilité, 305
Accessoires, 330
ActiveSync, 103, 268
Activité, 22
AirPlay, 188, 226
AirPrint, 49
Anniversaire, 264
Annuler, 47
Appareil photo, 205, 214, 334
   capteur, 214
   localisation, 224
   zoom, 214.
Apple TV, 188, 226
Application, 345
   Appareil photo, 205
   Dailymotion, 349
   iBooks, 346
   Photo Booth, 232
   synchroniser, 66
Apps, 152
   App Store, 26
   Appareil photo, 26, 214
   avis, 160, 170
   Calendrier, 25, 259
   classement, 158
   CloudReaders, 254
   Contacts, 25, 271
   description, 158
   donner son avis, 170

   eBooks, 254
   FaceTime, 26
   Game Center, 26
   iBooks, 237
   iPod, 27
   iTalk Recorder, 12
   iTunes, 25
   iWork, 275
   Keynote, 275
   Kindle, 254
   Line2, 364
   Mail, 26
   mise à jour, 162, 167
   Notes, 25, 258
   Numbers, 280
   Pages, 278
   Photo Booth, 26
   Photos, 27, 219
   Plans, 25
   Réglages, 286
   Safari, 26
   signaler un problème, 172
   Skype, 364
   Stanza, 254
   supprimer, 168
   télécharger, 161, 166
   Truphone, 364
   Vidéos, 25
   Voice Memo, 12
   YouTube, 25
Arobase, 43
Arrêt, 17
Artiste, 183
Audio, 175
Avion, 21, 287

B

Barre d'état, 21
Batterie, 11, 23, 290, 291, 294
  autonomie, 359
  chargeur, 337
  pourcentage, 298
  recharger, 317
Bluetooth, 23, 299
  clavier, 36
  consommation, 359
Bouton latéral, 303
Brouillon, 110

C

Cadre photo, 227
Calculatrice, 346
CalDAV, 271
Calendrier, 62, 259
  abonnement, 271
  affichage, 260
  CalDAV, 271
  fuseau horaire, 268
  iCalendar, 271
  par défaut, 268
  push, 268
Capacité, 358
Capteur, 10
Capture d'écran, 65, 319, 364
Cartographie, 350
Casque, 337
Cci, 113
Chaîne stéréo, 336
Chargeur, 337
Chiffrer la sauvegarde, 58
Clavier, 35, 304, 332
  Bluetooth, 36, 333
  correction automatique, 304
  dictionnaire, 309
  majuscules, 38
  majuscules automatiques, 304
  majuscules verrouillées, 304
  sans fil, 333
Clé USB, 351
Clip Web, 89

Coller, 44
Compositeur, 183
Compte
  iTune Store, 194
Compte de messagerie, 98
  configurer, 98
  désactiver, 122
  par défaut, 113
  réglages, 122
  supprimer, 122
Contact, 60, 118, 271
  assigner une photo, 229
  Mail, 274
  plans, 130, 134
  ordre d'affichage, 273
  rechercher, 273
  supprimer, 274
Cookies, 94
Copier, 44
Correction automatique, 304, 357
Couper, 44
courrier électronique. Voir Mail
Cybook, 235

D

Dactylographie, 39
Dailymotion, 349
Date, 303
Débit binaire, 58
Défileur
  accélérer, 358
Détection de l'orientation, 222
Diaporama, 224
Dictionnaire, 37
  réinitialiser, 309
Dock, 35, 332
Dock Connector vers VGA, 336
Dossier, 49

E

Écarter, 34
Écouteur, 337
Écran, 10
  blanc sur noir, 308

capture, 364 d'accueil, 24, 309
fond d'écran, 294
luminosité, 294
résolution, 10
rotation, 48
supplémentaire, 34
EDGE, 22, 23, 78, 290
Effleurer, 34
Egaliseur, 192 359
Énonciation, 308
ePub, 254
Étui, 330
Événements, 216
Exchange, 61, 62, 99, 103, 273
ActiveSync, 103, 268

F

Facebook, 147
FaceTime, 208
FAI, 98
Faire glisser, 34
Fenêtres surgissantes, 94
Feuilleter, 34
Film
de protection, 339
synchroniser, 68
Flash, 86, 87, 201
Flux continu, 86
Fond d'écran, 230, 294
Fuseau horaire, 268, 303

G

Game Center, 148
Genius, 187
Géolocalisation, 126
Glisser, 356
GPRS, 22, 23, 78
GPS, 13, 137, 292
Guide de l'utilisateur, 325
Gyroscope, 12

H

Haute définition, 57, 202
HDMI, 336
Heure, 303
Historique, 90
Home cinema, 336
Horloge, 350

I

iBook. Voir Livre électronique
iBooks, 14, 346
iBookstore, 248, 251
de page Web, 89
redisposer, 24
Imprimer, 49
Informations, 296
International, 304
Internet, 13, 80
Invitation, 270
iPhoto
Événements, 216
Visages, 216
iPod, 12, 176
bibliothèque, 177
égaliseur, 192
volume, 191
Itinéraire, 134
Itinérance, 290
iTunes, 30, 54
apps, 154
Égaliseur de volume, 192
Genius, 189
iWork, 275
Keynote, 275
Numbers, 280
Pages, 278

J

JavaScript, 94
Jeux, 148
Journaux, 255

K

Kindle, 235, 237, 253
Kit de connexion d'appareil photo, 217, 334

L

Lecture, 22
Lien, 85
Lien hypertexte, 361
Liste de lecture 177, 189
    Genius, 187
    intelligente, 191
Livre électronique, 236
    accès, 237
    acheter, 248, 253, 254
    affichage, 239
    audio, 186
    ePub, 254
    évaluer, 251
    lire, 241
    Notes, 246
    page, 242
    police, 247
    rechercher, 247
    signet, 244
    Surlignage, 246
    table des matières, 243
Livres
    synchroniser, 71
Localisation, 224, 292
Localiser mon iPad, 309
Luminosité, 294, 359

M

Mac, 15
Magazines, 255
Mail, 97
    À, 121
    ajouter aux contacts, 118
    brouillon, 105, 110
    Cc, 108, 121
    Cci, 108
    contact, 274
    déplacer des messages, 115

dossier, 115
Exchange, 103
fréquence de la relève, 119
lire des messages, 114
nombre de lignes, 121
nombre de messages affichés, 121
photo, 109
pièces jointes, 117
push, 103, 119
récupération, 120
réglages, 112
son, 121
Spotlight, 117
supprimer du serveur, 123
télécharger les images, 122
Majuscule
    automatique, 304
    verrouillée, 304
Manuels, 325
Mémoire, 363
Message
    signature, 112
Météo, 347
Microphone, 337
MobileMe, 60, 229
Mode avion, 21
Mot de passe, 58, 63, 301
    SIM, 290
    Wi-Fi, 289
Moteur de recherche, 91
multitâche, 47, 292
Multi-Touch, 33
MySpace, 147

N

Notes, 258
    synchronisation, 64
Notifications, 291

O

Ordinateur, 15
Oreillette, 337
Orientation, 222

p

PC, 15
Perte, 105
Photo, 213
   cadre photo, 227
   carte mémoire, 217, 334
   copier, 231
   courrier électronique, 218
   diaporama, 224
   envoyer, 109
   fond d'écran, 230
   importer, 215
   supprimer, 231
   synchroniser, 72
   Web, 218
Photo Booth, 232
Pièce jointe, 117
PIN, 290
Pincer, 34
Plans, 13, 126
   contacts, 130, 134
   épingle, 133
   Historique, 134
   itinéraire, 134
   signet, 132
Podcast, 186
   synchroniser, 70
   vidéo, 199
Poignée de sélection, 45
Présentation, 275
Presse, 347
Projecteur, 336
Protection, 339
Push, 103, 268, 291

R

Radio, 348
Rechargement, 317
Rechercher, 50, 247
Récupération, 321
Redémarrage, 318
Réglages, 286
   luminosité, 359
Réinitialisation, 309, 318

Rendez-vous, 263, 264
Réseau
   3G, 78
   Bluetooth, 299
   dépenses, 290
   EDGE, 78
   GPRS, 78
   itinérance, 290
   Oublier, 289
   problèmes, 323
   réinitialiser, 309
   sans fil, 21
   social, 147
   VPN, 298
   Wi-Fi, 288
Restriction, 302
Retrouver un iPad, 309
Réunion, 270
Rotation, 10
   de l'écran, 48

S

Safari, 77
   cookies, 94
   faire connaître une page, 362
   historique, 90
   liens, 361
   page de démarrage, 362
   réglages, 93
   sécurité, 93
   signet, 87
Sauvegarde, 58
Sécurité, 93
   chiffrer la sauvegarde, 58
   cookies, 94
   JavaScript, 94
   VPN, 299
   Wi-Fi, 289
Sélectionner, 44
Séries TV
   synchroniser, 69
Serveur de courrier, 102
Signature, 112
Signet, 87, 132
   modifier, 88

supprimer, 88
Silence, 19
SIM, 290
Smart Cover, 302, 331
Son, 296
  casque, 337
  chaîne stéréo, 336
  écouteur, 337
  enceintes, 338
  microphone, 337
  mono, 308
  oreillette, 337
Spotlight, 51, 117
Statistiques, 298
Streaming, 86
Supprimer le contenu, 319
Synchronisation, 54, 320
  annler, 59
Synchroniser
  données, 59

T

Tableur, 280
Téléphoner, 363
Téléviseur, 188, 226, 336
Toucher, 34
Traitement de texte, 278
TVHD, 188
Twitter, 147

U

URL, 81

V

vCard, 274
Veille, 17
Verrouillage, 22
  automatique, 301
Verrouiller, 32
VGA, 336
Vidéo, 140, 196
  compatibilité, 201
  haute définition, 57

partager, 208
préparer pour l'iPad, 199
restreindre, 204
supprimer, 205
Vidéoprojecteur, 336
Visages, 216
VoiceOver, 242
VoIP, 364
Vol, 105, 269, 290
Volume sonore, 20, 191
  maximum, 193
VPN, 22, 298

W

WAP, 82
Web, 77, 80
Wi-Fi, 22, 23, 78, 288
Wikipédia, 248
Wireless Disk, 351

Y

Yahoo!, 91
YouTube, 140
  compte, 142
  Favoris, 143
  note, 142

Z

Zoom, 83, 223, 307